普通高等院校"十三五"规划教材
21世纪会计技能教学系列教材

会计综合模拟实验

（手工账务处理）

第六版

陈国平　张　燕　费金华　胡群英／编著

立信会计出版社
LIXIN ACCOUNTING PUBLISHING HOUSE

图书在版编目(CIP)数据

会计综合模拟实验：手工账务处理 / 陈国平等编著
. —6 版. —上海：立信会计出版社，2023.7(2025.1重印)
普通高等院校"十三五"规划教材 21 世纪会计技能教学系列教材
ISBN 978-7-5429-7412-9

Ⅰ.①会… Ⅱ.①陈… Ⅲ.①会计学-高等学校-教材 Ⅳ.①F230

中国国家版本馆 CIP 数据核字(2023)第 160143 号

责任编辑　　陈　旻
美术编辑　　吴博闻

会计综合模拟实验(手工账务处理)(第六版)
KUAIJI ZONGHE MONI SHIYAN

出版发行	立信会计出版社
地　　址	上海市中山西路 2230 号　邮政编码　200235
电　　话	(021)64411389　传　真　(021)64411325
网　　址	www.lixinaph.com　电子邮箱　lixinaph2019@126.com
网上书店	http://lixin.jd.com　http://lxkjcbs.tmall.com
经　　销	各地新华书店
印　　刷	常熟市人民印刷有限公司
开　　本	787 毫米 × 1092 毫米　1/16
印　　张	34
字　　数	482 千字
版　　次	2023 年 7 月第 6 版
印　　次	2025 年 1 月第 2 次
书　　号	ISBN 978-7-5429-7412-9/ F
定　　价	58.00 元

如有印订差错，请与本社联系调换

第六版前言

近年来,由于电子发票的使用,新企业会计准则及其应用指南和财政部会计司的工作指导陆续发布,我们决定对本教材再次进行修订。本次主要修订内容如下:

1. 按照最新企业会计准则及其应用指南和财政部会计司的工作指导,修改、调整和增加了相关的业务处理。
2. 将部分业务中涉及的增值税普通发票修改为电子普通发票。

我们一直在努力完善本教材,若存在不足,我们热忱地欢迎广大读者提出批评和建议。

作者
2023 年 7 月

目　　录

一、会计综合模拟实验的目的 …………………………………………………………… 1

二、会计综合模拟实验的要求 …………………………………………………………… 2
　　（一）原始凭证的填制要求 ……………………………………………………… 2
　　（二）记账凭证的编制要求 ……………………………………………………… 2
　　（三）会计账簿登记的要求 ……………………………………………………… 3
　　（四）财务报表的编制要求 ……………………………………………………… 4

三、会计综合模拟实验的步骤 …………………………………………………………… 5
　　（一）实验准备阶段 ……………………………………………………………… 5
　　（二）模拟实验阶段 ……………………………………………………………… 5
　　（三）实验总结报告阶段 ………………………………………………………… 6

四、会计综合模拟实验的资料 …………………………………………………………… 7
　　（一）公司基本情况 ……………………………………………………………… 7
　　（二）主要会计政策 ……………………………………………………………… 8
　　（三）主要税费 …………………………………………………………………… 17
　　（四）会计核算形式 ……………………………………………………………… 17
　　（五）期初资料 …………………………………………………………………… 17
　　（六）经济业务 …………………………………………………………………… 17
　　（七）说明事项 …………………………………………………………………… 17

五、会计综合模拟实验的参考课时 ……………………………………………………… 19

六、会计综合模拟实验使用的凭证、账页、报表等参考数量 ………………………… 20

附录1　常州东林股份有限公司2019年12月份期初资料 …………………………… 21

附录2　常州东林股份有限公司2019年12月份经济业务 …………………………… 51

一、会计综合模拟实验的目的

学生通过实验,应全面、系统地掌握在一个会计循环,即填制凭证、登记账簿和编制财务报表过程中应具备的基本操作技能和技巧。具体而言,它包括以下几个方面:

1. 直观了解原始凭证、记账凭证应具备的基本要素,熟悉各种常用原始凭证和记账凭证的样式,掌握原始凭证、记账凭证的填制和审核的基本操作技能和技巧。

2. 直观了解各类账簿的基本结构,熟悉各类账簿的账页格式,掌握会计账簿的启用、设置、登记以及对账、结账等的基本操作技能和技巧。

3. 直观了解主要财务报表的编制依据,熟悉主要财务报表的基本结构,掌握编制财务报表的基本技能和技巧。

4. 掌握会计循环中其他相关的操作技能和技巧。

二、会计综合模拟实验的要求

（一）原始凭证的填制要求

1. 记录要真实。原始凭证所填列的经济业务内容和数字，必须真实可靠，符合实际情况。会计人员不得歪曲经济业务真相，弄虚作假。对实物的数量和金额的计算，要准确无误，不得以匡算数和估算数填列。

2. 内容要完整。原始凭证所要求填列的项目必须逐项列齐全，不得遗漏和省略。

3. 手续要完备。企业自制的原始凭证必须有经办人和单位领导人或者其他指定的人员签名或盖章；对外开出的原始凭证必须加盖本企业公章；从外部取得的原始凭证，必须盖有填制单位的公章；从个人取得的原始凭证，必须有填制人员的签名或盖章。

4. 书写要清楚、规范。原始凭证要按规定填写，文字要简要，字迹要清楚，易于辨认，不得使用未经国务院公布的简化汉字。如有差错，应按规定的办法更正，不得随意涂改、刮擦和挖补。同时，应遵守以下技术要求：

（1）小写金额用阿拉伯数字逐个书写，不得写连笔字。在金额前要填写人民币符号"￥"，人民币符号"￥"与阿拉伯数字之间不得留有空白。金额数字一律填写到角、分，无角、分的，写"00"或符号"—"；有角无分的，分位写"0"，不得用符号"—"。

（2）汉字大写金额用汉字壹、贰、叁、肆、伍、陆、柒、捌、玖、拾、佰、仟、万、亿、元、角、分、零、整等，一律用正楷或行书字体书写。大写金额前未印有"人民币"字样的，应加写"人民币"字样，"人民币"字样和大写金额之间不得留有空白。大写金额到元或角为止的，后面要写"整"或"正"字；有分的，不写"整"或"正"字。

（3）凡规定填写大写金额的各种凭证，如银行结算凭证、发票等，必须在填写小写金额的同时也填写大写金额。大写金额之前没有印制货币名称的，应当增加填写货币名称，货币名称与货币金额数字之间不得留有空白。阿拉伯金额数字之间有"0"时，汉字大写金额要写"零"字；阿拉伯数字金额中间连续有几个"0"时，汉字大写金额中可以只写1个"零"字；阿拉伯金额数字元位是"0"，或者数字之间连续有几个"0"、元位也是"0"，但角位不是"0"时，汉字大写金额可以只写1个"零"字，也可以不写"零"字。

5. 编号要连续。如果原始凭证已预先印定编号，在写坏作废时，应加盖"作废"戳记，妥善保管，不得撕毁。

6. 不得涂改、刮擦、挖补。原始凭证若有错误，应当由出具单位重开或更正，更正处应当加盖出具单位印章。原始凭证金额若有错误，应当由出具单位重开，不得在原始凭证上更正。

7. 填制要及时。各种原始凭证一定要及时填写，并按规定的程序及时送交会计机构、会计人员进行审核。

（二）记账凭证的编制要求

1. 记账凭证各项内容必须完整。

2. 记账凭证应连续编号。记账凭证应由主管该项经济业务的会计人员,按经济业务发生顺序并按不同种类的记账凭证连续编号。如果一笔经济业务需要填制两张以上记账凭证,可以采用分数编号法编号,如 $3\frac{1}{3}$、$3\frac{2}{3}$、$3\frac{3}{3}$。

3. 记账凭证的书写应清楚、规范。相关要求同原始凭证。

4. 记账凭证可以根据每一张原始凭证填制,或根据若干张同类原始凭证汇总填制,也可以根据原始凭证汇总表填制;但不得将不同内容和类别的原始凭证汇总填制在一张记账凭证上。

5. 除了结账和更正错误的记账凭证可以不附原始凭证,其他记账凭证必须附有原始凭证。所附原始凭证必须完整,并在记账凭证上注明原始凭证的张数,以便核对摘要及所编会计分录的正确性。如1张原始凭证需要填制2张及以上记账凭证的,应在未附原始凭证的记账凭证上注明其原始凭证已附在某张记账凭证后,以便查阅。

6. 填制记账凭证时若发生错误,应当重新填制。在当年发现已登记入账的记账凭证填写错误时,可以用红字填写与原内容相同的记账凭证,在摘要栏注明"注销某月某日某号凭证"字样,同时再用蓝字重新填制正确的记账凭证,注明"订正某月某日某号凭证"字样。如果会计科目没有错误,只是金额错误,也可根据正确数字与错误数字之间的差额另外编制调整的记账凭证,调增金额用蓝字,调减金额用红字。发现以前年度记账凭证有错误的,应当用蓝字填制更正的记账凭证。

7. 记账凭证的内容填制完整后,如有空行,应当自金额栏最后一笔金额数字下的空行处至合计数上的空行处划线注销。

(三)会计账簿登记的要求

1. 登记会计账簿时,应当将会计凭证日期、编号、经济业务内容摘要、金额和其他有关资料逐项记入账内,做到数字准确、摘要清楚、登记及时、字迹工整。

2. 登记完毕后,要在记账凭证上签名或者盖章,并注明已经登账的符号,表示已经记账。

3. 账簿中书写的文字和数字上面要留有适当空格,不要写满格,一般应占格距的1/2。

4. 为了使账簿记录清晰,防止涂改,记账时应使用蓝黑墨水或者碳素墨水书写,不得使用圆珠笔或者铅笔书写。

5. 对下列情况,可以用红色墨水记账:

(1) 按照红字冲账的记账凭证,冲销错误记录。

(2) 在不设借、贷等栏的多栏式账页中,登记减少数。

(3) 在三栏式账户的余额栏前,如未印明余额方向的,在余额栏内登记负数余额。

(4) 根据国家统一的会计制度的规定,可以用红字登记的其他会计记录。

6. 各种账簿应按页次顺序连续登记,不得跳行、隔页。如果发生跳行、隔页,应当将空行、空页划线注销,或者注明"此行空白""此页空白"字样,并由记账人员签名或者盖章。对订本式账簿,不得任意撕毁账页,对活页式账簿也不得任意抽换账页。

7. 凡需要结出余额的账户,结出余额后,应当在"借或贷"等栏内写明"借"或者"贷"等字样。没有余额的账户,应在"借或贷"栏内写"平"字,并在"余额"栏用"0"表示。现金日记账和银行存款日记账必须逐日结出余额。

8. 账页记满时,应办理转页手续。每一账页登记完毕结转下页时,应当结出本页合计数及余额,写在本页最后一行和下页第一行有关栏内,并在摘要栏内注明"过次页"和"承前页"字样;也可以将本页合计数及金额只写在下页第一行有关栏内,并在摘要栏内注明"承前页"字样。对需要结计本月发生额的账户,结计"过次页"的本页合计数应当为自本月初起至本页末止的发生额合计数,如现金日记账和银行存款日记账;对需要结计本年累计发生额的账户,结计"过次页"的本页合计数应当为自年初起至本页末止的累计数,如主营业务收入、管理费用等;对既不需要结计本月发生额,也不需要结计本年累计发生额的账户,可以只将每页页末的余额结转次页。

(四) 财务报表的编制要求

1. 真实可靠。财务报表各项目的数据必须真实可靠,使企业财务报表能够如实地反映企业的财务状况、经营成果和现金流量情况。因此,财务报表必须根据审核无误的账簿及相关资料编制,会计人员不得以任何方式弄虚作假。

2. 相关可比。财务报表所提供的财务会计信息,必须与报表使用者的决策需要相关,并且便于不同企业或同一企业不同时期之间相互比较。财务报表只有提供相关而且可比的信息,才能使报表使用者分析企业在整个社会,特别是同行业中的地位,了解、判断企业过去、现在的情况,预测企业未来的发展趋势,进而为报表使用者的决策服务。

3. 全面完整。企业的财务报表应当全面披露企业的财务状况、经营成果和现金流量情况,完整地反映企业财务活动的过程和结果,以满足各有关方面对财务会计信息资料的需要。为了保证财务报表的全面完整,企业在编制财务报表时,应当按照《企业会计准则》规定的格式和内容填报。特别对某些重要事项,应当按要求在财务报表附注中进行说明,不得漏编、漏报。

4. 编报及时。企业财务报表所提供的信息资料应当具有很强的时效性。企业只有及时编制和报送财务报表,才能为使用者提供决策所需的信息。否则,即使财务报表非常真实可靠,全面、完整且具有可比性,也可能失去其应有的价值。随着市场经济和信息技术的迅速发展,财务报表的及时性要求将变得日益重要。

5. 便于理解。企业编制的财务报表应当清晰明了、便于理解。如果提供的财务报表晦涩难懂,不易理解,使用者就不能据以作出准确的判断,所提供的财务报表的作用也就大大减小。当然,这一要求是建立在财务报表使用者具有一定的财务报表阅读能力的基础上的。

三、会计综合模拟实验的步骤

（一）实验准备阶段

实验准备阶段主要包括实验材料准备和熟悉实验资料两个内容。

1. 实验材料准备。实验材料主要包括记账凭证、各类不同格式的账页、科目汇总表、财务报表、凭证封皮包角、账簿标签、会计科目等，相关印章、胶水、剪刀、账绳、装订机、长尾夹等。

2. 熟悉实验资料。主要是熟悉模拟公司的基本情况、主要会计政策、主要税费、会计核算形式、期初资料、经济业务及有关说明事项。

（二）模拟实验阶段

模拟实验阶段的具体实验步骤如下：

1. 建账并登记期初余额。根据常州东林股份有限公司2019年12月份有关期初资料（见附录1）和当月发生的经济业务内容（见附录2），选择不同格式的账页进行建账，并登记各有关日记账、明细账和总账的期初余额。没有期初余额的账户，在实际经济业务发生时陆续开设。

现金日记账所给定账页第一行"年月日"栏为"2019年11月22日"，"摘要"栏为"承前页"，"收入（借方）金额"栏为"13 246.58"，"付出（贷方）金额"栏为"10 568.31"，"结余金额"栏为"4 140.12"；第二行至倒数第八行内容略；倒数第七行"年月日"栏为"2019年11月30日"，"摘要"栏为"本月发生额及余额"。

银行存款日记账（2300098776账户）所给定账页第一行"年月日"栏为"2019年11月22日"，"摘要"栏为"承前页"，"收入（借方）金额"栏为"2 988 594.01"，"付出（贷方）金额"栏为"4 036 511.36"，"结余金额"栏为"5 293 336.78"；第二行至倒数第八行内容略；倒数第七行"年月日"栏为"2019年11月30日"，"摘要"栏为"本月发生额及余额"。

银行存款日记账及资产、负债、成本类和"本年利润"总账和明细账、"其他综合收益"总账和"其他综合收益——公允价值变动"明细账所给定账页第一行至第六行内容略，第七行"年月日"栏为"2019年11月30日"，"摘要"栏为"本月发生额及余额"。

所有者权益类中的"实收资本、资本公积、盈余公积、利润分配"总账和明细账所给定账页第一行"年月日"栏为"2019年1月1日"，"摘要"栏为"上年转入"。

损益类总账和明细账所给定账页第一行至第六行内容略，第七行"年月日"栏为"2019年11月30日"，"摘要"栏为"本月发生额及余额"，第八行"年月日"栏为"2019年11月30日"，"摘要"栏为"本年累计发生额及余额"。

上述账页金额栏的有关数据见附录1中的期初资料。请先将有关数据过入账页的相应行次，并接着登记2019年12月份各相关账簿并结账。

2. 编制记账凭证。根据资料中提供的原始凭证或原始凭证汇总表的内容，编制记账凭证并进行审核。如果资料涉及自制原始凭证内容不全的，必须首先填写完整后，方能编制记账凭证。

3. 登记日记账和明细账。根据审核无误的记账凭证登记现金日记账、银行存款日记账和其他明细账。

4. 登记总账。根据记账凭证按旬进行汇总,编制科目汇总表,并据此登记有关总账。

5. 成本计算。根据企业会计政策和相关资料计算期末在产品和完工产品成本。

6. 年终转账。采用"账结法"计算当月利润总额和净利润,年终对全年利润总额进行分配,并结清除了"未分配利润"的所有"利润分配"的明细账户。

7. 对账和结账。月末对各类账簿进行核对并结账。

8. 编制财务报表。根据账簿资料编制资产负债表、利润表和现金流量表。

9. 整理和装订。将上述会计资料整理完毕后装订成册。

(三) 实验总结报告阶段

实验者对模拟实验过程进行小结和评价,总结经验,找出不足,提出合理化建议,并将心得体会、经验、建议等撰写成实验报告。

四、会计综合模拟实验的资料

(一) 公司基本情况

名称：常州东林股份有限公司
性质：股份有限公司
地址：常州新北区河海东路45号
电话：0519-85499890
注册资本：人民币1 000万元
社会信用码：913204007633279092
法定代表人（董事长）：戴金洪
主管会计工作负责人（总经理）：李长兵
会计机构负责人（财务部经理）：周小清
开户银行：

中国建设银行新北区支行（人民币户——基本户）	2300098776
（人民币户——保证金专户）	2300098012
（人民币户——华泰证券托管户）	977633333
（美元户——结算户）	2400048801
中国银行新北区支行（人民币户——结算户）	2400040015
（美元户——结算户）	3400040002

常州东林股份有限公司为上市公司江苏海天股份有限公司持股70%的控股子公司，于1999年12月18日成立。

公司下设厂部办公室、财务部、采购部、生产部、专设销售机构等五个职能部门，一车间和二车间两个基本生产车间，机修车间和动力车间两个辅助生产车间，以及食堂。

其中，财务部有5人，财务部经理周小清，全面负责财务部的工作；财务部经理助理丁力，负责审核及会计报表的编制工作；出纳姚海洁，负责货币资金的收付、有关凭证的填制以及现金日记账和银行存款日记账的登记；成本会计董坤，负责材料采购、入库、领用等记账凭证的填制以及相关明细账的登记，负责各种成本、费用的归集、分配及成本计算等记账凭证的填制及相关明细账的登记；记账金力平，负责其他业务记账凭证的填制以及相关明细账的登记，编制科目汇总表并登记总账。

其中，一车间生产半成品G、半成品M；二车间生产甲产品、乙产品；机修车间对内提供机器设备的维护、保养、修理服务；动力车间对内供应电力。

公司产品、主要原材料及生产流程为：公司一车间生产的半成品G、半成品M均需领用A01材料、B02材料、C03材料，当月完工半成品G、M均直接移送二车间用于连续生产；二车间领用半成品G继续加工生产甲产品，领用半成品M继续加工生产乙产品。

公司拥有员工 214 人,其中管理人员 20 人,专设销售机构人员 10 人,食堂人员 6 人,车间人员 178 人。车间人员 178 人中,一车间管理人员 1 人,生产工人 60 人,二车间管理人员 1 人,生产工人 108 人,机修车间 4 人,动力车间 4 人。

(二) 主要会计政策

1. 会计报表的编制基础。本公司会计报表以持续经营假设为基础,根据实际发生的交易和事项,按照《企业会计准则》(新收入准则、新金融工具准则、新租赁准则)并基于重要会计政策、会计估计进行编制。

2. 会计期间。公司的会计期间分为年度和中期,会计年度为自公历 1 月 1 日起至 12 月 31 日,中期包括月度、季度和半年度。

3. 记账本位币。公司以人民币为记账本位币。

4. 现金及现金等价物的确定标准。公司现金是指库存现金以及可以随时用于支付的存款。现金等价物是指持有期限短(一般是指从购买日起 3 个月内到期)、流动性强、易于转换为已知金额现金、价值变动风险很小的投资。

5. 外币业务。对发生的外币交易,采用交易发生当日汇率(即中国人民银行公布的人民币外汇牌价中间价)折合为人民币记账。其中,对发生的外币兑换或涉及外币兑换的交易,按照交易实际采用的汇率进行折算。

资产负债表日,将外币货币性资产和负债账户余额,按资产负债表日中国人民银行公布的市场汇率中间价折算为记账本位币金额。按照资产负债表日折算汇率折算的记账本位币金额与原账面记账本位币金额的差额,作为汇兑差额处理。其中,与购建固定资产有关的外币借款产生的汇兑损益,按借款费用资本化的原则处理;属于开办期间发生的汇兑损益计入开办费;其余计入当期的财务费用。

资产负债表日,对以历史成本计量的外币非货币项目,仍按交易发生日中国人民银行公布的市场汇率中间价折算,不改变其原记账本位币金额。

6. 金融工具。分述如下:

公司的金融工具包括货币资金、除长期股权投资的股权投资、应收款项、应付款项、借款、应付债券及股本等。

(1) 金融资产及金融负债的确认和初始计量。

金融资产和金融负债在本公司成为金融工具合同的一方时,于资产负债表内确认。

除了不具有重大融资成分的应收账款,在初始确认时,金融资产及金融负债均以公允价值计量。以公允价值计量且其变动计入当期损益的金融资产或金融负债,相关交易费用直接计入当期损益;其他类别的金融资产或金融负债,相关交易费用计入初始确认金额。

(2) 金融资产分类与后续计量。

① 公司在初始确认时根据管理金融资产的业务模式与金融资产的合同现金流量特征,将金融资产分为不同的类别:以摊余成本计量的金融资产、以公允价值计量且其变动计入其他综合收益的金融资产、以公允价值计量且其变动计入当期损益的金融资产。

除非公司改变管理金融资产的业务模式,在此情形下,所有受影响的相关金融资产在业务模式发生变更后的首个报告期间的第一天进行重分类,否则金融资产在初始确认后不得进行重分类。

② 公司将同时符合下列条件且未被指定为以公允价值计量且其变动计入当期损益的金

融资产,分类为以摊余成本计量的金融资产:

公司管理该金融资产的业务模式是以收取合同现金流量为目标。

该金融资产的合同条款规定,在特定日期产生的现金流量,仅为对本金和以未偿付本金金额为基础的利息的支付。

③ 公司将同时符合下列条件且未被指定为以公允价值计量且其变动计入当期损益的金融资产,分类为以公允价值计量且其变动计入其他综合收益的金融资产:

公司管理该金融资产的业务模式既以收取合同现金流量为目标又以出售该金融资产为目标。

该金融资产的合同条款规定,在特定日期产生的现金流量,仅为对本金和以未偿付本金金额为基础的利息的支付。

④ 对于非交易性权益工具投资,公司可在初始确认时将其不可撤销地指定为以公允价值计量且变动计入其他综合收益的金融资产。该指定在单项投资的基础上作出,且相关投资从发行者的角度符合权益工具的定义。

除了上述以摊余成本计量和以公允价值计量且其变动计入其他综合收益的金融资产,公司将其余所有的金融资产分类为以公允价值计量且其变动计入当期损益的金融资产。

⑤ 公司金融资产的后续计量。

• 以公允价值计量且其变动计入当期损益的金融资产:

初始确认后,对于该类金融资产以公允价值进行后续计量,产生的利得或损失(包括利息和股利收入)计入当期损益,除非该金融资产属于套期关系的一部分。

• 以摊余成本计量的金融资产:

初始确认后,对于该类金融资产采用实际利率法以摊余成本计量。以摊余成本计量且不属于任何套期关系的一部分的金融资产所产生的利得或损失,在终止确认、按照实际利率法摊销或确认减值时,计入当期损益。

• 以公允价值计量且其变动计入其他综合收益的债权投资:

初始确认后,对于该类金融资产以公允价值进行后续计量。采用实际利率法计算的利息、减值损失或利得及汇兑损益计入当期损益,其他利得或损失计入其他综合收益。终止确认时,将之前计入其他综合收益的累计利得或损失从其他综合收益中转出,计入当期损益。

• 以公允价值计量且其变动计入其他综合收益的权益工具投资:

初始确认后,对于该类金融资产以公允价值进行后续计量。股利收入计入损益,其他利得或损失计入其他综合收益。终止确认时,将之前计入其他综合收益的累计利得或损失从其他综合收益中转出,计入留存收益。

(3) 金融负债的分类与后续计量。

公司按经济实质将承担的金融负债分为:

① 以公允价值计量且其变动计入当期损益的金融负债。

② 金融负债转移不符合终止确认条件或继续涉入被转移金融资产所形成的金融负债。

③ 不属于①和②的财务担保合同。

④ 不属于①类情形的以低于市场利率贷款的贷款承诺和以摊余成本计量的其他金融负债。

• 以公允价值计量且其变动计入当期损益的金融负债：

该类金融负债包括交易性金融负债（含属于金融负债的衍生工具）和指定为以公允价值计量且其变动计入当期损益的金融负债。

初始确认后，对于该类金融负债以公允价值进行后续计量，除了与套期会计有关，产生的利得或损失（包括利息费用）计入当期损益。

• 以摊余成本计量的金融负债：

初始确认后，对该类金融负债采用实际利率法以摊余成本计量。

（4）金融资产和金融负债终止确认。

金融资产满足下列条件之一的，应当终止确认：

① 收取该金融资产现金流量的合同权利终止。

② 该金融资产已转移，且本公司将金融资产所有权上几乎所有的风险和报酬转移给转入方。

③ 该金融资产已转移，虽然公司既没有转移也没有保留金融资产所有权上几乎所有的风险和报酬，但是未保留对该金融资产的控制。

④ 金融资产转移整体满足终止确认条件的，公司将下列两项金额的差额计入当期损益：

所被转移金融资产在终止确认日的账面价值。

因转移金融资产而收到的对价，与原直接计入其他综合收益的公允价值变动累计额中对应终止确认部分的金额（涉及转移的金融资产为以公允价值计量且其变动计入其他综合收益的债权投资）之和。

金融负债（或其一部分）的现时义务已经解除的，本公司终止确认该金融负债（或该部分金融负债）

（5）金融资产减值。

以预期信用损失为基础，对以摊余成本计量的金融资产、合同资产及以公允价值计量且其变动计入其他综合收益的债权投资进行减值会计处理并确认损失准备。

因持有的其他以公允价值计量的金融资产不适用预期信用损失模型，包括以公允价值计量且其变动计入当期损益的债权投资及权益工具投资，指定为以公允价值计量且其变动计入其他综合收益的权益工具投资，以及衍生金融资产。

7. 应收款项。

（1）债务人破产或死亡，以其破产财产或者遗产清偿后仍无法收回的，或因债务人逾期未履行偿债义务超过 3 年而且具有明显特征表明无法收回的应收款项，确认为坏账。

（2）坏账损失采用备抵法核算。应收款项（应收账款及其他应收款）按照相当于整个存续期内预计信用损失的金额计量其损失准备，即预期信用损失为企业应收取的合同现金流量与预期收取的现金流量之间差额的现值。本公司基于历史信用损失经验，考虑有关过去事项、当前状况以及对未来经济状况的预测，在资产负债表日根据应收款项的逾期天数与预期信用损失率预计坏账准备。应收款项逾期天数均在 1 年以内，未逾期的以及逾期天数 1 年以内的应收款项预期信用损失率均为 5%。应收账款逾期天数与预期损失率，如表 4-1 所示。

四、会计综合模拟实验的资料

表 4-1　　　　　　　　　　应收账款逾期天数与预期损失率

逾期天数	预期信用损失率
1年以内	5%
1～2年	10%
2～3年	20%
3～4年	30%
4～5年	60%
5年以上	100%

8. 存货。分述如下：

(1) 存货分类。公司存货分为原材料、包装物、低值易耗品、在产品、库存商品等。

(2) 存货成本的计算。存货采用实际成本核算，其中：

① 材料采购发生的共同采购费用按照材料买价比例进行分配，计算分配率时除得尽的需要保留所有的小数位数。

② 材料发出采用月末一次加权平均法；完工产品成本的计算采用品种法，其中，动力车间发生的辅助生产费用按照所提供的劳务量进行分配，机修车间发生的辅助生产费用直接计入管理费用，生产费用在完工产品与在产品之间的分配采用约当产量法（材料在生产初始一次投入），工资、五险一金等费用按照生产工时比例进行分配，制造费用按照生产工时比例在各种半成品、完工产品之间进行分配。

③ 盘盈的材料按其最近一次不含税买价作为入账价值；盘亏的材料按其月末一次加权平均单价作为入账价值，涉及进项税额转出的，按照13%的增值税税率计算转出。（不考虑运费涉及的进项税额）

(3) 存货可变现净值的确定依据及存货跌价准备的计提方法。期末存货按成本与可变现净值孰低原则计价；期末，在对存货进行全面盘点的基础上，对于因遭受毁损、全部或部分陈旧过时或销售价格低于成本等原因，预计其成本不可收回的部分，提取存货跌价准备。存货跌价准备按单个存货项目的成本高于其可变现净值的差额提取。

库存商品和用于出售的材料等可直接用于出售的存货，其可变现净值按该等存货的估计售价减去估计的销售费用和相关税费后的金额确定；用于生产而持有的材料等存货，其可变现净值按所生产的产成品的估计售价减去至完工时估计将要发生的成本、估计的销售费用和相关税费后的金额确定；为执行销售合同或者劳务合同而持有的存货，其可变现净值以合同价格为基础计算；企业持有存货的数量多于销售合同订购数量的，超出部分的存货可变现净值以一般销售价格为基础计算。

(4) 存货的盘存制度。永续盘存制。

9. 长期股权投资。分述如下：

(1) 初始投资成本确定。

① 以支付现金方式取得的长期股权投资，按照实际支付的购买价款作为初始投资成本。

② 以发行权益性证券方式取得的长期股权投资，按照发行权益性证券的公允价值作为

初始投资成本。

③ 投资者投入的长期股权投资,按照投资合同或协议约定的价值作为初始投资成本,合同或协议约定价值不公允的,按公允价值计量。

④ 通过非货币资产交换取得的长期股权投资,具有商业实质的,按换出资产的公允价值作为换入的长期股权投资初始投资成本;不具有商业实质的,按换出资产的账面价值作为换入的长期股权投资初始投资成本。

⑤ 通过债务重组取得的长期股权投资,其初始投资成本按长期股权投资的公允价值确认。

(2) 后续计量及损益确认方法。

第一,对子公司的投资,采用成本法核算。对子公司投资为公司持有的、能够对被投资单位实施控制的权益性投资。若公司持有某实体股权份额超过50%,或者虽然股权份额少于50%,但公司可以实质控制某实体,则该实体将作为公司的子公司。

第二,对合营企业或联营企业的投资,采用权益法核算。合营企业为公司持有的、能够与其他合营方对被投资单位实施共同控制的权益性投资;联营企业为公司持有的、能够对被投资单位施加重大影响的权益性投资。若公司持有某实体股权份额介于20%~50%,而且对该实体不存在实质控制,或者虽然公司持有某实体股权份额低于20%,但对该实体存在重大影响,则该实体将作为公司的合营企业或联营企业。

公司在确认应享有被投资单位净损益的份额时,以取得投资时被投资单位各项可辨认资产等的公允价值为基础,对被投资单位的净利润进行调整后确认。

被投资单位采用的会计政策及会计期间与公司不一致的,按照公司的会计政策及会计期间对被投资单位的财务报表进行调整,并据以确认投资损益。

对于被投资单位除净损益以外所有者权益的其他变动,调整长期股权投资的账面价值并计入所有者权益。

第三,不存在控制、共同控制或重大影响的长期股权投资。在活跃市场中没有报价、公允价值不能可靠计量的长期股权投资,采用成本法核算。在活跃市场中有报价或公允价值能够可靠计量的长期股权投资,在其他权益工具投资项目列报,采用公允价值计量,其公允价值变动计入股东权益。

(3) 确定对被投资单位具有共同控制、重大影响的依据。对被投资单位具有共同控制,是指按照合同约定对某项经济活动所共有的控制,仅在与该项经济活动相关的重要财务和生产经营决策需要分享控制权的投资方一致同意时存在。对被投资单位具有重大影响,是指对被投资单位的财务和经营政策有参与决策的权力,但并不能够控制或者与其他方一起共同控制这些政策的制定。

(4) 减值测试方法及减值准备计提方法。公司期末检查发现长期股权投资存在减值迹象时,应估计其可收回金额,可收回金额低于其账面价值的,按其可收回金额低于账面价值的差额,计提长期股权投资减值准备。

对于在活跃市场中没有报价、公允价值不能可靠计量的长期股权投资,其账面价值低于按照类似金融资产当时的市场收益率对未来现金流量折现确定的现值的数额,确认为减值损失,计入当期损益。

对其他权益工具投资以外的长期股权投资,减值准备一经计提,在资产存续期内不予转回,其他权益工具投资减值损失,可以通过权益转回。

10. 投资性房地产。分述如下:

(1) 投资性房地产的分类。投资性房地产包括已出租的土地使用权、持有并准备增值后转让的土地使用权和已出租的房屋建筑物。

(2) 投资性房地产按照成本进行初始计量。

① 外购投资性房地产的成本包括购买价款、相关税费和可直接归属于该资产的其他支出。

② 自行建造的投资性房地产的成本由建造该项资产达到预定可使用状态前发生的必要支出构成。

③ 以其他方式取得的投资性房地产的成本按照相关准则的规定确定。

(3) 资产负债表日本公司的投资性房地产采用成本模式进行计量,对投资性房地产按照相关固定资产和无形资产的折旧或摊销政策计提折旧或摊销。

11. 固定资产。分述如下:

(1) 固定资产确认条件。固定资产是指为生产商品、提供劳务、出租或经营管理而持有的,使用年限超过1年,单位价值较高的有形资产。固定资产以取得时的实际成本入账(其中,购置汽车的入账成本包括印花税、牌照费用、车辆购置税),购置房屋的入账成本包括印花税、契税,并从其达到预定可使用状态的次月起,采用直线法计提折旧。

(2) 各类固定资产的折旧方法。固定资产折旧年限、残值率和年折旧率,如表4-2所示。

表4-2 固定资产折旧年限、残值率和年折旧率表

固定资产类别	折旧年限(年)	残值率	年折旧率
房屋及建筑物	20	5%	4.75%
生产设备	10	5%	9.5%
运输设备	4	5%	23.75%
电子设备	3	5%	31.6667%
工具器具及家具	5	5%	19.00%

(3) 固定资产的减值测试方法、减值准备计提方法。公司于期末对固定资产进行检查,如发现存在下列情况,则计算固定资产的可收回金额,以确定资产是否已经发生减值。对于可收回金额低于其账面价值的固定资产,按该资产可收回金额低于其账面价值的差额计提减值准备。计提时按单项资产计提,难以对单项资产的可收回金额进行估计的,按该资产所属的资产组为基础计提。减值准备一经计提,在资产存续期内不予转回。

① 固定资产市价大幅度下跌,其跌幅明显高于因时间的推移或者正常使用而预计的下跌。

② 固定资产已经陈旧过时或者其实体已经损坏。

③ 固定资产预计使用方式发生重大不利变化,如固定资产已经或者将被闲置、企业计划终止或重组该资产所属的经营业务、提前处置资产等情形,从而对企业产生负面影响。

④ 企业经营所处的经济、技术或者法律等环境以及固定资产所处的市场在当期或者将在

近期发生重大变化,从而对企业产生不利影响。

⑤ 同期市场利率或者其他市场投资报酬率在当期已经提高,从而影响企业计算资产预计未来现金流量现值的折现率,导致资产可收回金额大幅度降低。

⑥ 企业内部报告的证据表明固定资产的经济绩效已经低于或者将低于预期,如固定资产所创造的净现金流量或者实现的营业利润(或者亏损)远远低于(或者高于)预计金额。

⑦ 其他表明固定资产可能已经发生减值的迹象。

12. 在建工程。分述如下:

(1) 在建工程的计价。按实际发生的支出确定工程成本。自营工程按直接材料、直接人工、直接施工费等计量;出包工程按应支付的工程价款等计量;设备安装工程按所安装设备的价值、安装费用、工程试运转等所发生的支出等确定工程成本。在建工程成本还包括应当资本化的借款费用和汇兑损益。

(2) 在建工程结转固定资产的标准和时点。公司建造的固定资产在达到预定可使用状态之日起,根据工程预算、造价或工程实际成本等,按估计的价值结转至固定资产,次月起开始计提折旧。待办理了竣工决算手续后再对固定资产原值差异作调整。

(3) 在建工程减值准备的确认标准和计提方法。公司于每年年度终了,对在建工程进行全面检查,当存在减值迹象时,估计其可收回金额,按该项工程可收回金额低于其账面价值的差额计提减值准备。减值准备一经计提,在资产存续期内不予转回。

13. 无形资产。分述如下:

(1) 无形资产的计价方法。公司的无形资产包括土地使用权、商标权、专利权、专有技术等。

购入的无形资产,按实际支付的价款和相关的其他支出作为实际成本。

投资者投入的无形资产,按投资合同或协议约定的价值确定实际成本,但合同或协议约定价值不公允的,按公允价值确定实际成本。

通过非货币性资产交换取得的无形资产,具有商业实质的,按换出资产的公允价值入账;不具有商业实质的,按换出资产的账面价值入账。

通过债务重组取得的无形资产,按公允价值确认。

自行研究开发的无形资产,其研究阶段的支出,应当于发生时计入当期损益;其开发阶段的支出,同时满足下列条件的,确认为无形资产(专利技术和非专利技术):

① 完成该无形资产以使其能够使用或出售在技术上具有可行性。

② 具有完成该无形资产并使用或出售的意图。

③ 运用该无形资产生产的产品存在市场或无形资产自身存在市场。

④ 有足够的技术、财务资源和其他资源支持,以完成该无形资产的开发,并有能力使用或出售该无形资产。

⑤ 归属于该无形资产开发阶段的支出能够可靠地计量。

⑥ 运用该无形资产生产的产品周期在 1 年以上。

(2) 无形资产摊销方法和期限。公司的土地使用权从获得土地使用权日起,按其出让年限平均摊销;公司专利技术、专有技术和其他无形资产按 10 年平均摊销。摊销金额按其受益对象计入相关资产成本和当期损益。

(3) 无形资产减值准备的确认标准和计提方法。公司对各项无形资产,年末进行检查,当存在下列减值迹象时估计其可收回金额,按其可收回金额低于账面价值的差额计提无形资产减值准备。减值准备一经计提,在资产存续期内不予转回。

① 已被其他新技术所代替,使其为公司创造经济利益的能力受到重大不利影响。

② 市价在当期大幅下跌,在剩余摊销年限内预期不会恢复。

③ 已超过法律保护期限,但仍然具有部分使用价值。

④ 其他足以证明实际上已经发生减值的情形。

14. 借款费用。分述如下:

(1) 借款费用资本化的确认原则。借款费用包括因借款而发生的利息、折价或溢价的摊销和辅助费用,以及因外币借款而发生的汇兑差额。公司发生的借款费用,属于需要经过 1 年以上(含 1 年)时间购建的固定资产、开发投资性房地产或存货所占用的专门借款或一般借款所产生的,予以资本化,计入相关资产成本;其他借款费用,在发生时确认为费用,计入当期损益。相关借款费用应当同时具备以下三个条件时开始资本化:

① 资产支出已经发生。

② 借款费用已经发生。

③ 为使资产达到预定可使用状态所必要的购建活动已经开始。

(2) 借款费用资本化的期间。为购建固定资产、投资性房地产、存货所发生的借款费用,满足上述资本化条件的,在该资产达到预定可使用状态或可销售状态前所发生的,计入资产成本;若固定资产、投资性房地产、存货的购建活动发生非正常中断,并且中断时间连续超过 3 个月,暂停借款费用的资本化,将其确认为当期费用,直至资产的购建活动重新开始;在达到预定可使用状态或可销售状态时,停止借款费用的资本化,之后发生的借款费用于发生当期直接计入财务费用。

(3) 借款费用资本化金额的计算方法。为购建或者生产开发符合资本化条件的资产而借入专门借款的,以专门借款当期实际发生的利息费用,减去将尚未动用的借款资金存入银行取得的利息收入或进行暂时性投资取得的投资收益后的金额确定。

为购建或者生产开发符合资本化条件的资产而占用了一般借款的,根据累计资产支出超过专门借款部分的资产支出加权平均数乘以所占用一般借款的资本化率,计算确定一般借款应予资本化的利息金额。资本化率根据一般借款加权平均利率计算确定。

15. 预计负债。发生与或有事项相关的义务并同时符合以下条件时,在资产负债表中确认为预计负债:

(1) 该义务是本公司承担的现时义务。

(2) 该义务的履行很可能导致经济利益流出企业。

(3) 该义务的金额能够可靠地计量。

在资产负债表日,对预计负债的账面价值进行复核,有确凿证据表明该账面价值不能真实反映当前最佳估计数的,按照当前最佳估计数对该账面价值进行调整。

16. 递延所得税资产或递延所得税负债。根据资产、负债的账面价值与其计税基础之间的差额,按照预期收回该资产或清偿该负债期间的适用税率计算确认递延所得税资产或递延所得税负债。

确认递延所得税资产以很可能取得用来抵扣可抵扣暂时性差异的应纳税所得额为限。资产负债表日,有确凿证据表明未来期间很可能获得足够的应纳税所得额用来抵扣可抵扣暂时性差异的,确认以前会计期间未确认的递延所得税资产。

资产负债表日,对递延所得税资产的账面价值进行复核,如果未来期间很可能无法获得足够的应纳税所得额用以抵扣递延所得税资产的利益,则减记递延所得税资产的账面价值。在很可能获得足够的应纳税所得额时转回减记的金额。

17. 收入。收入是指企业在日常活动中形成的、会导致所有者权益增加的、与所有者投入资本无关的经济利益的总流入。

公司应当在履行了合同中的履约义务,即在客户取得相关商品控制权时确认收入。取得相关商品控制权,是指能够主导该商品的使用并从中获得几乎全部的经济利益。

当企业与客户之间的合同同时满足下列条件时,企业应当在客户取得相关商品控制权时确认收入:

(1) 合同各方已批准该合同并承诺将履行各自义务。

(2) 该合同明确了合同各方与所转让商品或提供劳务(以下简称"转让商品")相关的权利和义务。

(3) 该合同有明确的与所转让商品相关的支付条款。

(4) 该合同具有商业实质,即履行该合同将改变企业未来现金流量的风险、时间分布或金额。

(5) 企业因向客户转让商品而有权取得的对价很可能收回。

在合同开始日即满足前款条件的合同,企业在后续期间无需对其进行重新评估,除非有迹象表明相关事实和情况发生重大变化。合同开始日通常是指合同生效日。

合同中包含两项或多项履约义务的,本集团在合同开始日,按照各单项履约义务所承诺商品或服务的单独售价的相对比例,将交易价格分摊至各单项履约义务,按照分摊至各单项履约义务的交易价格计量收入。

交易价格是本集团因向客户转让商品或服务而预期有权收取的对价金额,不包括代第三方收取的款项。本集团确认的交易价格不超过在相关不确定性消除时累计已确认收入极可能不会发生重大转回的金额。预期将退还给客户的款项作为退货负债,不计入交易价格。合同中存在重大融资成分的,本公司按照假定客户在取得商品或服务控制权时即以现金支付的应付金额确定交易价格。该交易价格与合同对价之间的差额,在合同期间内采用实际利率法摊销。合同开始日,本公司预计客户取得商品或服务控制权与客户支付价款间隔不超过1年的,不考虑合同中存在的重大融资成分。

满足下列条件之一时,本公司属于在某一段时间内履行履约义务,否则,属于在某一时点履行履约义务:

· 客户在本公司履约的同时即取得并消耗本公司履约所带来的经济利益。

· 客户能够控制本公司履约过程中在建的商品。

· 本公司履约过程中所产出的商品具有不可替代用途,且本公司在整个合同期间内有权就累计至今已完成的履约部分收取款项。

对于在某一时段内履行的履约义务,本公司在该段时间内按照履约进度确认收入。履约进度不能合理确定时,本公司已经发生的成本预计能够得到补偿的,按照已经发生的成本金额确认收入,直到履约进度能够合理确定为止。

对于在某一时点履行的履约义务,本公司在客户取得相关商品或服务控制权时点确认收

入。在判断客户是否已取得商品或服务控制权时,本公司会考虑下列迹象:
· 本公司就该商品或服务享有现时收款权利。
· 本公司已将该商品的实物转移给客户。

(三) 主要税费

1. 增值税。企业适用的增值税税率为13%,按月申报。
2. 城市维护建设税。按实际缴纳的增值税及消费税额的7%计缴,按月申报。
3. 教育费附加。按实际缴纳的增值税及消费税额的5%计缴,其中,3%为教育费附加,2%为地方教育附加,按月申报。
4. 房产税及城镇土地使用税。自有房屋以房屋原值的70%为计税基数,税率为1.2%,按季申报;出租房屋按照租金收入的12%计缴,按月申报;公司占地总面积4 377平方米,年单位税额8元,城镇土地使用税按季申报。
5. 企业所得税。适用税率为25%,根据实际利润额按月预缴,年终汇算清缴。

(四) 会计核算形式

公司采用科目汇总表核算形式,按旬汇总。其中:

1. 凭证组织。公司采用通用记账凭证和科目汇总表等。凭证编号按照实验中提供的业务顺序编号,一笔经济业务如果需要编制多张记账凭证的,采用分数编号法。
2. 账簿组织。公司开设总账、日记账和明细账。其中,日记账采用专用格式的三栏式账页;原材料、库存商品、周转材料等存货明细账采用数量金额式账页;固定资产及累计折旧明细账采用专用格式的固定资产账页;应交增值税、基本生产成本、辅助生产成本等明细账采用专用格式的多栏式账页;收入、费用类以及制造费用明细账采用多栏式账页,其中,管理费用明细账采用25栏、制造费用采用17栏、其他费用采用13栏;其他明细账及总账采用三栏式账页。

(五) 期初资料

常州东林股份有限公司2019年12月份期初资料见附录1。

(六) 经济业务

常州东林股份有限公司2019年12月份经济业务见附录2。

(七) 说明事项

1. 根据公司章程规定,1 000万元以内的经济业务由管理层决策并承担责任。
2. 公司2019年度发生的交易均为非关联方交易。
3. 公司按月确认金融资产公允价值变动;按季确认资产减值准备、递延所得税。截至2019年12月31日,公司应收款项账龄均在1年以内。
4. 公司持有红光股份1 000份债券的买入价为99 000.00元,持有天河股份债券买入价为398 803.59元,持有洪州股份4 000股股票的买入价为29 910.00元。公司持有其他金融商品的数量如下:东方股份股票10 000股,海明股份股票20 000股,青城股份股票10 000股,广发债券3 000份,红泽机械有限公司5%的股权,天江有限公司30%的股权。
5. 金融商品转让以盈亏相抵后的余额作为销售额,即卖出价减去买入价后的余额,卖出价和买入价均按照交割单上注明的成交数量乘以成交价格确定。
6. 公司每月月末计算提取贷款的利息支出;银行于每月20日收取其发放贷款的利息,于每月20日支付其收存存款的利息。合同号为1076222的中行短期借款本金800 000.00元,应付利息贷方余额1 244.44元;合同号为2076065的中行短期借款本金200 000.00元,应付利息贷方余额277.78元；合同号为5343110的中行长期借款本金500 000.00元，应付利息贷方余额916.67元。

7. 发生的职工福利费，如果能分清受益对象的按受益对象进行分配，不能分清受益对象的直接计入管理费用。

8. 公司根据以往经验确定甲的退货率为5%，乙的退货率为10%。退货期限为3个月。预计的三包费用中包退费用占30%，包换费用占30%，包修费用占40%。涉及销售退回的业务，因包装物均被拆箱不再预计其退货成本。退货涉及产品的单价均为不含税价。2019年11月30日应收退货成本，甲为100件，乙为80件。

9. 与外币业务相关的美元对人民币汇率：2019年11月30日，6.754 3；12月1日，6.667 3；12月20日，6.657 2；12月27日，6.657 3；12月31日，6.643 2。

10. 工会经费全年累计计提136 562.49元，全年累计使用134 139.49元；职工教育经费全年累计计提170 703.11元，全年累计使用167 647.11元；业务招待费全年累计发生496 730元；福利费用全年累计发生735 749.69元。

11. 截至2018年12月31日，以前各年度应纳税所得额均大于0，本年度1～11月各月会计利润总额均大于0，不存在不征税收入、免税收入等税基类减免应纳税所得额、减免所得税额，且截至2019年11月30日无欠缴及多缴所得税情况。

12. 企业取得的增值税专用发票均已于当天在增值税发票选择确认平台办妥勾选确认；会计处理时各期确认的应交税费——应交增值税（进项税额）应当与当期增值税纳税申报表保持口径一致。

13. 公司员工薪酬考核办法规定：员工薪酬每月按岗位工资预发，全年一次性奖金经考核评定后在次年春节前发放；社会保险费和住房公积金的缴费基数为月岗位工资。

14. 公司发生的无形资产处置业务均不符合免征流转税的条件。

15. 除了特别说明，公司业务中涉及的有关分配率、单价、单位成本均保留6位小数，其余均保留2位小数。其中，发出材料的尾差计入结存存货成本，各项成本费用按用途计入各对象时，如有差额计入最后一个受益对象。固定资产月折旧额按月初固定资产明细表中的月折旧额计算。

16. 涉及的银行票据均以中国建设银行及中国银行常州分行现行格式为准。

17. 公司于2020年1月1～5日期间自制或取得的应归属于2019年度相关经济业务的原始凭证，在实际工作中，均作为2019年12月31日的经济业务处理。

18. 为了体现业务的完整性，本实验教材将属于资产负债表日后调整事项的两笔业务也编入实验题中，包括2020年3月15日取得被投资企业天江有限公司经过审计的财务报表并进行损益调整，2020年4月25日完成企业所得税汇算清缴工作。

19. 发生销售退回、折让时编制红字冲销记账凭证，已预计销售退回和折让但未发生销售退回、折让则编制蓝字凭证。

20. 公司2019年度财务报告编制完成日为2020年1月5日；2019年度财务报告报出日期为2020年4月25日。

五、会计综合模拟实验的参考课时

本实验一般可安排在"基础会计""财务会计"和"成本会计"等课程结束后进行。我们建议参考课时为 80~120 学时。各使用单位可根据实际情况作相应调整。

六、会计综合模拟实验使用的凭证、账页、报表等参考数量

本实验所需记账凭证、各类账页、科目汇总表、报表等的数量如下：

（1）记账凭证。使用通用记账凭证，共需 320 张。

（2）账页。银行存款日记账和现金日记账页共 1 本；三栏式总账账页 1 本；三栏式明细账账页 100 张；多栏式明细账账页 30 张；数量金额式明细账账页 18 张；增值税专用格式明细账账页 6 张；生产成本专用格式明细账账页 12 张；固定资产明细账账页 50 张；科目汇总表 6 张；凭证封面、封底及包角 4 副。

（3）财务报表。资产负债表、利润表和现金流量表各 2 张。

附录 1　常州东林股份有限公司 2019 年 12 月份期初资料

附录 2　常州东林股份有限公司 2019 年 12 月份经济业务

附录1 常州东林股份有限公司 2019年12月份期初资料

资产负债表

会企01表

编制单位：常州东林股份有限公司　2019年11月30日　　单位：元

资产	期末余额	上年年末余额	负债及所有者权益（或股东权益）	期末余额	上年年末余额
流动资产：			流动负债：		
货币资金	6 061 575.00	5 108 004.29	短期借款	1 000 000.00	
交易性金融资产	202 600.00		交易性金融负债		
衍生金融资产			衍生金融负债		
应收票据	210 000.00		应付票据	75 000.00	
应收账款	6 572 520.00	2 429 428.19	应付账款	15 365 151.41	18 762 644.34
应收款项融资			预收款项		
预付款项	98 776.00	60 414.00	合同负债	982 088.00	1 548 569.00
其他应收款	118 200.00		应付职工薪酬	524 277.80	554 825.10
存货	1 679 726.30	4 472 405.52	应交税费	198 156.71	2 348 319.53
合同资产			其他应付款	2 438.89	916.67
持有待售资产			持有待售负债		
一年内到期的非流动资产			一年内到期的非流动负债	500 000.00	500 000.00
其他流动资产	65 500.00		其他流动负债	178 400.00	
流动资产合计	15 008 897.30	12 070 252.00	流动负债合计	18 825 512.81	23 715 274.64
非流动资产：			非流动负债：		
债权投资	922 250.00	875 500.00	长期借款		
其他债权投资			应付债券		
长期应收款			其中:优先股		
长期股权投资	3 850 000.00	3 850 000.00	永续债		
其他权益投资工具	1 022 880.00	500 000.00	租赁负债		
其他非流动金融资产			长期应付款		
投资性房地产	1 933 750.00	2 025 187.50	预计负债	66 500.00	12 600.00
固定资产	13 902 934.85	14 261 127.42	递延收益		
在建工程			递延所得税负债	31 437.50	18 875.00
生产性生物资产			其他非流动负债		
油气资产			非流动负债合计	97 937.50	31 475.00
无形资产	1 662 400.00	1 798 158.33	负债合计	18 923 450.31	23 746 749.64
开发支出			所有者权益(或股东权益)		
商誉			实收资本(股本)	10 000 000.00	10 000 000.00
长期待摊费用			其他权益工具		
递延所得税资产	114 946.00	38 874.25	其中:优先股		
其他非流动资产			永续债		
非流动资产合计	23 409 160.85	23 348 847.50	资本公积	200 000.00	200 000.00
			减:库存股		
			其他综合收益	-43 500.00	0.00
			盈余公积	658 729.00	658 729.00
			未分配利润	8 679 378.84	813 620.86
			股东权益(股东权益)合计	19 494 607.84	11 672 349.86
资产总计	38 418 058.15	35 419 099.50	负债和所有者权益(或股东权益)总计	38 418 058.15	35 419 099.50

公司法定代表人：戴金洪　　主管会计工作负责人：李长兵　　会计机构负责人：周小清

利 润 表

会企 02 表

编制单位：常州东林股份有限公司　　2019年1～11月　　单位：元

项　目	本期金额	上期金额
一、营业收入	40 946 686.00	（略）
减：营业成本	23 218 241.50	
税金及附加	668 109.14	
销售费用	2 741 719.45	
管理费用	3 502 523.50	
研发费用	93 500.00	
财务费用	65 514.70	
其中：利息费用		
利息收入	6 885.32	
加：其他收益		
投资收益（损失以"—"号填列）		
其中：对联营企业和合营企业的投资收益		
以摊余成本计量的金融资产终止确认收益（损失以"—"号填列）		
净敞口套期收益（损失以"—"号填列）		
公允价值变动收益（损失以"—"号填列）	−7 400.00	
信用减值损失（损失以"—"号填列）	−89 345.00	
资产减值损失（损失以"—"号填列）		
资产处置收益（损失以"—"号填列）		
二、营业利润（亏损以"—"号填列）	10 560 332.71	
加：营业外收入	1 200.00	
减：营业外支出	2 560.00	
三、利润总额（亏损总额以"—"号填列）	10 558 972.71	
减：所得税费用	2 621 919.33	
四、净利润（净亏损以"—"号填列）	7 865 757.98	
（一）持续经营净利润（亏损以"—"号填列）	7 865 757.98	
（二）终止经营净利润（亏损以"—"号填列）		
五、其他综合收益税后净额	−43 500.00	
（一）以后不能重分类进损益的其他综合收益		
1. 重新计量设定受益计划净负债或净资产的变动		
2. 权益法下在被投资单位不能重分类进损益的其他综合收益中享有的份额		
3. 其他权益工具投资公允价值变动	−43 500.00	
4. 企业自身信用风险公允价值变动		
……		
（二）以后将重分类进损益的其他综合收益		
1. 权益法下可转损益的其他综合收益		
2. 其他债权投资公允价值变动		
3. 金融资产重分类计入其他综合收益的金额		
4. 其他债权投资信用减值准备		
5. 现金流量套期储备		
6. 外币财务报表折算差额		
……		
六、综合收益总额	7 822 257.98	
七、每股收益：		
（一）基本每股收益		
（二）稀释每股收益		

公司法定代表人：戴金洪　　主管会计工作负责人：李长兵　　会计机构负责人：周小清

附录1　常州东林股份有限公司2019年12月份期初资料

现金流量表

会企03表

编制单位：常州东林股份有限公司　2019年1～11月　　　　　　　单位：元

项目	本期金额	上期金额
一、经营活动产生的现金流量：		（略）
销售商品、提供劳务收到的现金	42 541 659.81	
收到的税费返还		
收到其他与经营活动有关的现金	5 571 538.16	
经营活动现金流入小计	48 113 197.97	
购买商品、接受劳务支付的现金	25 687 391.75	
支付给职工以及为职工支付的现金	10 108 669.77	
支付的各项税费	8 626 264.01	
支付其他与经营活动有关的现金	1 525 491.51	
经营活动现金流出小计	45 947 817.04	
经营活动产生的现金流量净额	2 165 380.93	
二、投资活动产生的现金流量：		
收回投资收到的现金		
取得投资收益所收到的现金		
处置固定资产、无形资产和其他长期资产收回的现金净额		
收到其他与投资活动有关的现金		
投资活动现金流入小计		
购建固定资产、无形资产和其他长期资产支付的现金	1 385 000.00	
投资支付的现金	790 880.00	
取得子公司及其他营业单位支付的现金净额		
支付其他与投资活动有关的现金		
投资活动现金流出小计	2 175 880.00	
投资活动产生的现金流量净额	－2 175 880.00	
三、筹资活动产生的现金流量：		
吸收投资收到的现金		
借款收到的现金	1 000 000.00	
收到其他与筹资活动有关的现金	78 987.91	
筹资现金流入小计	1 078 987.91	
偿还债务支付的现金		
分配股利、利润或偿付利息支付的现金	41 482.22	
支付其他与筹资活动有关的现金	78 987.91	
筹资现金流出小计	120 470.13	
筹资活动产生的现金流量净额	958 517.78	
四、汇率变动对现金及现金等价物的影响	5 552.00	
五、现金及现金等价物净增加额	953 570.71	
加：期初现金及现金等价物余额	5 033 004.29	
六、期末现金及现金等价物余额	5 986 575.00	

公司法定代表人：戴金洪　　主管会计工作负责人：李长兵　　会计机构负责人：周小清

2019年1~11月份资产、负债和所有者权益类科目发生额及余额

总账科目	明细科目	1月1日 借方余额	1~11月 借方发生额	1~11月 贷方发生额	11月30日 借方余额
库存现金		3 816.55	123 547.54	122 743.09	4 621.00
银行存款	建行新北区支行——2300098776	4 961 387.74	47 686 928.68	47 004 334.42	5 643 982.00
银行存款	中行新北区支行——2400040015	0.00	1 039 960.00	1 039 960.00	0.00
银行存款	建行新北区支行——2400048801	0.00	271 452.00	1 280.00	270 172.00
银行存款	中行新北区支行——3400040002	0.00	0.00	0.00	0.00
其他货币资金	银行汇票	67 800.00	654 987.86	654 987.86	67 800.00
其他货币资金	承兑保证金户——建行新北区支行（2300098012）	75 000.00	78 987.91	78 987.91	75 000.00
其他货币资金	将来投资款——977633333	0.00	760 880.00	760 880.00	0.00
交易性金融资产	股票——东方股份有限公司（成本）	0.00	210 000.00	0.00	210 000.00
应收票据	徐州设备有限公司	0.00	210 000.00	0.00	210 000.00
应收账款	博瑞克集团股份有限公司	12 400.00	140 400.00	12 400.00	140 400.00
应收账款	江苏科升有限公司	10 000.00	123 000.00	53 000.00	80 000.00
应收账款	北京黄海股份有限公司	2 331 218.19	8 796 541.05	8 671 439.24	2 456 320.00
应收账款	山东秦九有限公司	197 107.00	4 099 876.00	198 341.00	4 098 642.00
预付账款	光阳股份有限公司	0.00	50 000.00	0.00	50 000.00
预付账款	财产保险费	21 600.00	19 800.00	19 800.00	1 800.00
预付账款	汽车保险费	7 200.00	6 600.00	6 600.00	600.00
预付账款	报刊杂志费	21 600.00	19 800.00	19 800.00	1 800.00
预付账款	供电公司	10 014.00	300 000.00	275 438.00	34 576.00
预付账款	世星股份有限公司	0.00	10 000.00	0.00	10 000.00

附录1 常州东林股份有限公司2019年12月份期初资料

（续表）

总账科目	明细科目	1月1日借方余额	1~11月借方发生额	1~11月贷方发生额	11月30日借方余额
其他应收款	李微	0.00	11 000.00	10 000.00	1 000.00
其他应收款	保险公司	0.00	120 000.00	0.00	120 000.00
其他应收款	上海得力有限公司——押金	0.00	38 500.00	33 500.00	5 000.00
原材料	A01	25 280.00	6 636 000.00	6 651 840.00	9 440.00
原材料	B02	142 700.00	4 669 000.00	4 689 300.00	122 400.00
原材料	C03	91 400.00	3 158 000.00	2 969 400.00	280 000.00
周转材料	低值易耗品——工作鞋	7 500.00	15 000.00	18 000.00	4 500.00
周转材料	低值易耗品——手套	200.00	5 000.00	5 100.00	100.00
周转材料	包装物——包装箱	9 000.00	31 500.00	39 000.00	1 500.00
库存商品	甲	446 880.00	17 612 000.00	17 983 280.00	75 600.00
库存商品	乙	162 766.30	4 896 080.00	5 043 000.00	15 846.30
发出商品	甲	0.00	54 000.00	0.00	54 000.00
发出商品	乙	0.00	40 000.00	0.00	40 000.00
生产成本	基本生产成本——二车间（甲）	261 537.48	17 960 694.52	17 612 000.00	610 232.00
生产成本	基本生产成本——二车间（乙）	32 507.82	5 256 437.18	4 896 080.00	392 865.00
生产成本	基本生产成本——一车间（G 号成品）	3 207 263.87	13 579 638.01	16 648 381.88	138 520.00
生产成本	基本生产成本——一车间（M 号成品）	85 370.05	2 705 048.39	2 761 695.44	28 723.00
生产成本	辅助生产成本——机修车间	0.00	219 611.65	219 611.65	0.00
生产成本	辅助生产成本——动力车间	0.00	232 570.00	232 570.00	0.00
制造费用	一车间	0.00	1 882 123.12	1 882 123.12	0.00

(续表)

总账科目	明细科目	1月1日 借方余额	1~11月 借方发生额	1~11月 贷方发生额	11月30日 借方余额
制造费用	二车间	0.00	1 160 254.60	1 160 254.60	0.00
其他权益工具投资	股票——滨州股份(成本)	0.00	30 000.00	0.00	30 000.00
其他权益工具投资	股票——滨州股份(公允价值变动)	0.00	13 254.00	1 254.00	12 000.00
其他权益工具投资	股票——海明股份(成本)	0.00	400 880.00	0.00	400 880.00
其他权益工具投资	股票——青城股份(成本)	0.00	150 000.00	0.00	150 000.00
其他权益工具投资	股票——红泽机械有限公司(成本)	500 000.00	0.00	0.00	500 000.00
债权投资	债券——红光公司(成本)	100 000.00	0.00	0.00	100 000.00
债权投资	债券——红光公司(应计利息)	6 500.00	5 500.00	0.00	12 000.00
债权投资	债券——广发公司(成本)	300 000.00	0.00	0.00	300 000.00
债权投资	债券——广发公司(应计利息)	21 000.00	19 250.00	0.00	40 250.00
债权投资	债券——天河公司(成本)	400 000.00	0.00	0.00	400 000.00
债权投资	债券——天河公司(应计利息)	48 000.00	22 000.00	0.00	70 000.00
长期股权投资	天江有限公司——成本	3 000 000.00	0.00	0.00	3 000 000.00
长期股权投资	天江有限公司——损益调整	850 000.00	0.00	0.00	850 000.00
投资性房地产	出租厂房	2 100 000.00	0.00	0.00	2 100 000.00
固定资产	房屋及建筑物	2 562 000.00	1 200 000.00	0.00	3 762 000.00
固定资产	生产设备	14 730 000.00	0.00	0.00	14 730 000.00
固定资产	电子设备	242 000.00	0.00	0.00	242 000.00
固定资产	运输工具	200 000.00	0.00	0.00	200 000.00
固定资产	工具器具及备具	15 000.00	0.00	0.00	15 000.00
无形资产	非专利技术——K	120 000.00	0.00	0.00	120 000.00

附录1 常州东林股份有限公司2019年12月份期初资料

(续表)

总账科目	明细科目	1月1日借方余额	1~11月借方发生额	1~11月贷方发生额	11月30日借方余额
无形资产	非专利技术——N	60 000.00	0.00	0.00	60 000.00
无形资产	非专利技术——S	840 000.00	0.00	0.00	840 000.00
无形资产	专利权——M	90 000.00	0.00	0.00	90 000.00
无形资产	专利权——T	20 000.00	0.00	0.00	20 000.00
无形资产	专利权——Y	12 000.00	0.00	0.00	12 000.00
无形资产	商标权	99 000.00	0.00	0.00	99 000.00
无形资产	土地使用权	1 200 000.00	0.00	0.00	1 200 000.00
坏账准备		30 324.25	22 336.25	0.00	52 660.50
递延所得税资产	交易性金融资产公允价值变动——东方股份	0.00	1 850.00	0.00	1 850.00
递延所得税资产	交易性金融资产减值	0.00	115.50	0.00	115.50
递延所得税资产	其他权益工具投资公允价值变动——青岛股份	0.00	17 500.00	0.00	17 500.00
递延所得税资产	预计负债——三包费用	3 150.00	26 850.00	0.00	30 000.00
递延所得税资产	职工教育经费	5 400.00	7 100.00	0.00	12 500.00
递延所得税资产	汇兑差额——建行新北区支行(2400048801)	0.00	320.00	0.00	320.00
应交税费	应交增值税——进项税额	0.00	1 886 885.00	0.00	1 886 885.00
应交税费	应交增值税——转出未交增值税	0.00	3 374 876.18	0.00	3 374 876.18
其他综合收益	其他权益工具投资公允价值变动——青岛股份	0.00	70 000.00	17 500.00	52 500.00
合　计		39 745 923.25	152 087 735.44	141 793 882.21	50 039 776.48

注：美元结算户2400048801(建行常州分行)期末余额为11月25日购入的40 000美元。

(续表)

总账科目	明细科目	1月1日 贷方余额	1~11月 借方发生额	1~11月 贷方发生额	11月30日 贷方余额
交易性金融资产	股票——东方股份（公允价值变动）	0.00	2 250.00	9 650.00	7 400.00
坏账准备	应收账款坏账准备	121 297.00	0.00	81 545.00	202 842.00
预付账款	上海无业股份有限公司	0.00	34 600.00	125 000.00	90 400.00
坏账准备	其他应收款坏账准备	0.00	0.00	7 800.00	7 800.00
其他权益工具投资	股票——青城股份有限公司（公允价值变动）	0.00	0.00	70 000.00	70 000.00
投资性房地产累计折旧	出租厂房	74 812.50	0.00	91 437.50	166 250.00
累计折旧	房屋及建筑物	395 508.75	0.00	159 053.75	554 562.50
累计折旧	生产设备	3 040 351.33	0.00	1 282 737.43	4 323 088.76
累计折旧	电子设备	14 725.00	0.00	70 247.22	84 972.22
累计折旧	运输工具	35 625.00	0.00	43 541.67	79 166.67
累计折旧	工具器具及家具	1 662.50	0.00	2 612.50	4 275.00
累计摊销	非专利技术——K	25 000.00	0.00	11 000.00	36 000.00
累计摊销	非专利技术——N	22 000.00	0.00	5 500.00	27 500.00
累计摊销	非专利技术——S	357 000.00	0.00	77 000.00	434 000.00
累计摊销	专利权——M	1 750.00	0.00	8 250.00	10 000.00
累计摊销	专利权——T	8 166.67	0.00	1 833.33	10 000.00
累计摊销	专利权——Y	200.00	0.00	1 100.00	1 300.00
累计摊销	商标权	10 725.00	0.00	9 075.00	19 800.00
累计摊销	土地使用权	218 000.00	0.00	22 000.00	240 000.00

附录1 常州东林股份有限公司2019年12月份期初资料

(续表)

总账科目	明细科目	1月1日贷方余额	1～11月借方发生额	1～11月贷方发生额	11月30日贷方余额
短期借款	中行	0.00	0.00	800 000.00	800 000.00
短期借款	中行	0.00	0.00	200 000.00	200 000.00
应付票据	海松工业有限公司	0.00	0.00	75 000.00	75 000.00
应付账款	理飞有限公司	311 976.24	1 943 211.00	5 786 511.98	4 155 277.22
应付账款	东虹股份有限公司	0.00	0.00	13 560.00	13 560.00
应付账款	蒲进有限公司	10 610 172.36	9 919 654.41	4 839 616.00	5 530 133.95
应付账款	宏达有限公司	7 651 614.74	8 826 064.57	6 510 230.07	5 335 780.24
应付账款	福佑应付款——苏州炼峰股份有限公司	188 881.00	300 120.00	351 239.00	240 000.00
合同负债	江科股份有限公司	1 104 561.00	1 228 871.00	310 000.00	230 000.00
合同负债	尚华有限公司	444 008.00	387 610.00	400 000.00	185 690.00
合同负债	美玉股份有限公司	0.00	0.00	110 000.00	456 398.00
合同负债	江苏贝科股份有限公司	0.00	0.00	110 000.00	110 000.00
应付职工薪酬	工资	375 880.00	6 512 804.37	6 482 524.37	345 600.00
应付职工薪酬	设定提存计划——养老保险	61 347.64	1 043 255.54	1 037 203.90	55 296.00
应付职工薪酬	社会保险费——医疗保险	33 438.62	521 627.77	518 601.95	30 412.80
应付职工薪酬	设定提存计划——失业保险	5 751.34	97 805.21	97 237.87	5 184.00
应付职工薪酬	社会保险费——生育保险	3 067.39	52 162.78	49 095.39	0.00
应付职工薪酬	社会保险费——工伤保险	3 834.23	65 203.47	64 825.24	3 456.00
应付职工薪酬	住房公积金	38 342.28	652 034.72	648 252.44	34 560.00
应付职工薪酬	职工福利	0.00	553 453.82	553 453.82	0.00

(续表)

总账科目	明细科目	1月1日贷方余额	1~11月借方发生额	1~11月贷方发生额	11月30日贷方余额
应付职工薪酬	非货币性福利	0.00	58 800.00	58 800.00	0.00
应付职工薪酬	职工教育经费	21 600.00	150 463.11	162 063.11	33 200.00
应付职工薪酬	工会经费	11 563.60	124 645.09	129 650.49	16 569.00
应交税费	应交增值税——销项税额	0.00	4 975 072.60	5 261 761.18	5 261 761.18
应交税费	应交增值税	1 753 729.20	4 975 072.60	3 374 876.18	153 532.78
应交税费	应交城市维护建设税	122 761.04	348 255.08	236 241.33	10 747.29
应交税费	应交教育费附加	52 611.87	149 252.18	101 246.29	4 605.98
应交税费	应交地方教育费附加	35 074.59	99 501.45	67 497.52	3 070.66
应交税费	应交所得税	227 242.67	2 824 162.00	2 621 919.33	25 000.00
应交税费	应交个人所得税	800.00	15 200.00	15 600.00	1 200.00
应交税费	应交车船税	0.00	720.00	720.00	0.00
应交税费	应交房产税	8 243.40	45 144.00	36 900.60	0.00
应交税费	应交印花税	1 134.94	11 172.88	10 037.94	0.00
应交税费	应交城镇土地使用税	71 821.82	287 287.28	215 465.46	0.00
应交税费	应交残疾人保障基金	74 900.00	74 900.00	0.00	0.00
其他应付款	社会保险费计划——养老保险	0.00	518 601.95	518 601.95	0.00
其他应付款	社会保险费——医疗保险	0.00	141 420.49	141 420.49	0.00
其他应付款	社会保险费计划——失业保险	0.00	64 825.24	64 825.24	0.00
其他应付款	住房公积金	0.00	648 252.44	648 252.44	0.00
应付利息	短期借款——中国银行	0.00	8 960.00	10 204.44	1 244.44

附录1　常州东林股份有限公司2019年12月份期初资料

（续表）

总账科目	明细科目	1月1日贷方余额	1～11月借方发生额	1～11月贷方发生额	11月30日贷方余额
应付利息	短期借款——中国银行	0.00	750.00	1 027.78	277.78
应付利息	长期借款——中国银行	916.67	30 250.00	30 250.00	916.67
长期借款	中国银行——本金	500 000.00	0.00	0.00	500 000.00
预计负债	产品质量保证——包退费用	3 780.00	36 900.00	61 620.00	28 500.00
预计负债	产品质量保证——包换费用	3 780.00	36 900.00	61 620.00	28 500.00
预计负债	产品质量保证——包修费用	5 040.00	49 200.00	82 160.00	38 000.00
预计负债	应付退货款——甲	0	0	100 000.00	100 000.00
预计负债	应付退货款——乙	0	0	78 400.00	78 400.00
递延所得税负债	其他权益工具投资公允价值变动——滨州股份	0.00	0.00	3 000.00	3 000.00
递延所得税负债	债权投资应计利息——红光公司	1 625.00	0.00	1 125.00	2 750.00
递延所得税负债	债权投资应计利息——广发公司	5 250.00	0.00	3 937.50	9 187.50
递延所得税负债	债权投资应计利息——天河公司	12 000.00	0.00	4 500.00	16 500.00
股本	江苏海天股份有限公司	7 000 000.00	0.00	0.00	7 000 000.00
股本	常州华丰股份有限公司	3 000 000.00	0.00	0.00	3 000 000.00
资本公积	股本溢价	200 000.00	0.00	0.00	200 000.00
其他综合收益	其他权益工具投资公允价值变动——滨州股份	0.00	3 000.00	12 000.00	9 000.00
盈余公积	法定盈余公积	658 729.00	0.00	0.00	658 729.00
本年利润		0.00	33 082 128.02	40 947 886.00	7 865 757.98
利润分配	未分配利润	813 620.86	0.00	0.00	813 620.86
合　计		39 745 923.25	75 926 492.47	86 220 345.70	50 039 776.48

2019年11月份资产、负债、所有者权益类科目发生额及余额

总账科目	明细科目	11月1日借方余额	11月借方发生额	11月贷方发生额	11月30日借方余额
库存现金		1 461.85	16 438.09	13 278.94	4 621.00
银行存款	建行新北区支行——2300098776	6 341 254.13	3 987 654.09	4 684 926.22	5 643 982.00
银行存款	中行新北区支行——2400040015	0.00	7 316.66	7 316.66	0.00
银行存款	建行新北区支行——2400048801	0.00	271 452.00	1 280.00	270 172.00
其他货币资金	银行汇票	0.00	67 800.00	0.00	67 800.00
其他货币资金	采兑保证金户——建行新北区支行(2300098012)	0.00	75 000.00	0.00	75 000.00
交易性金融资产	股票——东方股份(成本)	210 000.00	0.00	0.00	210 000.00
应收票据	徐州设备有限公司	160 000.00	50 000.00	0.00	210 000.00
应收账款	博瑞克集团股份有限公司	0.00	140 400.00	0.00	140 400.00
应收账款	江苏科亏有限公司	17 038.89	65 400.00	2 438.89	80 000.00
应收账款	北京黄峰股份有限公司	1 345 290.94	4 653 218.06	3 542 189.00	2 456 320.00
应收账款	山东京九有限公司	3 732 661.02	564 321.98	198 341.00	4 098 642.00
预付账款	光阳股份有限公司	0.00	50 000.00	0.00	50 000.00
预付账款	财产保险费	3 600.00	0.00	1 800.00	1 800.00
预付账款	汽车保险费	1 200.00	0.00	600.00	600.00
预付账款	报刊杂志费	3 600.00	0.00	1 800.00	1 800.00
预付账款	供电公司	15 562.41	50 000.00	30 986.41	34 576.00
预付账款	世星股份有限公司	0.00	10 000.00	0.00	10 000.00

附录1 常州东林股份有限公司2019年12月份期初资料

(续表)

总账科目	明细科目	11月1日借方余额	11月借方发生额	11月贷方发生额	11月30日借方余额
其他应收款	李徽	500.00	3 000.00	2 500.00	1 000.00
其他应收款	保险公司	120 000.00	0.00	0.00	120 000.00
其他应收款	上海得力有限公司——押金	3 000.00	2 000.00	0.00	5 000.00
原材料	A01	44 486.00	649 000.00	684 046.00	9 440.00
原材料	B02	73 440.00	673 200.00	624 240.00	122 400.00
原材料	C03	114 200.00	465 000.00	299 200.00	280 000.00
周转材料	低值易耗品——工作服	4 500.00	1 500.00	1 500.00	4 500.00
周转材料	低值易耗品——手套	30.00	350.00	280.00	100.00
周转材料	包装物——包装箱	750.00	4 500.00	3 750.00	1 500.00
库存商品	甲	165 240.00	1 404 000.00	1 493 640.00	75 600.00
库存商品	乙	20 071.98	95 077.80	99 303.48	15 846.30
发出商品	甲	54 000.00			54 000.00
发出商品	乙	40 000.00			40 000.00
生产成本	基本生产成本——二车间(甲)	426 516.73	1 730 715.27	1 547 000.00	610 232.00
生产成本	基本生产成本——二车间(乙)	20 105.55	462 687.45	89 928.00	392 865.00
生产成本	基本生产成本——一车间(G 半成品)	152 771.91	1 511 509.09	1 525 761.00	138 520.00
生产成本	基本生产成本——一车间(M 半成品)	26 106.00	370 482.30	367 865.30	28 723.00
生产成本	辅助生产成本——机修车间	0.00	15 783.57	15 783.57	0.00
生产成本	辅助生产成本——动力车间	0.00	17 035.09	17 035.09	0.00
制造费用	一车间	0.00	96 789.46	96 789.46	0.00

(续表)

总账科目	明细科目	11月1日 借方余额	11月 借方发生额	11月 贷方发生额	11月30日 借方余额
制造费用	二车间	0.00	166 473.93	166 473.93	0.00
其他权益工具投资	股票——滨州股份(成本)	30 000.00	0.00	0.00	30 000.00
其他权益工具投资	股票——滨州股份(公允价值变动)	10 746.00	1 254.00	0.00	12 000.00
其他权益工具投资	股票——海明股份(成本)	0.00	400 880.00	0.00	400 880.00
其他权益工具投资	股票——青城股份(成本)	150 000.00	0.00	0.00	150 000.00
其他权益工具投资	股权——红泽机械有限公司(成本)	500 000.00	0.00	0.00	500 000.00
债权投资	债券——红光公司(成本)	100 000.00	0.00	0.00	100 000.00
债权投资	债券——红光公司(应计利息)	11 500.00	500.00	0.00	12 000.00
债权投资	债券——广发公司(成本)	300 000.00	0.00	0.00	300 000.00
债权投资	债券——广发公司(应计利息)	38 500.00	1 750.00	0.00	40 250.00
债权投资	债券——天河公司(成本)	400 000.00	0.00	0.00	400 000.00
债权投资	债券——天河公司(应计利息)	68 000.00	2 000.00	0.00	70 000.00
长期股权投资	天江有限公司——成本	3 000 000.00	0.00	0.00	3 000 000.00
长期股权投资	天江有限公司——损益调整	850 000.00	0.00	0.00	850 000.00
投资性房地产	出租厂房	2 100 000.00	0.00	0.00	2 100 000.00
固定资产	房屋及建筑物	3 762 000.00	0.00	0.00	3 762 000.00
固定资产	生产设备	14 730 000.00	0.00	0.00	14 730 000.00
固定资产	电子设备	242 000.00	0.00	0.00	242 000.00
固定资产	运输工具	200 000.00	0.00	0.00	200 000.00
固定资产	工具器具及家具	15 000.00	0.00	0.00	15 000.00

附录1　常州东林股份有限公司2019年12月份期初资料

（续表）

总账科目	明细科目	11月1日 借方余额	11月 借方发生额	11月 贷方发生额	11月30日 借方余额
无形资产	非专利技术——K	120 000.00	0.00	0.00	120 000.00
无形资产	非专利技术——N	60 000.00	0.00	0.00	60 000.00
无形资产	非专利技术——S	840 000.00	0.00	0.00	840 000.00
无形资产	专利权——M	90 000.00	0.00	0.00	90 000.00
无形资产	专利权——T	20 000.00	0.00	0.00	20 000.00
无形资产	专利权——Y	12 000.00	0.00	0.00	12 000.00
无形资产	商标权	99 000.00	0.00	0.00	99 000.00
无形资产	土地使用权	1 200 000.00	0.00	0.00	1 200 000.00
递延所得税资产	坏账准备	52 660.50	0.00	0.00	52 660.50
递延所得税资产	交易性金融资产公允价值变动——东方股份	1 850.00	0.00	0.00	1 850.00
递延所得税资产	交易性金融资产减值——东方股份	115.50	0.00	0.00	115.50
递延所得税资产	其他权益工具投资公允价值变动——青城股份	17 500.00	0.00	0.00	17 500.00
递延所得税资产	预计负债——三包费用	30 000.00	0.00	0.00	30 000.00
递延所得税资产	职工教育经费	12 500.00	0.00	0.00	12 500.00
递延所得税资产	汇兑损益——建行新北区支行（2 400 048 801）	320.00	0.00	0.00	320.00
应交税费	应交增值税——进项税额	0.00	306 212.50	0.00	306 212.50
应交税费	应交增值税——转出未交增值税	0.00	153 532.78	0.00	153 532.78
其他综合收益	其他权益工具投资公允价值变动——青城股份	52 500.00	0.00	0.00	52 500.00
合　计		42 213 579.41	18 544 234.12	15 520 052.95	45 237 760.58

注：美元结算户2400048801（建行常州分行）期末余额为11月25日购入的40 000美元。

(续表)

总账科目	明细科目	11月1日贷方余额	11月借方发生额	11月贷方发生额	11月30日贷方余额
交易性金融资产	股票——东方股份(公允价值变动)	9 650.00	2 250.00	0.00	7 400.00
坏账准备	应收账款坏账准备	202 842.00	0.00	0.00	202 842.00
预付账款	上海凡业股份有限公司	0.00	34 600.00	125 000.00	90 400.00
坏账准备	其他应收款坏账准备	7 800.00	0.00	0.00	7 800.00
其他权益工具投资	股票——青城股份有限公司(公允价值变动)	70 000.00	0.00	0.00	70 000.00
投资性房地产累计折旧	出租厂房	157 937.50	0.00	8 312.50	166 250.00
累计折旧	房屋及建筑物	539 671.25	0.00	14 891.25	554 562.50
累计折旧	生产设备	4 206 476.27	0.00	116 612.49	4 323 088.76
累计折旧	电子设备	78 586.10	0.00	6 386.12	84 972.22
累计折旧	运输工具	75 208.34	0.00	3 958.33	79 166.67
累计折旧	工具器具及家具	4 037.50	0.00	237.50	4 275.00
累计摊销	非专利技术——K	35 000.00	0.00	1 000.00	36 000.00
累计摊销	非专利技术——N	27 000.00	0.00	500.00	27 500.00
累计摊销	非专利技术——S	427 000.00	0.00	7 000.00	434 000.00
累计摊销	专利权——M	9 250.00	0.00	750.00	10 000.00
累计摊销	专利权——T	9 833.33	0.00	166.67	10 000.00
累计摊销	专利权——Y	1 200.00	0.00	100.00	1 300.00
累计摊销	商标权	18 975.00	0.00	825.00	19 800.00

附录1 常州东林股份有限公司2019年12月份期初资料

（续表）

总账科目	明细科目	11月1日贷方余额	11月借方发生额	11月贷方发生额	11月30日贷方余额
累计摊销	土地使用权	238 000.00	0.00	2 000.00	240 000.00
短期借款	中行	800 000.00	0.00	0.00	800 000.00
短期借款	中行	200 000.00	0.00	0.00	200 000.00
应付票据	鸿松工业有限公司	0.00	0.00	75 000.00	75 000.00
应付账款	理飞有限公司	4 369 043.09	213 765.87	0.00	4 155 277.22
应付账款	东虹股份有限公司	0.00	0.00	13 560.00	13 560.00
应付账款	葡进有限公司	3 998 618.32	487 054.37	2 018 570.00	5 530 133.95
应付账款	宏达有限公司	4 360 572.10	986 548.02	1 961 756.16	5 335 780.24
应付账款	预付应付款——苏州林峰股份有限公司	38 000.00	18 000.00	220 000.00	240 000.00
合同负债	江科股份有限公司	100 000.00	0.00	130 000.00	230 000.00
合同负债	尚华有限公司	444 962.79	369 272.79	110 000.00	185 690.00
合同负债	美亚股份有限公司	524 008.00	267 610.00	200 000.00	456 398.00
合同负债	江苏贝利股份有限公司	0.00	0.00	110 000.00	110 000.00
应付职工薪酬	工资	345 600.00	345 600.00	345 600.00	345 600.00
应付职工薪酬	设定提存计划——养老保险	55 296.00	55 296.00	55 296.00	55 296.00
应付职工薪酬	社会保险费——医疗保险	27 648.00	27 648.00	30 412.80	30 412.80
应付职工薪酬	设定提存计划——失业保险	5 184.00	5 184.00	5 184.00	5 184.00
应付职工薪酬	社会保险费——生育保险	2 764.80	2 764.80	0.00	0.00
应付职工薪酬	社会保险费——工伤保险	3 456.00	3 456.00	3 456.00	3 456.00
应付职工薪酬	住房公积金	34 560.00	34 560.00	34 560.00	34 560.00

(续表)

总账科目	明细科目	11月1日 贷方余额	11月 借方发生额	11月 贷方发生额	11月30日 贷方余额
应付职工薪酬	职工福利	0.00	55 338.67	55 338.67	0.00
应付职工薪酬	非货币性福利	0.00	4 750.00	4 750.00	0.00
应付职工薪酬	职工教育经费	36 995.98	12 435.98	8 640.00	33 200.00
应付职工薪酬	工会经费	11 637.00	1 980.00	6 912.00	16 569.00
应交税费	应交增值税——销项税额	0.00	0.00	459 745.28	459 745.28
应交税费	应交增值税	187 985.61	187 985.61	153 532.78	153 532.78
应交税费	应交城市维护建设税	13 158.99	13 158.99	10 747.29	10 747.29
应交税费	应交教育费附加	5 639.57	5 639.57	4 605.98	4 605.98
应交税费	应交地方教育费附加	3 759.71	3 759.71	3 070.66	3 070.66
应交税费	应交所得税	255 626.91	255 626.91	25 000.00	25 000.00
应交税费	应交个人所得税	900.00	900.00	1 200.00	1 200.00
应交税费	应交房产税	1 200.00	1 200.00	0.00	0.00
应交税费	应交印花税	890.54	890.54	0.00	0.00
其他应付款	退定提存计划——养老保险	0.00	27 648.00	27 648.00	0.00
其他应付款	社会保险费——医疗保险	0.00	7 982.00	7 982.00	0.00
其他应付款	退定提存计划——失业保险	0.00	3 456.00	3 456.00	0.00
其他应付款	住房公积金	0.00	34 560.00	34 560.00	0.00
应付利息	短期借款——中国银行	1 368.89	3 857.78	3 733.33	1 244.44
应付利息	短期借款——中国银行	194.45	750.00	833.33	277.78
应付利息	长期借款——中国银行	916.67	2 750.00	2 750.00	916.67

附录1 常州东林股份有限公司2019年12月份期初资料

(续表)

总账科目	明细科目	11月1日贷方余额	11月借方发生额	11月贷方发生额	11月30日贷方余额
长期借款	中国银行——年金	500 000.00	0.00	0.00	500 000.00
预计负债	产品质量保证——包退费用	25 330.01	5 368.80	8 538.79	28 500.00
预计负债	产品质量保证——包换费用	25 330.01	5 368.80	8 538.79	28 500.00
预计负债	产品质量保证——包修费用	33 773.34	7 158.40	11 385.06	38 000.00
预计负债	应付退货款——甲	100 000.00	0.00	0.00	100 000.00
预计负债	应付退货款——乙	78 400.00	0.00	0.00	78 400.00
递延所得税负债	其他权益工具投资公允价值变动——滨州股份	3 000.00	0.00	0.00	3 000.00
递延所得税负债	债权投资应计利息——红光公司	2 750.00	0.00	0.00	2 750.00
递延所得税负债	债权投资应计利息——广发公司	9 187.50	0.00	0.00	9 187.50
递延所得税负债	债权投资应计利息——天河公司	16 500.00	0.00	0.00	16 500.00
股本	江苏海天股份有限公司	7 000 000.00	0.00	0.00	7 000 000.00
股本	常州华丰股份有限公司	3 000 000.00	0.00	0.00	3 000 000.00
资本公积	股本溢价	200 000.00	0.00	0.00	200 000.00
其他综合收益	其他权益工具投资公允价值变动——滨州股份	7 746.00	0.00	1 254.00	9 000.00
盈余公积	法定盈余公积	658 729.00	0.00	0.00	658 729.00
本年利润		7 790 757.98	3 131 634.00	3 206 634.00	7 865 757.98
利润分配	未分配利润	813 620.86	0.00	0.00	813 620.86
合 计		42 213 579.41	6 627 809.61	9 651 990.78	45 237 760.58

存货 2019 年 1~11 月发生额及余额

总账科目	明细科目	1月1日借方余额		1~11月借方发生额		1~11月贷方发生额		11月30日借方余额	
		数量	金额	数量	金额	数量	金额	数量	金额
原材料	A01	212	25 280.00	55 300	6 636 000.00	55 432	6 651 840.00	80	9 440.00
原材料	B02	700	142 700.00	23 000	4 669 000.00	23 100	4 689 300.00	600	122 400.00
原材料	C03	620	91 400.00	31 580	3 158 000.00	29 400	2 969 400.00	2 800	280 000.00
周转材料	工作鞋	500	7 500.00	1 000	15 000.00	1 200	18 000.00	300	4 500.00
周转材料	手套	200	200.00	5 000	5 000.00	5 100	5 100.00	100	100.00
周转材料	包装箱	600	9 000.00	2 100	31 500.00	2 600	39 000.00	100	1 500.00
库存商品	甲	764	446 880.00	29 600	17 612 000.00	30 224	17 983 280.00	140	75 600.00
库存商品	乙	316	162 766.30	9 800	4 896 080.00	10 086	5 043 000.00	30	15 846.30

存货 2019 年 11 月发生额及余额

总账科目	明细科目	11月1日借方余额		11月借方发生额		11月贷方发生额		11月30日借方余额	
		数量	金额	数量	金额	数量	金额	数量	金额
原材料	A01	377	44 486.00	5 500	649 000.00	5 797	684 046.00	80	9 440.00
原材料	B02	360	73 440.00	3 300	673 200.00	3 060	624 240.00	600	122 400.00
原材料	C03	1 142	114 200.00	4 650	465 000.00	2 992	299 200.00	2 800	280 000.00
周转材料	工作鞋	300	4 500.00	100	1 500.00	100	1 500.00	300	4 500.00
周转材料	手套	30	30.00	350	350.00	280	280.00	100	100.00
周转材料	包装箱	50	750.00	300	4 500.00	250	3 750.00	100	1 500.00
库存商品	甲	306	165 240.00	2 600	1 404 000.00	2 766	1 493 640.00	140	75 600.00
库存商品	乙	38	20 071.98	180	95 077.80	188	99 303.48	30	15 846.30

2019年1~11月一车间制造费用发生额及余额

项目	1月1日借方余额	11月借方发生额	1~11月借方发生额	11月贷方发生额	1~11月贷方发生额	11月30日借方余额
设计制图费	0.00	0.00	460 000.00	0.00	460 000.00	0.00
办公费	0.00	730.32	11 366.20	730.32	11 366.20	0.00
材料费	0.00	1 200.00	309 862.12	1 200.00	309 862.12	0.00
摊销低值易耗品	0.00	800.00	10 550.00	800.00	10 550.00	0.00
保险费	0.00	600.00	6 600.00	600.00	6 600.00	0.00
报纸杂志费	0.00	200.00	2 200.00	200.00	2 200.00	0.00
非货币性福利	0.00	0.00	11 300.00	0.00	11 300.00	0.00
水费	0.00	1 785.00	19 800.00	1 785.00	19 800.00	0.00
电费	0.00	8 987.66	97 650.95	8 987.66	97 650.95	0.00
差旅费	0.00	8 323.86	92 311.00	2 438.89	92 311.00	0.00
工资	0.00	3 200.00	35 200.00	3 200.00	35 200.00	0.00
五险一金	0.00	1 193.60	13 129.60	1 193.60	13 129.60	0.00
折旧	0.00	55 614.58	611 760.34	55 614.58	611 760.34	0.00
工会经费		64.00	824.42	64.00	824.42	
职工教育经费		80.00	1 040.49	80.00	1 040.49	
辅助生产费用	0.00	14 010.44	198 528.00	14 010.44	198 528.00	0.00
合计	0.00	96 789.46	1 882 123.12	96 789.46	1 882 123.12	0.00

2019年1~11月二车间制造费用发生额及余额

项目	1月1日借方余额	11月借方发生额	1~11月借方发生额	11月贷方发生额	1~11月贷方发生额	11月30日借方余额
办公费	0.00	336.07	4 324.71	336.07	4 324.71	0.00
材料费	0.00	1 200.00	165 400.00	1 200.00	165 400.00	0.00
摊销低值易耗品	0.00	750.00	10 530.00	750.00	10 530.00	0.00
保险费	0.00	400.00	4 400.00	400.00	4 400.00	0.00
报纸杂志费	0.00	400.00	4 400.00	400.00	4 400.00	0.00
非货币性福利	0.00	0.00	11 300.00	0.00	11 300.00	0.00
水费	0.00	989.82	8 776.00	989.82	8 776.00	0.00
电费	0.00	83 421.07	85 362.93	83 421.07	85 362.93	0.00
差旅费	0.00	653.21	4 398.21	653.21	4 398.21	0.00
工资	0.00	3 800.00	41 800.00	3 800.00	41 800.00	0.00
五险一金	0.00	1 417.40	15 591.40	1 417.40	15 591.40	0.00
折旧	0.00	70 392.36	774 315.98	70 392.36	774 315.98	0.00
工会经费		76.00	959.37	76.00	959.37	
职工教育经费		95.00	1 196.21	95.00	1 196.21	
辅助生产费用	0.00	2 543.00	27 500.00	2 543.00	27 500.00	0.00
合计	0.00	166 473.93	1 160 254.60	166 473.93	1 160 254.60	0.00

2019 年 1~11 月机修车间辅助生产成本发生额及余额

项目	1月1日借方余额	11月借方发生额	1~11月借方发生额	11月贷方发生额	1~11月贷方发生额	11月30日借方余额
低值易耗品	0.00	150.00	1 150.00	150.00	1 150.00	0.00
摊销保险费	0.00	300.00	3 300.00	300.00	3 300.00	0.00
非货币性福利	0.00	0.00	45 200.00	0.00	45 200.00	0.00
水费	0.00	23.87	321.00	23.87	321.00	0.00
电费	0.00	52.90	572.00	52.90	572.00	0.00
工资	0.00	9 800.00	107 800.00	9 800.00	107 800.00	0.00
五险一金	0.00	3 655.40	40 209.40	3 655.40	40 209.40	0.00
折旧	0.00	878.75	9 666.25	878.75	9 666.25	0.00
工会经费	0.00	196.00	2 156.00	196.00	2 156.00	0.00
职工教育经费	0.00	245.00	2 695.00	245.00	2 695.00	0.00
动力费用分配	0.00	481.65	6 542.00	481.65	6 542.00	0.00
合计	0.00	15 783.57	219 611.65	2 438.89	219 611.65	0.00

2019 年 1~11 月动力车间辅助生产成本发生额及余额

项目	1月1日借方余额	11月借方发生额	1~11月借方发生额	11月贷方发生额	1~11月贷方发生额	11月30日借方余额
低值易耗品	0.00	80.00	870.00	80.00	870.00	0.00
摊销保险费	0.00	300.00	3 300.00	300.00	3 300.00	0.00
非货币性福利	0.00	0.00	45 200.00	0.00	45 200.00	0.00
水费	0.00	18.89	220.00	18.89	220.00	0.00
电费	0.00	81.20	875.00	81.20	875.00	0.00
工资	0.00	10 000.00	110 000.00	10 000.00	110 000.00	0.00
五险一金	0.00	3 730.00	41 030.00	3 730.00	41 030.00	0.00
工会经费	0.00	200.00	2 200.00	200.00	2 200.00	0.00
职工教育经费	0.00	250.00	2 750.00	250.00	2 750.00	0.00
折旧	0.00	2 375.00	26 125.00	2 375.00	26 125.00	0.00
合计	0.00	17 035.09	232 570.00	17 035.09	232 570.00	0.00

基本生产成本 2019 年 1~11 月发生额及余额

总账科目	明细科目	1月1日借方余额					
		直接材料	自制半成品	直接人工	制造费用	合　计
生产成本	甲		251 620.61	893.30	9 023.57	261 537.48
生产成本	乙		1 890.60	30 034.62	582.60	32 507.82
生产成本	G字成品	139 866.95		3 064 503.92	2 893.00	3 207 263.87
生产成本	M字成品	71 113.05		6 598.00	7 659.00	85 370.05

总账科目	明细科目	1~11月借方发生额					
		直接材料	自制半成品	直接人工	制造费用	合　计
生产成本	甲		16 648 381.88	1 013 548.86	298 763.78	17 960 694.52
生产成本	乙		2 761 695.44	1 633 250.92	861 490.82	5 256 437.18
生产成本	G字成品	12 165 606.78		2 438.89	1 411 592.34	13 579 638.01
生产成本	M字成品	1 835 071.10		399 446.51	470 530.78	2 705 048.39

总账科目	明细科目	1~11月贷方发生额					
		直接材料	自制半成品	直接人工	制造费用	合　计
生产成本	甲		16 367 772.49	962 442.16	281 785.35	17 612 000.00
生产成本	乙		2 423 586.04	1 622 485.54	850 008.42	4 896 080.00
生产成本	G字成品	12 185 473.73		3 056 742.81	1 406 165.34	16 648 381.88
生产成本	M字成品	1 883 184.15		400 921.51	477 589.78	2 761 695.44

总账科目	明细科目	11月30日借方余额					
		直接材料	自制半成品	直接人工	制造费用	合　计
生产成本	甲		532 230.00	52 000.00	26 002.00	610 232.00
生产成本	乙		340 000.00	40 800.00	12 065.00	392 865.00
生产成本	G字成品	120 000.00		10 200.00	8 320.00	138 520.00
生产成本	M字成品	23 000.00		5 123.00	600.00	28 723.00

基本生产成本 2019 年 11 月发生额及余额

总账科目	明细科目	11月1日借方余额				
		直接材料	自制半成品	直接人工	制造费用	合　计
生产成本	甲		341 444.99	57 492.21	27 579.53	426 516.73
生产成本	乙		1 073.26	18 598.64	433.65	20 105.55
生产成本	G半成品	129 824.37		11 787.63	11 159.91	152 771.91
生产成本	M半成品	19 893.62		5 930.64	281.74	26 106.00
总账科目	明细科目	11月借方发生额				
		直接材料	自制半成品	直接人工	制造费用	合　计
生产成本	甲		1 525 761.00	71 098.81	133 855.46	1 730 715.27
生产成本	乙		367 865.30	62 203.68	32 618.47	462 687.45
生产成本	G半成品	1 305 614.50		133 302.49	72 592.10	1 511 509.09
生产成本	M半成品	301 871.50		44 413.43	24 197.37	370 482.30
总账科目	明细科目	11月贷方发生额				
		直接材料	自制半成品	直接人工	制造费用	合　计
生产成本	甲		1 334 975.99	76 591.02	135 432.99	1 547 000.00
生产成本	乙		28 938.56	40 002.32	20 987.12	89 928.00
生产成本	G半成品	1 315 438.87		134 890.12	75 432.01	1 525 761.00
生产成本	M半成品	298 765.12		45 221.07	23 879.11	367 865.30
总账科目	明细科目	11月30日借方余额				
		直接材料	自制半成品	直接人工	制造费用	合　计
生产成本	甲		532 230.00	52 000.00	26 002.00	610 232.00
生产成本	乙		340 000.00	40 800.00	12 065.00	392 865.00
生产成本	G半成品	120 000.00		10 200.00	8 320.00	138 520.00
生产成本	M半成品	23 000.00		5 123.00	600.00	28 723.00

附录1 常州东林股份有限公司2019年12月份期初资料

2019年1～11月固定资产及累计折旧发生额及余额

固定资产类别	使用部门	品名	单位	数量	单价	原价	已计提折旧月份数	累计折旧 1月1日余额	累计折旧 11月计提数	累计折旧 1～11月计提数	11月30日余额	净值
房屋及建筑物	一车间	一车间厂房	幢	1	1 650 000.00	1 650 000.00	50	254 718.75	6 531.25	71 843.75	326 562.50	1 323 437.50
	二车间	二车间厂房	幢	1	450 000.00	450 000.00	50	69 468.75	1 781.25	19 593.75	89 062.50	360 937.50
	管理部门	行政楼	幢	1	300 000.00	300 000.00	50	46 312.50	1 187.50	13 062.50	59 375.00	240 625.00
	动力车间	动力车间厂房	幢	1	120 000.00	120 000.00	50	18 525.00	475.00	5 225.00	23 750.00	96 250.00
	机修车间	机修车间厂房	幢	1	42 000.00	42 000.00	50	6 483.75	166.25	1 828.75	8 312.50	33 687.50
	高管供货商福利	高管公寓	套	2	600 000.00	1 200 000.00	10	0.00	4 750.00	47 500.00	47 500.00	1 152 500.00
	小计					3 762 000.00		395 508.75	14 891.25	159 053.75	554 562.50	3 207 437.50
生产设备	一车间	设备W	台	20	280 880.00	5 617 600.00	36	1 111 816.50	44 472.66	489 199.26	1 601 015.76	4 016 584.24
		设备K	套	1	20 000.00	20 000.00	119	17 100.00	158.33	1 741.67	18 841.33	1 158.33
		设备L	台	1	300 000.00	300 000.00	47	85 500.00	2 375.00	26 125.00	111 625.00	188 375.00
		设备Q	台	1	62 400.00	62 400.00	17	2 964.00	494.00	5 434.00	8 398.00	54 002.00
	二车间	设备V	台	50	166 000.00	8 300 000.00	36	1 642 708.33	65 708.33	722 791.67	2 365 500.00	5 934 500.00
		设备T	台	1	100 000.00	100 000.00	119	85 500.00	791.67	8 708.33	94 208.33	5 791.67
	动力车间	设备X	台	3	80 000.00	240 000.00	50	74 100.00	1 900.00	20 900.00	95 000.00	145 000.00
	机修车间	设备Y	台	9	10 000.00	90 000.00	40	20 662.50	712.50	7 837.50	28 500.00	61 500.00
	小计					14 730 000.00		3 040 351.33	116 612.49	1 282 737.43	4 323 088.76	10 406 911.24
电子设备	一车间	电脑LENOVO	台	6	5 000.00	30 000.00	11	0.00	791.67	8 708.33	8 708.33	21 291.67
	二车间	电脑LENOVO	台	12	5 000.00	60 000.00	11	0.00	1 583.33	17 416.67	17 416.67	42 583.33
	管理部门	电脑HP	台	4	9 000.00	36 000.00	23	11 400.00	950.00	10 450.00	21 850.00	14 150.00
		电脑DELL	台	3	7 000.00	21 000.00	17	3 325.00	554.17	6 095.83	9 420.83	11 579.17
		电脑IBM	台	4	8 250.00	33 000.00	11	0.00	870.83	9 579.17	9 579.17	28 645.83
	小计					180 000.00		14 725.00	4 750.00	52 250.00	66 975.00	118 250.00

（续表）

固定资产类别	使用部门	品名	单位	数量	单价	原价	已计提折旧月份数	累计折旧 1月1日余额	累计折旧 11月计提数	累计折旧 1～11月计提数	累计折旧 11月30日余额	净值
电子设备	一车间	空调O	台	6	5 000.00	30 000.00	11	0.00	791.67	8 708.33	8 708.33	23 666.67
电子设备	二车间	空调O	台	4	5 000.00	20 000.00	11	0.00	527.78	5 805.56	5 805.56	15 777.78
电子设备	管理部门	空调Q	台	4	3 000.00	12 000.00	11	0.00	316.67	3 483.33	3 483.33	8 833.33
小计						62 000.00		0.00	1 636.12	17 997.22	17 997.22	48 277.78
运输设备	管理部门	现代轿车	辆	2	100 000.00	200 000.00	20	35 625.00	3 958.33	43 541.67	79 166.67	120 833.33
工具器具及家具	福利部门	炉灶	台	3	5 000.00	15 000.00	18	1 662.50	237.50	2 612.50	4 275.00	10 725.00
合计						18 949 000.00		3 487 872.58	142 085.69	1 558 192.57	5 029 440.39	13 919 559.85

2019年1～11月无形资产及累计摊销发生额及余额

总账科目	明细科目	取得成本	已摊销月份数	累计摊销 1月1日余额	累计摊销 11月摊销数	累计摊销 1～11月摊销数	累计摊销 11月30日余额	11月30日摊余价值
无形资产	非专利技术——K	120 000.00	36	25 000.00	1 000.00	11 000.00	36 000.00	84 000.00
无形资产	非专利技术——N	60 000.00	55	22 000.00	500.00	5 500.00	27 500.00	32 500.00
无形资产	非专利技术——S	840 000.00	62	357 000.00	7 000.00	77 000.00	434 000.00	406 000.00
无形资产	专利权——M	90 000.00	60	1 750.00	750.00	8 250.00	10 000.00	80 000.00
无形资产	专利权——T	20 000.00	60	8 166.67	166.67	1 833.33	10 000.00	10 000.00
无形资产	专利权——Y	12 000.00	13	200.00	100.00	1 100.00	1 300.00	10 700.00
无形资产	商标权	99 000.00	24	10 725.00	825.00	9 075.00	19 800.00	79 200.00
无形资产	土地使用权	1 200 000.00	120	218 000.00	2 000.00	22 000.00	240 000.00	960 000.00
合计		2 441 000.00		2 438.89	12 341.67	135 758.33	778 600.00	1 662 400.00

2019年1～11月损益类科目累计发生额

总账科目	明细科目	1～11月借方发生额	1～11月贷方发生额
主营业务收入	商品销售收入——甲	30 284 222.00	30 284 222.00
主营业务收入	商品销售收入——乙	9 884 280.00	9 884 280.00
其他业务收入	咨询服务收入	485 000.00	485 000.00
其他业务收入	出租固定资产收入	110 000.00	110 000.00
其他业务收入	出租无形资产收入	55 000.00	55 000.00
其他业务收入	包装物销售收入	10 224.00	10 224.00
其他业务收入	材料销售收入	117 960.00	117 960.00
主营业务成本	商品销售成本——甲	17 983 280.00	17 983 280.00
主营业务成本	商品销售成本——乙	5 043 000.00	5 043 000.00
其他业务成本	出租固定资产折旧额	91 437.50	91 437.50
其他业务成本	出租无形资产摊销额	5 500.00	5 500.00
其他业务成本	包装物销售成本	8 520.00	8 520.00
其他业务成本	材料销售成本	86 504.00	86 504.00
税金及附加	城市维护建设税	236 241.33	236 241.33
税金及附加	教育费附加	101 246.29	101 246.29
税金及附加	地方教育附加	67 497.52	67 497.52
税金及附加	车船税	720.00	720.00
税金及附加	房产税	36 900.60	36 900.60
税金及附加	城镇土地使用税	215 465.46	215 465.46
税金及附加	印花税	10 037.94	10 037.94
销售费用	工资	715 000.00	715 000.00
销售费用	社会保险费	195 195.00	195 195.00
销售费用	住房公积金	71 500.00	71 500.00
销售费用	职工福利费	117 000.00	117 000.00
销售费用	广告宣传费	860 802.89	860 802.89
销售费用	展览费	202 325.00	202 325.00
销售费用	包装费	36 825.00	36 825.00
销售费用	运输装卸费	296 863.91	296 863.91

(续表)

总账科目	明细科目	1~11月借方发生额	1~11月贷方发生额
销售费用	水电费	8 632.65	8 632.65
销售费用	工会经费	14 300.00	14 300.00
销售费用	职工教育经费	17 875.00	17 875.00
销售费用	预计产品质量保证损失	205 400.00	205 400.00
管理费用	工资	396 000.00	396 000.00
管理费用	社会保险费	108 108.00	108 108.00
管理费用	住房公积金	48 180.00	48 180.00
管理费用	职工福利费	557 319.82	557 319.82
管理费用	办公费	440 571.90	440 571.90
管理费用	差旅费	450 545.76	450 545.76
管理费用	业务招待费	471 290.00	471 290.00
管理费用	董事会费	88 944.94	88 944.94
管理费用	固定资产维修费	602 494.20	602 494.20
管理费用	折旧费	86 212.50	86 212.50
管理费用	无形资产摊销费	135 758.37	135 758.37
管理费用	水电费	48 336.41	48 336.41
管理费用	财产保险费	8 800.00	8 800.00
管理费用	工会经费	61 538.49	61 538.49
管理费用	职工教育经费	76 923.11	76 923.11
管理费用	聘请中介机构费	15 000.00	15 000.00
财务费用	利息支出	41 482.22	41 482.22
财务费用	利息收入	6 885.32	6 885.32
财务费用	汇兑差额	5 552.00	5 552.00
财务费用	工本及手续费	25 365.80	25 365.80
信用减值损失	坏账损失	89 345.00	89 345.00
公允价值变动损益	交易性金融资产公允价值变动	9 650.00	9 650.00
营业外收入	违约金收入	1 200.00	1 200.00
营业外支出	违约金支出	2 560.00	2 560.00
所得税费用	当期所得税费用	2 621 919.33	2 621 919.33

2019年11月损益类科目发生额

总账科目	明细科目	11月借方发生额	11月贷方发生额
主营业务收入	商品销售收入——甲	2 505 000.00	2 505 000.00
主营业务收入	商品销售收入——乙	196 000.00	196 000.00
其他业务收入	咨询服务收入	485 000.00	485 000.00
其他业务收入	出租固定资产收入	10 000.00	10 000.00
其他业务收入	出租无形资产收入	5 000.00	5 000.00
其他业务收入	包装物销售收入	3 384.00	3 384.00
主营业务成本	商品销售成本——甲	1 493 400.00	1 493 400.00
主营业务成本	商品销售成本——乙	99 374.00	99 374.00
其他业务成本	出租固定资产折旧额	8 312.50	8 312.50
其他业务成本	出租无形资产摊销额	500.00	500.00
其他业务成本	包装物销售成本	2 820.00	2 820.00
税金及附加	城市维护建设税	10 747.29	10 747.29
税金及附加	教育费附加	4 605.98	4 605.98
税金及附加	地方教育附加	3 070.66	3 070.66
销售费用	工资	65 000.00	65 000.00
销售费用	社会保险费	17 745.00	17 745.00
销售费用	住房公积金	6 500.00	6 500.00
销售费用	广告宣传费	569 800.00	569 800.00
销售费用	展览费	222 965.92	222 965.92
销售费用	包装费	605.00	605.00
销售费用	运输装卸费	21 465.98	21 465.98
销售费用	工会经费	1 300.00	1 300.00
销售费用	职工教育经费	1 625.00	1 625.00
销售费用	水电费	654.71	654.71

(续表)

总账科目	明细科目	11月借方发生额	11月贷方发生额
销售费用	预计产品质量保证损失	28 462.64	28 462.64
管理费用	工资	36 000.00	36 000.00
管理费用	社会保险费	9 828.00	9 828.00
管理费用	住房公积金	4 380.00	4 380.00
管理费用	职工福利费	55 338.67	55 338.67
管理费用	办公费	82 900.61	82 900.61
管理费用	差旅费	98 712.98	98 712.98
管理费用	业务招待费	8 790.55	8 790.55
管理费用	董事会费	12 500.00	12 500.00
管理费用	固定资产维修费	198 978.64	198 978.64
管理费用	折旧费	7 837.50	7 837.50
管理费用	无形资产摊销费	12 341.67	12 341.67
管理费用	水电费	4 563.76	4 563.76
管理费用	财产保险费	800.00	800.00
管理费用	工会经费	720.00	720.00
管理费用	职工教育经费	900.00	900.00
财务费用	利息支出	7 316.66	7 316.66
财务费用	利息收入	549.87	549.87
财务费用	汇兑差额	5 552.00	5 552.00
财务费用	工本及手续费	768.15	768.15
公允价值变动损益	交易性金融资产公允价值变动	2 250.00	2 250.00
所得税费用	当期所得税费用	25 000.00	25 000.00

附录 2 常州东林股份有限公司 2019年12月份经济业务

2019 年 12 月 1 日

【业务 1】(共 1 张)
1-1

原材料暂估入账清单   NO. 1987

2019 年 11 月 30 日

材料名称	合同号	供货单位	数量（千克）	不含税合同单价(元)	不含税合同金额(元)	入库日期
C03	0098611	苏州林峰股份有限公司	2 400	100.00	240 000.00	2019.11.30

第三联 红冲联

编制：丁 力   审核：周小清

【业务 2】(共 4 张)
2-1

江苏增值税专用发票   NO. 09776762

3200098220   3200098220
                                         09776762
抵扣联
开票日期：2019 年 12 月 01 日

购买方	名　　称：常州东林股份有限公司	密码区	241766＜98/198533204＋＜63＜ ＋64＜－＞876＊98＜/8765/＞ ＋216＞2＞7/3－＋47561＜＞＋ 782－/5432＜4＊－62＞＞＞－8	加密版本：01 3200098220 09776762
	纳税人识别号：913204007633279092			
	地　址、电话：河海东路45号 85499890			
	开户行及账号：建行新北区支行 2300098776			

货物或应税劳务、服务名称	规格型号	单位	数量	单价	金　额	税率	税　额
金属制品 A01		千克	2 500	120.00	300 000.00	13%	39 000.00
合　计					￥300 000.00		￥39 000.00

价税合计(大写)	叁拾叁万玖仟元整	(小写) ￥339 000.00

销售方	名　　称：常州东青股份有限公司	备注	常州东青股份有限公司 91320400763327097D 发票专用章
	纳税人识别号：91320400763327097D		
	地　址、电话：天宁路45号 86733321		
	开户行及账号：工行城北支行 9808877878773		

第二联 抵扣联 购买方扣税凭证

收款人：　　　　　复核：　　　　　开票人：丁小平　　　　　销售方：(章)

2-2

 3200098220　　　江苏增值税专用发票　　NO.09776762　3200098220
　　　　　　　　　　　　　　　　　　　　　　　　09776762
　　　　　　　　　　　　发票联　　　　　开票日期：2019 年 12 月 01 日

购买方	名　　称：常州东林股份有限公司	密码区	241766＜98/198533204＋＜63＜ 加密版本：01
	纳税人识别号：913204007633279092		＋64＜－＞876＊98＜/8765/＞ 3200098220
	地址、电话：河海东路45号 85499890		＋216＞2＞7/3－＋47561＜＞＋
	开户行及账号：建行新北区支行 2300098776		782－/5432＜4＊－62＞＞＞－8 09776762

货物或应税劳务、服务名称	规格型号	单位	数量	单价	金　额	税率	税　额
＊金属制品＊A01		千克	2 500	120.00	300 000.00	13%	39 000.00
合　计					￥300 000.00		￥39 000.00

价税合计（大写）	叁拾叁万玖仟元整	（小写）￥339 000.00

销售方	名　　称：常州东青股份有限公司	备注	（常州东青股份有限公司
	纳税人识别号：91320400763327097D		91320400763327097D
	地址、电话：天宁路45号 86733321		发票专用章）
	开户行及账号：工行城北支行 9808877878773		

收款人：　　　复核：　　　开票人：丁小平　　　销售方：（章）

2-3

中国建设银行
转账支票存根
10502146
09091325

附加信息＿＿＿＿＿＿＿＿＿＿＿＿＿＿＿

出票日期 2019 年 12 月 1 日

收款人：	常州东青股份有限公司
金　额：	￥339 000.00
用　途：	货款
备　注：	（2300098776）
单位主管	会计

附录2　常州东林股份有限公司2019年12月份经济业务

2-4

收 料 单

供应单位：常州东青股份有限公司　　2019年12月1日　　　　　　　　　编号：20001

材料编号	名称	单位	规格	数量		实际成本			
				应收	实收	单价	发票价格	运杂费	合计
0101001	A01	千克		2 500	2 500				

备　注：

收料人：杨有兵　　　　　　　　　　　　　交料人：李小明

第二联　记账联

【业务3】（共3张）

3-1

 3200098220　　江苏增值税专用发票　　NO.05231142　　3200098220
　　　　　　　　　　此联不作报销、抵税凭证使用　　　　　　　　　　　05231142

开票日期：2019年12月01日

购买方	名　　　称：常州跃进股份有限公司		密码区	341766＜98/198533204＋＜63＜ ＋54＜-＞876＊98＜/8765/＞ ＋416＞2＞7/3＋-47561＜＞＋ 782-/5411＜4＊-62＞＞＞-6	加密版本：01 3200098220 05231142
	纳税人识别号：91320400763109807Q				
	地址、电话：金坛红东路12号				
	开户行及账号：工行金坛支行 1298877675512				
货物或应税劳务、服务名称	规格型号	单位	数量	单价	金额	税率	税额
＊商用设备＊甲		件	400	1 002.00	400 800.00	13%	52 104.00
合　　计					￥400 800.00		￥52 104.00
价税合计（大写）	肆拾伍万贰仟玖佰零肆元整				（小写）￥452 904.00		
销售方	名　　　称：常州东林股份有限公司		备注		
	纳税人识别号：913204007633279092				
	地址、电话：河海东路45号 85499890				
	开户行及账号：建行新北区支行 2300098776				

收款人：　　　　　复核：　　　　　开票人：黄林玉　　　　　销售方：（章）

第一联　记账联　销售方记账凭证

3-2

中国建设银行　进账单（收款通知） 3

2019 年 12 月 1 日

出票人	全称	常州跃进股份有限公司	收款人	全称	常州东林股份有限公司
	账号	1298877675512		账号	2300098776
	开户银行	工行金坛支行		开户银行	建行新北区支行

金额	人民币（大写）	肆拾伍万贰仟玖佰零肆元整	亿 千 百 十 万 千 百 十 元 角 分
			￥ 4 5 2 9 0 4 0 0

票据种类	支票	票据张数	一张
票据号码	转账 3400028872343127		

中国建设银行股份有限公司常州新北区支行
2019.12.01
票据受理专用章
（收讫抵用）
开户银行签章

复核　　　　记账

此联是收款人开户银行交给收款人的收账通知

3-3（此为复印件）

产品销售合同

合同号：20191201

购货单位：**常州跃进股份有限公司**　（以下简称甲方）
供货单位：**常州东林股份有限公司**　（以下简称乙方）

　　第一条　乙方向甲方提供甲共计 400 件，价款是 400 800.00 元，增值税为 52 104.00 元，价税合计是 452 904.00元。
　　第二条　交货日期：2019 年 12 月 1 日
　　第三条　验收标准
　　购买方收到商品 7 个工作日内提出质量异议，不包括运输过程中造成的质量问题。自收到商品之日起 60 天内可以提出退货，运费由甲方承担。
　　以下条款　略

甲方：（盖章）　　　　乙方：（盖章）

陈琳　　　　　　　　　　　　　　　　　李长兵

法定(授权)代表人：陈　琳　　　　　　法定(授权)代表人：李长兵

2019.11.25　　　　　　　　　　　　　　2019.11.25

【业务4】（共1张）

4-1

借 款 单

2019 年 12 月 1 日　　　　　　　　　　　　NO. 32013011

借款人：李一鑫	所属部门：办公室
借款用途：差旅费	
借款数额：人民币（大写）捌佰元整	￥800.00
部门负责人审批：姚海波　2019 年 12 月 1 日	借款人（签章）：李一鑫　2019 年 12 月 1 日
财务部门审核：丁 力　2019 年 12 月 1 日	
单位负责人批示：同意借款　　　现金付讫　签字：李长兵　2019 年 12 月 1 日	
核销记录：	

第一联 付款联

【业务5】（共3张）

5-1

 3200098222　　　　NO. 51234321　　3200098222　51234321

开票日期：2019 年 12 月 01 日

购买方	名　　称：常州东林股份有限公司	密码区	750066＜98/198533204＋＜63＜ +64＜-＞876＊98＜/8765/＞ +216＞2＞612-+47561＜＞+ 782-/5432＜4＊-62＞＞＞01	加密版本：01 3200098222 51234321
	纳税人识别号：91320400763327 9092			
	地址、电话：河海东路 45 号 85499890			
	开户行及账号：建行新北区支行 2300098776			

货物或应税劳务、服务名称	规格型号	单位	数量	单价	金　额	税率	税　额
＊绘图测量仪器＊计算器		只	16	50.00	800.00	13%	104.00
合　计					￥800.00		￥104.00
价税合计（大写）	玖佰零肆元整					（小写）￥904.00	

销售方	名　　称：常州文化用品有限公司	备注	常州文化用品有限公司 91320400123327906T 发票专用章
	纳税人识别号：91320400123327906T		
	地址、电话：城中路 23 号 87652226		
	开户行及账号：建行城中分理处 230009872		

收款人：　　　　复核：　　　　开票人：周亚蓉　　　　销售方：（章）

第二联 抵扣联 购买方扣税凭证

5-2

 3200098222　　江苏增值税专用发票　　NO.51234321　3200098222
　　　　　　　　　　　　　发票联　　　　　　　　　　　　51234321
　　　　　　　　　　　　　　　　　　　　　开票日期：2019 年 12 月 01 日

购买方	名　称：常州东林股份有限公司	密码区	750066＜98/198533204＋＜63＜ 加密版本：01
	纳税人识别号：913204007633279092		＋64＜－＞876＊98＜/8765/＞ 3200098222
	地址、电话：河海东路45号 85499890		＋216＞2＞612－＋47561＜＞＋ 51234321
	开户行及账号：建行新北区支行 2300098776		782－/5432＜4＊－62＞＞＞01

货物或应税劳务、服务名称	规格型号	单位	数量	单价	金　额	税率	税　额
绘图测量仪器 计算器		只	16	50.00	800.00	13%	104.00
合　　计					¥800.00		¥104.00
价税合计（大写）	玖佰零肆元整				（小写）¥904.00		

销售方	名　称：常州文化用品有限公司		现金付讫
	纳税人识别号：91320400123327906T	（常州文化用品有限公司	
	地址、电话：城中路23号 87652226	91320400123327906T	
	开户行及账号：建行城中分理处 230009872	发票专用章）	

收款人：　　　　复核：　　　　开票人：周亚琴　　　销售方：（章）

5-3

办公用品领用单

2019 年 12 月 1 日

领用部门	物品名称	数　量	领用人
办公室	计算器	10个	周仕会
一车间	计算器	4个	丁小林
二车间	计算器	2个	黄金海
合　计		16个	

发放人：周亦　　　　　　　　　　　　审批人：姚海波

【业务6】（共3张）

6-1

无形资产处置申请单

2019 年 12 月 1 日

无形资产名称	原 价	累计摊销额	净 值	处置原因
专利权 T	20 000.00	10 000.00	10 000.00	企业更新换代技术

无形资产管理部门意见：	财务部门意见：	单位领导意见：
同意出售	同意	同意
周海兵	周小清	李长兵
2019 年 12 月 1 日	2019 年 12 月 1 日	2019 年 12 月 1 日

6-2

中国建设银行 进账单（收款通知） 3

2019 年 12 月 1 日

出票人	全 称	江苏红通股份有限公司	收款人	全 称	常州东林股份有限公司
	账 号	911752652221		账 号	2300098776
	开户银行	招行南京分行		开户银行	建行新北区支行

金额	人民币（大写）	叁万元整	亿 千 百 十 万 千 百 十 元 角 分
			￥ 3 0 0 0 0 0 0

票据种类	银行汇票	票据张数	一张
票据号码	2218906512776543		

中国建设银行股份有限公司常州新北区支行
2019.12.01
票据受理专用章
（收妥抵用）(1)
开户银行签章

复核　　　记账

此联是收款人开户银行交给收款人的收账通知

6-3

江苏增值税专用发票

NO.05231143

开票日期：2019年12月01日

购买方	名　　　称：江苏红通股份有限公司 纳税人识别号：91320100234145124W 地址、电话：东方路21号 65409871 开户行及账号：招行南京分行 911752652221	密码区	241766＜98/198533204＋＜63＜ ＋64＜－＞876＊98＜/8765/＞ ＋216＞2＞7/3－＋47561＜＞＋ 782－/5432＜4＊－62＞＞＞－8	加密版本：01 3200098220 05231143

货物或应税劳务、服务名称	规格型号	单位	数量	单价	金额	税率	税额
*无形资产*专利权		项	1	28 301.89	28 301.89	6%	1 698.11
合　计					¥ 28 301.89		¥ 1 698.11

价税合计（大写）	叁万元整	（小写）¥ 30 000.00

销售方	名　　　称：常州东林股份有限公司 纳税人识别号：913204007633279092 地址、电话：河海东路45号 85499890 开户行及账号：建行新北区支行 2300098776	备注	

收款人：　　　复核：　　　开票人：黄林玉　　　销售方：（章）

【业务7】（共3张）

7-1

中国建设银行　进账单（收款通知） 3

2019年12月1日

出票人	全　称	常州东风股份有限公司	收款人	全　称	常州东林股份有限公司
	账　号	298877675		账　号	2300098776
	开户银行	交行青龙分理处		开户银行	建行新北区支行

金额	人民币（大写）	贰拾贰万陆仟肆佰零陆元捌角整	亿	千	百	十万	万	千	百	十	元	角	分
					¥	2	2	6	4	0	6	8	0

票据种类	支票	票据张数	一张
票据号码	转账 1028098726 5190		

中国建设银行股份有限公司常州新北区支行
2019.12.01
票据受理专用章
开户银行签章

复核：　　　记账：

7-2

江苏增值税专用发票

NO. 05231144

3200098220

此联不作报销、扣税凭证使用

开票日期：2019 年 12 月 01 日

购买方	名称	常州东风股份有限公司	密码区	641763＜98/198533204＋＜63＜ ＋64＜-＞876＃98＜/8765/＞ ＋211＞2＞7/3-＋47561＜＞＋ 782-/5432＜8＊-62＞＞＞＋7	加密版本：01 3200098220 05231144
	纳税人识别号	91320400876333982U			
	地址、电话	青龙大道34号 28776633			
	开户行及账号	交行青龙分理处 298877675			

货物或应税劳务、服务名称	规格型号	单位	数量	单价	金额	税率	税额
*商用设备*甲		件	200	1 000.00	200 000.00	13%	26 000.00
*纸制品*包装纸箱		只	20	18.00	360.00	13%	46.80
合计					¥200 360.00		¥26 046.80

价税合计（大写）	贰拾贰万陆仟肆佰零陆元捌角整	（小写）¥226 406.80

销售方	名称	常州东林股份有限公司	备注
	纳税人识别号	913204007633279092	
	地址、电话	河海东路45号 85499890	
	开户行及账号	建行新北区支行 2300098776	

收款人： 　　　复核： 　　　开票人：黄林玉 　　　销售方：（章）

7-3（此为复印件）

产品销售合同

合同号：20191202

购买方：常州东风股份有限公司 （以下简称甲方）

供货单位：常州东林股份有限公司 （以下简称乙方）

第一条　乙方向甲方提供甲共计200件，价款是200 000.00元，增值税为26 000.00元，价税合计是226 000.00元。包装箱20只，价款360.00元，增值税46.80元，价税合计406.80元。

第二条　交货日期：2019年12月1日

第三条　验收标准

购买方收到商品7个工作日内提出质量异议，不包括运输过程中造成的质量问题。自收到商品之日起60天内可以提出退货，运费由甲方承担。

以下条款　略

甲方：  （盖章）　　　　乙方： 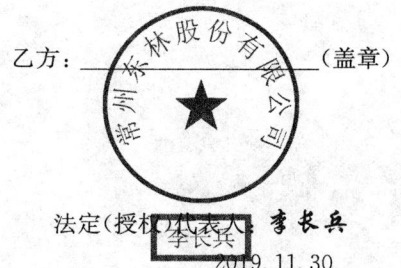 （盖章）

法定(授权)代表人：张晓露　　　　　　　法定(授权)代表人：李长兵

2019.11.30　　　　　　　　　　　　　　2019.11.30

【业务8】（共3张）

8-1

江苏增值税专用发票
NO. 21880012

开票日期：2019 年 11 月 30 日

| 购买方 | 名　　称：常州东林股份有限公司
纳税人识别号：913204007633279092
地址、电话：河海东路45号 85499890
开户行及账号：建行新北区支行 2300098776 | 密码区 | 320166＜98/198533201＋＜63＜
＋64＜－＞876＊98＜/8765/＞＋
216＞2＞7/3－＋765112＜＞＋
092－/5432＜4＊－62＞＞＞＋8 | 加密版本：01
3200098220
21880012 |

货物或应税劳务、服务名称	规格型号	单位	数量	单价	金额	税率	税额
金属制品 A01		千克	750	120.00	90 000.00	13%	11 700.00
合　计					¥ 90 000.00		¥ 11 700.00

| 价税合计（大写） | 壹拾万壹仟柒佰元整 | （小写）¥ 101 700.00 |

| 销售方 | 名　　称：南京宏程股份有限公司
纳税人识别号：913201308752762203
地址、电话：江宁大道23号 3287777
开户行及账号：建行江宁支行 2100009776 | 备注 | 南京宏程股份有限公司
913201308752762203
发票专用章 |

收款人：　　　复核：　　　开票人：顾来娣　　　销售方：（章）

第二联 抵扣联 购买方扣税凭证

8-2

江苏增值税专用发票
NO. 21880012

开票日期：2019 年 11 月 30 日

| 购买方 | 名　　称：常州东林股份有限公司
纳税人识别号：913204007633279092
地址、电话：河海东路45号 85499890
开户行及账号：建行新北区支行 2300098776 | 密码区 | 320166＜98/198533201＋＜63＜
＋64＜－＞876＊98＜/8765/＞＋
216＞2＞7/3－＋765112＜＞＋
092－/5432＜4＊－62＞＞＞＋8 | 加密版本：01
3200098220
21880012 |

货物或应税劳务、服务名称	规格型号	单位	数量	单价	金额	税率	税额
金属制品 A01		千克	750	120.00	90 000.00	13%	101 700.00
合　计					¥ 90 000.00		¥ 101 700.00

| 价税合计（大写） | 壹拾万壹仟柒佰元整 | （小写）¥ 11 700.00 |

| 销售方 | 名　　称：南京宏程股份有限公司
纳税人识别号：913201308752762203
地址、电话：江宁大道23号 3287777
开户行及账号：建行江宁支行 2100009776 | 备注 | 南京宏程股份有限公司
913201308752762203
发票专用章 |

收款人：　　　复核：　　　开票人：顾来娣　　　销售方：（章）

第三联 发票联 购买方记账凭证

8-3

收 料 单

供应单位：南京宏程股份有限公司　　2019年12月1日　　　　　　　　编号：20002

材料编号	名 称	单位	规格	数　　量		实　际　成　本			
				应收	实收	单价	发票价格	运杂费	合计
0101001	A01	千克		750	750				

备 注：

收料人：杨有兵　　　　　　　　　　　　　交料人：江小梁

第二联　记账联

【业务9】（共2张）

9-1

中国建设银行　单位外汇支付凭证

2019 年 12 月 01 日

付款单位	常州东林股份有限公司	账　号	2400048801
		开户行	中国建设银行新北区支行
收款单位	常州东林股份有限公司	账　号	3400040002
		开户行	中国银行新北区支行
币种及金额（大写）美元壹万元整		金　　额（小写）	亿 千 百 十 万 千 百 十 元 角 分 　 　 　 　 $ 1 0 0 0 0 0 0
用　途	划款至中行美元户	建设银行盖章	

（中国建设银行股份有限公司常州新北区支行　2019.12.01）

复核　　　　　　　　　记账　　　　　　　　　审核 周 敏

第一联　交客户

9-2

常州市同城票据交换(贷)方补充凭证

2019 年 12 月 01 日   提交号

发报行名称：				
发报行行号	汇(提)出行行号	收报行行号 025	汇(提)入行行号 873	
付款人	账号 2400048801	收款人	账号 3400040002	
	名称 常州东林股份有限公司		名称 常州东林股份有限公司	
金额	美元壹万元整			
事由	美元划款		业务类型 20	
备注	签发日期 2019-12-01 支付密码 1109998 地方密押 已入账 原凭证号码 1376		科目:(贷) 转讫 科目:(借) 复核 记账 制单	

汇(提)入序号 12873   打印日期 2019 年 12 月 1 日   打印流水号   电脑打印 手工无效

12 月 2 日

【业务 10】(共 3 张)

10-1

江苏增值税普通发票 NO. 23762212

3200087001   记账联   开票日期：2019 年 12 月 02 日

购买方	名称 刘红 纳税人识别号：320282197803210531 地址、电话：河海东路 8 号 87595666 开户行及账号：	密码区	231145＜98/198533204＋＜63＜ +64＜-＞876＊98＜/8765/＞ +816＞2＞7/3-＋47561＜＞＋ 782-/5432＜4＊-62＞＞＞2＋	加密版本：01 3200087001 23762212

货物或应税劳务、服务名称	规格型号	单位	数量	单价	金额	税率	税额
*商用设备*乙		件	1	980.00	980.00	13%	127.40
合 计					¥980.00		¥127.40

现金收讫 ¥980.00

价税合计(大写) 壹仟壹佰零柒元肆角整   (小写)¥1 107.40

销售方	名称：常州东林股份有限公司 纳税人识别号：913204007633279092 地址、电话：河海东路 45 号 85499890 开户行及账号：建行新北区支行 2300098776	备注

收款人：   复核：   开票人：黄林玉   销售方：(章)

10-2

收 款 收 据
No 0002044

日期：2019 年 12 月 2 日

| 交款单位 | 刘红 | 收款方式 | 现金 |

人民币(大写) 壹仟壹佰零柒元肆角整　　　　￥1 107.40

收款事由　货款

现金收讫

2019 年 12 月 2 日

单位盖章　　财会主管　　记账　　出纳（姚海洁）　　审核　　经办

第二联 记账联

10-3（此为复印件）

产品销售合同

合同号：20191203

购买方：刘红　　　　　　（以下简称甲方）
供货单位：常州东林股份有限公司　　（以下简称乙方）

第一条　乙方向甲方提供乙共计 1 件，价款是 980.00 元，增值税为 127.40 元，价税合计是 1 107.40 元。
第二条　交货日期：2019 年 12 月 2 日
第三条　验收标准
　　购买方收到商品 7 个工作日内提出质量异议，不包括运输过程中造成的质量问题。自收到商品之日起 60 天内可以提出退货，运费由甲方承担。
　　以下条款　略

甲方：（盖章）　　　　乙方：（盖章）

法定(授权)代表人：刘 红　　　　　　法定(授权)代表人：李长兵
　　　　2019.12.2　　　　　　　　　　　　　　2019.12.2

附录2　常州东林股份有限公司2019年12月份经济业务

【业务11】（共1张）

11-1

中国建设银行　现金解款单

币别：人民币　　　　2019年12月2日　　　　流水号：7665432222221

单位填写	收款单位	常州东林股份有限公司	交款人	常州东林股份有限公司									
	账　号	2300098776	款项来源	销售产品									
	（大写）壹仟壹佰零柒元肆角整			亿	千	百	十	万	千	百	十	元	角	分
				¥					1	1	0	7	4	0

银行确认栏	会计确认栏：收款账号：2300098776
	收款人户名：常州东林股份有限公司
	缴款人名称：常州东林股份有限公司
	交易码　　　收付　　　金额
	10111861　　　收　　　1 107.40
	收入金额：1 107.40
	实收金额：1 107.40
	交易日期　2019.12.02

（印章：中国建设银行股份有限公司常州新北区支行 2019.12.02 办讫章(1)）

现金回单（无银行打印记录及银行签章此单无效）

复核：　　　　录入　周　梅　　　　出纳：

第二联　客户回单

【业务12】（共3张）

12-1

 3200098220

江苏增值税专用发票

NO.05231145

3200098220
05231145

此联不作报销、抵扣税凭证使用　　开票日期：2019年12月02日

购买方	名　　称	上海昌达股份有限公司	密码区	762368＜98／198533204＋＜63＜ ＋64＞－＜876＊98＜/8765／＞ ＋216＞2＞7／3－＋47561＜＞＋ 782－／5412＜4＊－62＞＞＞＋2	加密版本：01 3200098220 05231145
	纳税人识别号：	912109898777661111			
	地址、电话：	龙海路123号 87622209			
	开户行及账号：	工行龙海支行 29887766666			

货物或应税劳务、服务名称	规格型号	单位	数量	单价	金　额	税率	税额
*商用设备*甲		件	300	1 000.00	300 000.00	13%	39 000.00
*纸制品*包装纸箱		只	30	18.00	540.00	13%	70.20
合　　计					¥300 540.00		¥39 070.20

价税合计（大写）	叁拾叁万玖仟陆佰壹拾元贰角整	（小写）¥339 610.20

销售方	名　　称	常州东林股份有限公司	备
	纳税人识别号：	913204007633279092	
	地址、电话：	河海东路45号 85499890	注
	开户行及账号：	建行新北区支行 2300098776	

收款人：　　　复核：　　　开票人：黄林玉　　　销售方：（章）

第一联　记账联　销售方记账凭证

12-2（此为复印件）

江苏增值税专用发票

发票联

NO. 20363690

3200098220

开票日期：2019 年 12 月 02 日

购买方	名　称：上海昌达股份有限公司 纳税人识别号：912109898777661111 地址、电话：龙海路123号 87622209 开户行及账号：工行龙海支行 29887766666	密码区	320166＜98/198533201＋＜63＜ ＋64＜－＞876＊98＜/8765/＞＋ 216＞2／7/3－＋765112＜＞＋ 092－/5432＜4＊－96＞＞＞＋1	加密版本：01 3200098220 20363690

货物或应税劳务、服务名称	规格型号	单位	数量	单价	金　额	税率	税　额
*运输服务*运输费			1	720.72	720.72	9%	64.86
合　计					¥720.72		¥64.86

价税合计（大写）　柒佰捌拾伍元伍角捌分　　　（小写）¥785.58

现金付讫

销售方	名　称：常州海通物流有限公司 纳税人识别号：913204117409889046 地址、电话：龙城大道23号 32876666 开户行及账号：建行新北支行 2100009886	备注	车种车号：卡车苏D32779 起运地：常州新北区河海东路45号 到达地：上海市龙海路123号 货物名称：甲（1）

收款人：　　　复核：　　　开票人：王丽　　　销售方：（章）

12-3（此为复印件）

产品销售合同

合同号：20191204

购货单位：<u>上海昌达股份有限公司</u>（以下简称甲方）

供货单位：<u>常州东林股份有限公司</u>（以下简称乙方）

第一条　乙方向甲方提供甲共计300件，价款是300 000.00元，增值税为39 000.00元，价税合计是339 000.00元。包装箱30只，价款540.00元，增值税70.20元，价税合计610.20元。运费由本公司代垫。

第二条　交货日期：2019年12月2日

第三条　验收标准

购买方收到商品7个工作日内提出质量异议，不包括运输过程中造成的质量问题。自收到商品之日起60天内可以提出退货，运费由甲方承担。

以下条款　略

甲方：_____（盖章）　　　乙方：_____（盖章）

法定(授权)代表人：周　晨　　　　　　　　法定(授权)代表人：李长兵
　　　　　　　　2019.11.30　　　　　　　　　　　　　　　　2019.11.30

12月3日

【业务13】(3张)

13-1

常州市同城票据交换(借)方补充凭证

发报行名称：　　　　　　2019 年 12 月 01 日　　　　提交号

发报行行号		汇(提)出行行号		收报行行号	123	汇(提)入行行号	564
付款人	账号	2300098776		收款人	账号	23000456654421	
	名称	常州东林股份有限公司			名称	中国电信股份有限公司常州分公司	

金额：贰仟壹佰柒拾柒元整

事由：201911 电信消费金额　　　　　业务类型 201

备注：
- 签发日期　2019-11-30
- 支付密码　1109998
- 地方密押　已入账
- 原凭证号码　1376

科目：(贷) 中国建设银行股份有限公司常州新北区支行
科目：(借) 2019.12.01
复核　办讫章　记账　制单

汇(提)入序号　5641254　　打印日期 2019 年 12 月 1 日　　打印流水号　　电脑打印　　手工无效

此联作贷方记账凭证或支款凭证

13-2

 3200098220

江苏增值税专用发票　　NO.00528938

抵扣联　　　　　开票日期：2019 年 12 月 03 日

3200098220
00528938

购买方	名　称：常州东林股份有限公司	密码区	320166<98/198533201+<63<	加密版本：01
	纳税人识别号：913204007633279092		+64<->876*98</8765/>+	
	地　址、电话：河海东路45号 85499890		216>2>7/3-+765112<>+	
	开户行及账号：建行新北区支行 2300098776		092-/5432<4*-62>>>18	

货物或应税劳务、服务名称	规格型号	单位	数量	单　价	金　额	税率	税　额
*电信服务*基础电信服务			1	1 900.00	1 900.00	9%	171.00
*电信服务*增值电信服务			1	100.00	100.00	6%	6.00
合　计					￥2 000.00		￥177.00

价税合计(大写)　　贰仟壹佰柒拾柒元整　　　　　(小写)￥2 177.00

销售方	名　称：中国电信股份有限公司常州分公司	备注	
	纳税人识别号：91320430801176531R		中国电信股份有限公司常州分公司
	地　址、电话：汉江路33号 3287711		91320430801176531R
	开户行及账号：建行新北支行 2100009700		发票专用章 (1)

收款人：　　　　复核：　　　　开票人：顾来　　　　销售方：(章)

13-3

 3200098220 江苏增值税专用发票 NO.00528938

开票日期：2019 年 12 月 03 日

购买方	名　　　称：常州东林股份有限公司 纳税人识别号：913204007633279092 地址、电话：河海东路45号 85499890 开户行及账号：建行新北区支行 2300098776	密码区	320166＜98/198533201＋＜63＜ ＋64＜－＞876＊98＜/8765/＞＋ 216＞2＞7/3－＋765112＜＞＋ 092－/5432＜4＊－62＞＞＞18

货物或应税劳务、服务名称	规格型号	单位	数量	单价	金　额	税率	税　额
*电信服务*基础电信服务			1	1 900.00	1 900.00	9%	171.00
*电信服务*增值电信服务			1	100.00	100.00	6%	6.00
合　计					¥2 000.00		¥177.00

价税合计(大写)　贰仟壹佰柒拾柒元整　　　(小写)¥2 177.00

销售方	名　　　称：中国电信股份有限公司常州分公司 纳税人识别号：91320430801176531R 地址、电话：汉江路33号 3287711 开户行及账号：建行新北支行 2100009700	备注	(中国电信股份有限公司常州分公司 91320430801176531R 发票专用章 (1))

收款人：　　　复核：　　　开票人：顾来　　　销售方：(章)

【业务14】（共5张）

14-1

 4400098220 广东增值税专用发票 NO.01097111

开票日期：2019 年 11 月 28 日

购买方	名　　　称：常州东林股份有限公司 纳税人识别号：913204007633279092 地址、电话：河海东路45号 85499890 开户行及账号：建行新北区支行 2300098776	密码区	954116＜98/198534401＋＜63＜ ＋64＜－＞876＊98＜/8765/＞ ＋216＞2＞3/3－＋47561＜＞＋ 782－/0832＜4＊－62＞＞＞21

货物或应税劳务、服务名称	规格型号	单位	数量	单价	金　额	税率	税　额
*金属制品*B02		千克	500	200.00	100 000.00	13%	13 000.00
合　计					¥100 000.00		¥13 000.00

价税合计(大写)　壹拾壹万叁仟元整　　　(小写)¥113 000.00

销售方	名　　　称：南方长江股份有限公司 纳税人识别号：91440100097877097H 地址、电话：广东江门东路32#26523333 开户行及账号：建行江门支行 987622220992	备注	(南方长江股份有限公司 91440100097877097H 发票专用章 (1))

收款人：　　　复核：　　　开票人：周晓　　　销售方：(章)

14-2

 4400098220 　广东增值税专用发票　 NO.01097111　4400098220

　　　　　　　　发票联　　　　　　　开票日期：2019年11月28日　01097111

购买方	名　　　称：常州东林股份有限公司 纳税人识别号：913204007633279092 地址、电话：河海东路45号 85499890 开户行及账号：建行新北区支行 2300098776	密码区	954116＜98/198534401＋＜63＜ 加密版本：01 ＋64＜－＞876＊98＜/8765/＞ ＋216＞2＞3/3－＋47561＜＞＋ 4400098220 782－/0832＜4＊－62＞＞＞21 01097111
货物或应税劳务、服务名称	规格型号	单位	数量	单价	金　额	税率	税额
＊金属制品＊B02		千克	500	200.00	100 000.00	13%	13 000.00
合　　计					￥100 000.00		￥13 000.00
价税合计（大写）	壹拾壹万叁仟元整				（小写）￥113 000.00		
销售方	名　　　称：南方长江股份有限公司 纳税人识别号：91440100097877097H 地址、电话：广东江门东路32＃26523333 开户行及账号：建行江门支行 987622220992	备注	（南方长江股份有限公司 91440100097877097H 发票专用章）(1)

收款人：　　　复核：　　　开票人：周晓　　　销售方：(章)

第三联 发票联 购买方记账凭证

14-3

 2000710212　广东增值税专用发票　 NO.23516903　2000710212

　　　　　　　　抵扣联　　　　　　　开票日期：2019年11月28日　23516903

购买方	名　　　称：常州东林股份有限公司 纳税人识别号：913204007633279092 地址、电话：河海东路45号 85499890 开户行及账号：建行新北区支行 2300098776	密码区	241766＜98/198533204＋＜64＜ 加密版本：01 ＋64＜－＞876＊98＜/8765/＞＋ 216＞2＞7/3－＋765112＜＞＋ 2000710212 092－/5432＜4＊－62＞＞＞－8 23516903
货物或应税劳务、服务名称	规格型号	单位	数量	单价	金　额	税率	税额
＊运输服务＊运输费			1	4 054.05	4 054.05	9%	364.86
合　　计					￥4 054.05		￥364.86
价税合计（大写）	肆仟肆佰壹拾捌元玖角壹分				（小写）￥4 418.91		
销售方	名　　　称：广东通达物流有限公司 纳税人识别号：91440117409889763 地址、电话：越秀区东风中路1号 83552030 开户行及账号：建行越秀区支行 2100001234	备注	车种车号：卡车粤M12750 起运地：广州 越秀区东风中路1号 到达地：常州 新北区河海东路45号 货物名称：B02 （广东通达物流有限公司 91440117409889763 发票专用章）(1)

收款人：　　　复核：　　　开票人：张芳　　　销售方：(章)

第二联 抵扣联 购买方扣税凭证

14-4

200710212

广东增值税专用发票

NO. 23516903

200710212
23516903

发票联

开票日期：2019 年 11 月 28 日

购买方	名　　称：常州东林股份有限公司 纳税人识别号：913204007633279092 地址、电话：河海东路 45 号 85499890 开户行及账号：建行新北区支行 2300098776	密码区	241766＜98/198533204＋＜64＜ ＋64＜－＞876＊98＜/8765/＞＋ 216＞2＞7/3－＋765112＜＞＋ 092－/5432＜4＊－62＞＞＞－8	加密版本：01 2000710212 23516903

货物或应税劳务、服务名称	规格型号	单位	数量	单价	金　额	税率	税额
*运输服务*运输费			1	4 054.05	4 054.05	9%	364.86
合　计					￥4 054.05		￥364.86

价税合计（大写）	肆仟肆佰壹拾捌元玖角壹分	（小写）￥4 418.91

销售方	名　　称：广东通达物流有限公司 纳税人识别号：914401117409889763 地址、电话：越秀区东风中路 1 号 83552030 开户行及账号：建行越秀区支行 2100001234	备注	车种车号：卡车粤A12750 起运地：广州 越秀区东风中路 1 号 到达地：常州 新北区河海东路 45 号 货物名称：B02 (1)

收款人：　　　复核：　　　开票人：张芳芳　　　销售方：(章)

14-5

收　料　单

供应单位：南方长江股份有限公司　　2019 年 12 月 3 日　　　　　　编号：20003

材料编号	名称	单位	规格	数量		实际成本			
				应收	实收	单价	发票价格	运杂费	合计
0101002	B02	千克		500	500				
备　注：									

收料人：杨有兵　　　　　　　　　　　　　　交料人：周海军

附录2　常州东林股份有限公司2019年12月份经济业务　　　　· 89 ·

【业务15】（共3张）

15-1

差旅费报销单

2019 年 12 月 3 日　　　　　　　　　　　　　　　　附件：2 张

姓名	周宏	工作部门		采购部		出差事由			去上海商务谈判		
日期		地点		车船费		深夜补贴	途中补贴	住勤费			旅馆费	公交费	金额合计
起	讫	起	讫	车次或船名	时间	金额			地区	天数	补贴			
1	1	常州	上海			350			上海	1	100			450.00

报销金额（大写）　肆佰伍拾元整　　　　　　　　　　　　　现金付讫 ￥450.00

补付金额：　　　　　　　　　　　　退回金额：

领导批准 李长兵　会计主管 周小清　部门负责人 李海　审核 丁力　报销人 周宏

15-1-1

```
R529574                    检票：二层3号检票口
常州 站    D1997 次      上海 站
Changzhou  ———→        Shanghai
2019 年 12 月 1 日 8：00 开　16 车 01A 号
￥175.0 元      网折　商务座
限乘当日当次车
3204111970 **** 2879　周宏
    买票请到 12306 发货请到 95306
      中国铁路祝您旅途愉快
238192102505R22189513          常州售
```

附录2　常州东林股份有限公司2019年12月份经济业务

15-1-2

```
R512018                    检票：一层7号检票口

上海 站      D3006 次    常州 站
Shanghai    ⟶            Changzhou

2019 年 12 月 1 日 17：00 开   16 车 01A 号
￥175.0 元     网折    商务座
限乘当日当次车
3204111970 **** 2879    周宏

    买票请到 12306 发货请到 95306
       中国铁路祝您旅途愉快

238192102505R22684216      上海售
```

【业务16】（共7张）

16-1

江苏增值税专用发票			NO. 21008781			
3200098091					3200098091	
		抵扣联		开票日期：2019 年 12 月 02 日	21008781	

购买方	名　称：常州东林股份有限公司	密码区	101766＜98/198533204＋＜63＜ 加密版本：01
	纳税人识别号：913204007633279092		＋64＜－＞876＊98＜/8765/＞
	地址、电话：河海东路45号 85499890		＋216＞2＞7/3－＋22561＜＞＋ 3200098091
	开户行及账号：建行新北区支行 2300098776		782－/5432＜4＊－16＞＞＞－8 21008781

货物或应税劳务、服务名称	规格型号	单位	数量	单价	金　额	税率	税　额
*金属制品*A01		千克	1 750	120.00	210 000.00	13%	27 300.00
*金属制品*B02		千克	450	200.00	90 000.00	13%	11 700.00
合　　计					￥300 000.00		￥39 000.00

价税合计（大写）	叁拾叁万玖仟元整	（小写）￥339 000.00

销售方	名　称：南京景虹股份有限公司	备注
	纳税人识别号：91320130988737637A	
	地址、电话：河海路76号 76333872	
	开户行及账号：工行南京支行 3209988777661	

收款人：　　　复核：　　　开票人：杨海红　　　销售方：（章）

（南京景虹股份有限公司 91320130988737637A 发票专用章）

第二联 抵扣联 购买方扣税凭证

16-2

江苏增值税专用发票 NO. 21008781

3200098091

发票联

开票日期：2019年12月02日

| 购买方 | 名称：常州东林股份有限公司
纳税人识别号：913204007633279092
地址、电话：河海东路45号 85499890
开户行及账号：建行新北区支行 2300098776 | 密码区 | 101766＜98/198533204＋＜63＜
＋64＜－＞876＊98＜/8765/＞
＋216＞2＞7/3－＋22561＜＞＋
782－/5432＜4＊－16＞＞＞－8 | 加密版本：01
3200098091
21008781 |

货物或应税劳务、服务名称	规格型号	单位	数量	单价	金额	税率	税额
＊金属制品＊	A01	千克	1 750	120.00	210 000.00	13%	27 300.00
＊金属制品＊	B02	千克	450	200.00	90 000.00	13%	11 700.00
合 计					￥300 000.00		￥39 000.00

价税合计（大写）：叁拾叁万玖仟元整　　（小写）￥339 000.00

| 销售方 | 名称：南京景虹股份有限公司
纳税人识别号：913201309887376 37A
地址、电话：河海路76号 76333872
开户行及账号：工行南京支行 3209988777661 | 备注 | 南京景虹股份有限公司
9132013098873 7637A
发票专用章 |

收款人：　　复核：　　开票人：杨海红　　销售方：（章）

16-3

江苏增值税专用发票 NO. 20363750

2000711211

抵扣联

开票日期：2019年12月03日

| 购买方 | 名称：常州东林股份有限公司
纳税人识别号：913204007633279092
地址、电话：河海东路45号 85499890
开户行及账号：建行新北区支行 2300098776 | 密码区 | 241766＜98/198533204＋＜64＜
＋64＜－＞876＊98＜/8765/＞＋
216＞2＞7/3－＋765112＜＞＋
782－/5432＜4＊－62＞＞＞－8 | 加密版本：01
2000711211
20363750 |

货物或应税劳务、服务名称	规格型号	单位	数量	单价	金额	税率	税额
＊运输服务＊运输费			1	2 702.70	2 702.70	9%	243.24
合 计					￥2 702.70		￥243.24

价税合计（大写）：贰仟玖佰肆拾伍元玖角肆分　　（小写）￥2 945.94

| 销售方 | 名称：常州海通物流有限公司
纳税人识别号：913204117409889046
地址、电话：龙城大道23号 32876666
开户行及账号：建行新北支行 2100009886 | 备注 | 车种车号：卡车苏D32779　起运地：南京
河海路76号　到达地：常州新北区河
海东路45号　货物名称：B024 A01
常州海通物流有限公司
发票专用章 |

收款人：　　复核：　　开票人：王丽　　销售方：（章）

16-4

江苏增值税专用发票

NO. 20363750

 2000711211   2000711211
                                      20363750

发票联   开票日期：2019 年 12 月 03 日

购买方	名　　称：常州东林股份有限公司 纳税人识别号：913204007633279092 地址、电话：河海东路 45 号 85499890 开户行及账号：建行新北区支行 2300098776	密码区	241766＜98/198533204＋＜64＜　加密版本：01 ＋64＜-＞876＊98＜/8765/＞＋　2000711211 216＞2＞7/3－＋765112＜＞＋　20363750 782－/5432＜4＊－62＞＞＞－8

货物或应税劳务、服务名称	规格型号	单位	数量	单价	金　额	税率	税　额
*运输服务*运输费			1	2 702.70	2 702.70	9%	243.24
合　计					￥2 702.70		￥243.24

价税合计（大写）	贰仟玖佰肆拾伍元玖角肆分	（小写）￥2 945.94

销售方	名　　称：常州海通物流有限公司 纳税人识别号：913204117409889046 地址、电话：龙城大道 23 号 32876666 开户行及账号：建行新北支行 2100009886	备注	车种车号：卡车苏D32779 起运地：南京 河海路 76 号 到达地：常州新北区河 海东路 45 号 货物名称：B02-A01 （1）

收款人：　　　　　复核：　　　　　开票人：王丽　　　　　销售方：（章）

16-5

中国建设银行　电汇凭证　01657648

币别：人民币　　　2019 年 12 月 3 日　　　流水号：08656451

| 汇款方式 | ☑普通　□加急 |

汇款人	全　称	常州东林股份有限公司	收款人	全　称	南京景虹股份有限公司
	账　号	2300098776		账　号	3209988777661
	汇出地点	江苏省 常州市/县		汇入地点	江苏省 南京市/县
	汇出行名称	建行新北区支行		汇入行名称	工行南京支行

金额	（大写）叁拾叁万玖仟元整	亿	千	百	十	万	千	百	十	元	角	分
			￥	3	3	9	0	0	0	0	0	0

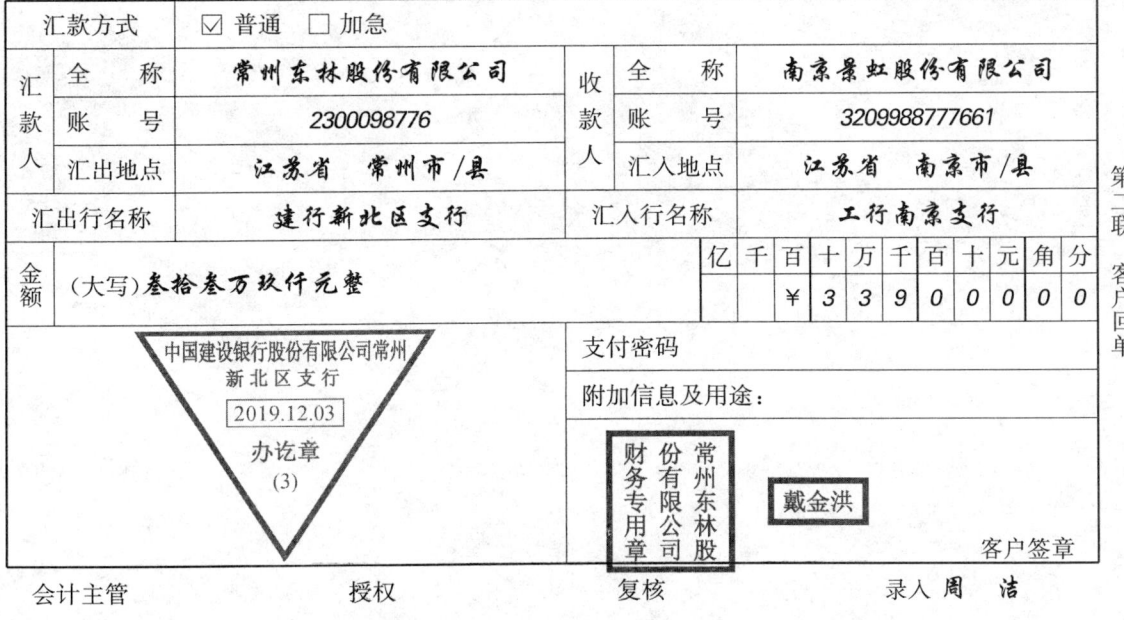

会计主管　　　授权　　　复核　　　录入 周洁

16-6

中国建设银行
转账支票存根
10502146
02387601

附加信息＿＿＿＿＿＿＿＿＿＿＿

＿＿＿＿＿＿＿＿＿＿＿

＿＿＿＿＿＿＿＿＿＿＿

出票日期 *2019* 年 *12* 月 *3* 日

收款人：	*常州海通物流有限公司*
金　额：	￥*2 945.94*
用　途：	*运费*
备　注：	（*2300098776*）

单位主管　　　　　　会计

16-7

收 料 单

供应单位：*南京景虹股份有限公司*　　*2019* 年 *12* 月 *3* 日　　　　编号：*20004*

材料编号	名称	单位	规格	数量		实际成本			
				应收	实收	单价	发票价格	运杂费	合计
0101001	*A01*	*千克*		*1 750*	*1 750*				
0101002	*B02*	*千克*		*450*	*450*				

备注：

收料人：*杨有兵*　　　　　　　　　　交料人：*洪小林*

第二联　记账联

【业务17】（共3张）

17-1

中国建设银行　业务收费凭证

币别：人民币　　　　2019 年 12 月 03 日　　　　流水号：098777

付款人：常州东林股份有限公司		账号：2300098776	
项目名称	工本费	手续费	转账汇款手续费	金　额
电汇		10.60	0.53	11.13
金额（大写）	壹拾壹元壹角叁分			
付款方式	银行转账			

会计主管　　　　授权　　　　复核　　　　录入 周 洁

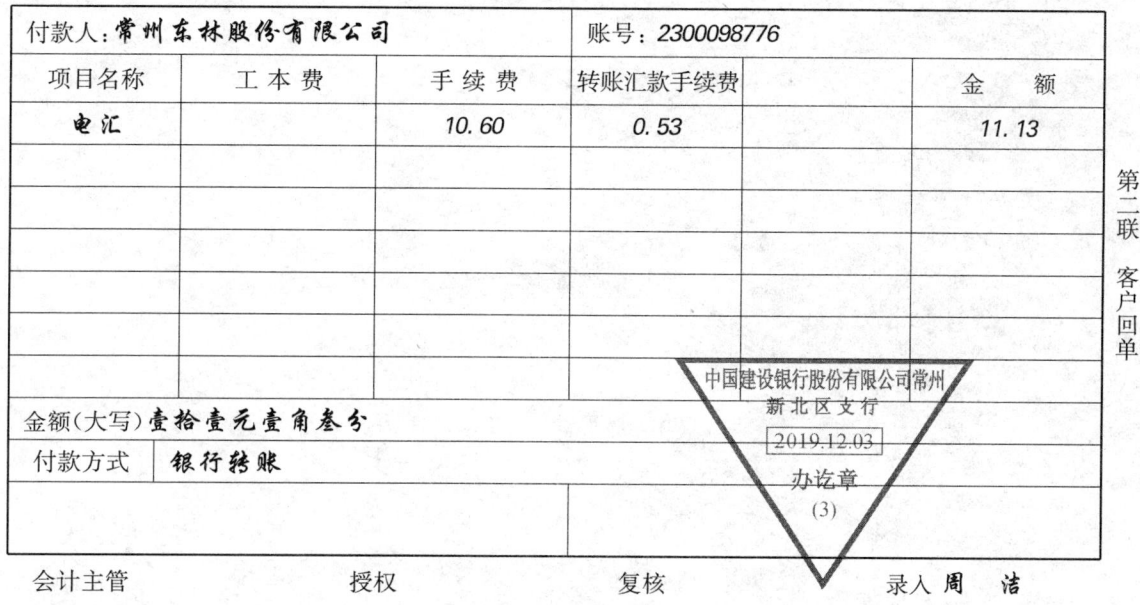

17-2

 3200098220

 江苏增值税专用发票　　NO. 15156054　3200098220
15156054

开票日期：2019 年 12 月 03 日

17-3

 3200098220  NO.15156054 3200098220
15156054
开票日期：2019 年 12 月 03 日

购买方	名　　称：常州东林股份有限公司 纳税人识别号：913204007633279092 地址、电话：河海东路45号 85499890 开户行及账号：建行新北区支行 2300098776	密码区	241766＜98/198533204＋＜64＜ ＋64＜－＞876＊98＜/8765/＞＋ 216＞2＞7/3－＋765112＜＞＋ 782－/5432＜1＋9163＞＞－－8	加密版本：01 3200098220 15156054

货物或应税劳务、服务名称	规格型号	单位	数量	单价	金额	税率	税额
＊金融服务＊直接收费金融服务		笔	1	10.50	10.50	6%	0.63
合　　计					￥10.50		￥0.63

价税合计（大写）　壹拾壹元壹角叁分　　　　　　　　　　　（小写）￥11.13

销售方	名　　称：中国建设银行股份有限公司常州市分行 纳税人识别号：913211028554830878 地址、电话：河海东路88号 32876666 开户行及账号：中国建设银行股份有限公司常州市营业部 321102785838021	备注	（发票专用章）

收款人：　　　　复核：　　　　开票人：杨俊　　　　销售方：（章）

【业务18】（共4张）

18-1

 3200098120  NO.07651101 3200098120
07651101
开票日期：2019 年 12 月 03 日

购买方	名　　称：常州东林股份有限公司 纳税人识别号：913204007633279092 地址、电话：河海东路45号 85499890 开户行及账号：建行新北区支行 2300098776	密码区	201766＜98/198533204＋＜63＜ ＋64＜－＞876＊33＜/8765/＞ ＋216＞2＞7/3－＋17561＜＞＋ 782－/5432＜4＊－62＞＞＞－8	加密版本：01 3200098120 07651101

货物或应税劳务、服务名称	规格型号	单位	数量	单价	金额	税率	税额
＊金属制品＊A01		千克	500	120.00	60 000.00	13%	7 800.00
合　　计					￥60 000.00		￥7 800.00

价税合计（大写）　陆万柒仟捌佰元整　　　　　　　　　　　（小写）￥67 800.00

销售方	名　　称：无锡江成股份有限公司 纳税人识别号：913202009876122314 地址、电话：人民路12路 23433133 开户行及账号：工行无锡分行 12986552654	备注	（发票专用章）

收款人：　　　　复核：　　　　开票人：李明　　　　销售方：（章）

18-2

3200098120

江苏增值税专用发票
NO.07651101 3200098120
07651101

发票联

开票日期：2019 年 12 月 03 日

购买方	名　称： 常州东林股份有限公司	密码区	201766<98/198533204+<63< 加密版本：01
	纳税人识别号：913204007633279092		+64<->876*33</8765/> 3200098120
	地址、电话：河海东路45号 85499890		+216>2>7/3-+17561<>+
	开户行及账号：建行新北区支行 2300098776		782-/5432<4*-62>>>-8 07651101

货物或应税劳务、服务名称	规格型号	单位	数量	单价	金额	税率	税额
金属制品 A01		千克	500	120.00	60 000.00	13%	7 800.00
合　计					￥60 000.00		￥7 800.00

价税合计（大写）	陆万柒仟捌佰元整	（小写）￥67 800.00

销售方	名　称： 无锡江成股份有限公司	备注	（无锡江成股份有限公司 913202009876122314 发票专用章）
	纳税人识别号：913202009876122314		
	地址、电话：人民路12路 23433133		
	开户行及账号：工行无锡分行 12986552654		

收款人：　　　复核：　　　开票人：李明　　　销售方：(章)

第三联 发票联 购买方记账凭证

18-3（此为复印件）

中国建设银行　　2

银行汇票

付款期限 壹个月		汇票号码 第012号

出票日期（大写）：贰零壹玖年壹拾壹月零叁拾日　　2019年11月30日　　代理付款行：行号

收款人：无锡江成股份有限公司									
出票金额 人民币（大写）：陆万柒仟捌佰元整	千	百	十	万	千	百	十	元	角	分
			￥	6	7	8	0	0	0	0
实际结算金额 人民币（大写）：	千	百	十	万	千	百	十	元	角	分

账号或住址：2300098776

申请人：常州东林股份有限公司	多余金额 千百十万千百十元角分	科目（借）
出票行：建行新北区支行　行号 302		对方科目（贷）
备注：		付讫日期　年　月　日
见票付款		复核　　记账
出票行签章：汇票专用章 10543222201	周亦	

此联代理付款行付款后作联行挂账借方凭证附件

附录2 常州东林股份有限公司2019年12月份经济业务

18-4

收 料 单

供应单位：无锡江成股份有限公司　　2019 年 12 月 3 日　　　　　　　编号：20005

材料编号	名称	单位	规格	数量		实际成本			
				应收	实收	单价	发票价格	运杂费	合计
0101001	A01	千克		500	500				

备注：

收料人：杨育兵　　　　　　　　　　　　交料人：洪鑫

第二联　记账联

【业务19】（共1张）

19-1

中国建设银行　客户回单

币别：人民币　　　　　日期：2019 年 12 月 03 日　　流水号：1654239076224516754299879

客户名称：常州东林股份有限公司	
证件类型：营业执照	证件号码：913204007633279092
银行结算账号：2300098776	
产品类型：A 股	
资金账号：977633333	业务类型：普通客户
转账方式：银行转证券	转账金额：￥600 000.00

兹委托中国建设银行办理上述客户交易结算资金存取业务，经核对银行打印内容正确无误。

客户签字：　　　　　　　　　　　　　　银行签章：（中国建设银行 电子回单专用章）
打印时间：09：36：51　　　　　　　　　交易机构：320628936
复核：　　　　　　　　　　　　　　　　经办：王一鸣

【业务20】（2张）

20-1

中国建设银行客户专用回单

币别：**人民币**　　　　2019 年 12 月 01 日　　　　流水号：320620027J0500810002

付款人	全　称	**江苏贝科股份有限公司**	收款人	全　称	**常州东林股份有限公司**
	账　号	**8761176111**		账　号	**2300098776**
	开户行			开户行	**建行新北区支行**

金　额	（大写）人民币**捌万元整**	（小写）¥ **80 000.00**
凭证种类	**电汇凭证**	凭证号码
结算方式	**电子汇划汇入**	用　途　**转账存入**

汇划日期：20191201　　汇划款项编号：00202762　　打印柜员：320628736AJ1
报文顺序号：56862109　　汇出行行号：108765655212　　打印机构：**新北区支行**
汇出行行名：**中国工商银行南京分行**　　打印卡号：955330126 0105394
业务类型：0060　原凭证金额 0.00
原凭证种类：0703　原凭证号码
附言：

打印时间：2019-12-01　　交易柜员：B01B01000001　　交易机构：320620027

（贷方回单）

[中国建设银行电子回单专用章]

20-2

收　款　收　据

No 0002045

日期：2019 年 12 月 3 日

交款单位	**江苏贝科股份有限公司**	收款方式	**转账**
人民币（大写）**捌万元整**			¥ 80 000.00
收款事由	**预收货款**		

2019 年 12 月 3 日

单位盖章　　财会主管　　记账　　出纳 **姚海洁**　　审核　　经办

（第二联 记账联）

【业务 21】（共 1 张）

21-1

中国建设银行客户专用回单

币别：人民币　　　　2019 年 12 月 03 日　　　　流水号

户名：	常州东林股份有限公司		账号：2300098012		
计息项目	起息日	结息日	本金/积数	利率（%）	利息金额
存款利息	略	略	略	略	67.50
合计金额	（大写）人民币陆拾柒元伍角整		¥67.50		
上列存款利息，已照收你单位 2300098012 账户		打印柜员：320628736AJ1 打印机构：新北区支行 打印卡号：9553301260105394			

打印时间：2019-12-03　　　交易柜员：B01B01000001　　　交易机构：320620027

【业务 22】（共 1 张）

22-1

中国建设银行客户专用回单

币别：人民币　　　　2019 年 12 月 03 日　　　　流水号：32062002798755439

付款人	全称	常州东林股份有限公司	收款人	全称	常州东林股份有限公司
	账号	2300098012		账号	2300098776
	开户银行	建行新北区支行		开户银行	建行新北区支行
金额	（大写）人民币柒万伍仟零陆拾柒元伍角整				（小写）¥75 067.50
凭证种类			凭证号码		
结算方式	转账		用途	转账结算	
			打印柜员：320628736AJ1 打印机构：新北区支行 打印卡号：9553301260105394		

打印时间：2019-12-03　　　交易柜员：B01B01000001　　　交易机构：320620027

【业务23】(共1张)

23-1

江苏增值税电子普通发票 第二联 发票联 购买方记账凭证

发票代码：032002098373
发票号码：12976014
开票日期：2019年12月03日
校验码：21123 81711 02981 09705
机器代码：499099843164

购买方	名称：常州东林股份有限公司 纳税人识别号：913204007633279092 地址、电话：河海东路45号 85499890 开户行及账号：建行新北区支行 2300098776	密码区	03086＞2＜17186＋-//9732226254-5 29＊962810/＜＞8＞//-5082724-9//08 5046-12＜2+3+＜-81+4177/4/092-2 5-0＊20179+-3+197635378＞99-091

货物或应税劳务、服务名称	规格型号	单位	数量	单价	金额	税率	税额
*餐饮服务*餐费		次	1	849.06	849.06	6%	50.94
合计					¥849.06		¥50.94

价税合计(大写)：玖佰元整　（小写）¥900.00

（现金付讫）

销售方	名称：常州恒星大酒店 纳税人识别号：913204082335870855 地址、电话：汉江路3号 32877110 开户行及账号：建行新北支行 2100009711	备注	（常州恒星大酒店 913204082335870855 发票专用章）

收款人：　　复核：　　开票人：程明　　销售方：(章)

【业务24】(共2张)

24-1

3200098220

江苏增值税普通发票 第二联 发票联 购买方记账凭证

NO.21528092　3200098220　21528092
开票日期：2019年12月03日

购买方	名称：常州东林股份有限公司 纳税人识别号：913204007633279092 地址、电话：河海东路45号 85499890 开户行及账号：建行新北区支行 2300098776	密码区	987332＜98/198533204+＜63＜ +64＜-＞876＊98＜/2135/＞ +671＞2＞7/3-+47561＜＞+ 782-/821＊/4/546＞＞＞+8	加密版本：01 3200098220 21528092

货物或应税劳务、服务名称	规格型号	单位	数量	单价	金额	税率	税额
*家用厨房电器具*铁锅		只	1	265.49	265.49	13%	34.51
合计					¥265.49		¥34.51

价税合计(大写)：叁佰元整　（小写）¥300.00

（现金付讫）

销售方	名称：常州欧尚超市有限公司 纳税人识别号：913204082312300587 地址、电话：泰山路3号 32877110 开户行及账号：建行新北支行 2100009711	备注	（常州欧尚超市有限公司 913204082312300857 发票专用章）

收款人：　　复核：　　开票人：周明　　销售方：(章)

24-2

食堂用具领用单

2019 年 12 月 3 日

名　　称	计量单位	数　量	金　　额
铁锅	只	1	300.00

发货人：李　平　　　　　领用人：周小林　　　　　审批人：姚海波

【业务 25】（共 1 张）

25-1

中国建设银行
现金支票存根
10505523
03387625

附加信息＿＿＿＿＿＿＿＿＿＿＿＿
＿＿＿＿＿＿＿＿＿＿＿＿＿＿＿＿
＿＿＿＿＿＿＿＿＿＿＿＿＿＿＿＿

出票日期 *2019 年 12 月 3 日*

收款人：	常州东林股份有限公司
金　额：	￥5 000.00
用　途：	备用
备　注：	（2300098776）

单位主管　　　　　　会计

附录2 常州东林股份有限公司2019年12月份经济业务

【业务26】（共5张）

26-1

差旅费报销单

2019年12月3日　　　　　　　　　　　　　附件：3张

| 姓名 | 周进 | 工作部门 | 生产部 | 出差事由 | 三包期内上门维修甲 |

日期		地点		车船费			深夜补贴	途中补贴	住勤费			旅馆费	公交费	金额合计
起	讫	起	讫	车次或船名	时间	金额			地区	天数	补贴			
29	1	常州	广西			420			广西	3	300	480		1 200.00
												现金付讫		

| 报销金额（大写） | 壹仟贰佰元整 | ￥1 200.00 |
| 补付金额： | | 退回金额： |

领导批准 李长兵　会计主管 周小清　部门负责人 李静羽　审核 丁 力　报销人 周 进

26-2

| | 3200153320 | 江苏增值税专用发票 | NO. 19339834 | 3200153320 19339834 |
| | | 抵扣联 | 开票日期：2019年12月01日 | |

购买方	名　　称：常州东林股份有限公司	密码区	201766＜98/198533204＋＜63＜ 加密版本：01
	纳税人识别号：913204007633279092		＋64＜－＞876＊33＜/8765/＞ 3200153320
	地址、电话：河海东路45号 85499890		＋216＞2＞7/3－＋17561＜＞＋ 19339834
	开户行及账号：建行新北区支行 2300098776		782－/5432＜4＊－62＜＜5/9

货物或应税劳务、服务名称	规格型号	单位	数量	单价	金额	税率	税额
*住宿服务*住宿费		天	2	226.415	452.83	6%	27.17
合　计					￥452.83		￥27.17

| 价税合计（大写） | 肆佰捌拾元整 | （小写）￥480.00 |

销售方	名　　称：速8连锁酒店有限公司	备注	
	纳税人识别号：911101026983334917		速8连锁酒店有限公司
	地址、电话：江南大道12路 57954716		911101026983334917
	开户行及账号：工行广西分行 4162212464470		发票专用章

收款人：　　复核：　　开票人：冯春明　　销售方：（章）

第二联　抵扣联　购买方扣税凭证

26-1-1

 3200153320 江苏增值税专用发票 NO. 19339834

开票日期：2019 年 12 月 01 日

购买方	名　称：常州东林股份有限公司 纳税人识别号：913204007633279092 地址、电话：河海东路 45 号 85499890 开户行及账号：建行新北区支行 2300098776	密码区	201766＜98/198533204＋＜63＜ ＋64＜－＞876＊33＜/8765/＞ ＋216＞2＞7/3－＋17561＜＞＋ 782－/5432＜4＊－62＜＜5/9	加密版本：01 3200153320 19339834

货物或应税劳务、服务名称	规格型号	单位	数量	单价	金　额	税率	税　额
*住宿服务*住宿费		天	2	226.415	452.83	6%	27.17
合　计					¥452.83		¥27.17

价税合计（大写）　肆佰捌拾元整　　　　　　　　　（小写）¥480.00

销售方	名　称：速8连锁酒店有限公司 纳税人识别号：911101026983334917 地址、电话：江南大道 12 路 57954716 开户行及账号：工行广西分行 4162212464470	备注	(速8连锁酒店有限公司 911101026983334917 发票专用章)

收款人：　　　复核：　　　开票人：冯春明　　　销售方：(章)

26-1-2

G038095　　　　　　　常州市南站

常州 市　　K4429 次　　广西 市
Changzhou　　──→　　Guangxi

2019 年 11 月 29 日 08：35 开　07 车 078 号

¥210.0 元　　新空调硬座

限乘当日当次车

周进

3204111971＊＊＊＊1235

37228000030811 G038095

26-1-3

```
G038051                     广西市南站
广西市        K3109 次    常州 市
Guangxi    ⟶        Changzhou
2019 年 12 月 1 日 13:35 开  09 车 012 号
￥210.0 元     新空调硬座
限乘当日当次车
周进
3204111971 **** 1235
37228000030811 G038051
```

【业务27】(共1张)

27-1

中国建设银行客户专用回单

币别：人民币　　　　2019 年 12 月 03 日　　　流水号：320628736J0500810

付款人	全称	常州东林股份有限公司	收款人	全称	银行承兑汇票到期收款户
	账号	2300098776		账号	10132062883626101000004
	开户行	中国建设银行常州新北区支行		开户行	中国建设银行常州新北区支行
金额		(大写)人民币柒万伍仟元整			(小写)￥75 000.00
凭证种类		银行承兑汇票	凭证号码		1087655655333154
结算方式		转账	用途		转账支取

打印柜员：320628736AJ1
打印机构：新北区支行
打印卡号：9553301260105394

打印时间：2019-12-03　　交易柜员：B01B01000001　　交易机构：320620027

【业务 28】（共 3 张）

28-1

 3200098220　江苏增值税专用发票　NO.05231146　3200098220
05231146

此联不作报销、扣税凭证使用　开票日期：2019 年 12 月 03 日

购买方	名　称：东方红股份有限公司						
	纳税人识别号：913204008715430074						
	地　址、电话：东方大道345号 86573331						
	开户行及账号：建行湖塘支行 320989878091						

密码区：
986522<54/198733204+<63<　加密版本：01
+64<->876*98</8765/>　3200098220
+202>3>7/3-+47561<>+　05231146
751-/5432<4*-62>>>-4

货物或应税劳务、服务名称	规格型号	单位	数量	单价	金额	税率	税额
*商用设备*乙		件	50	980.00	49 000.00	13%	6 370.00
合　计					￥49 000.00		￥6 370.00

价税合计（大写）：伍万伍仟叁佰柒拾元整　　　（小写）￥55 370.00

销售方	名　称：常州东林股份有限公司
	纳税人识别号：913204007633279092
	地　址、电话：河海东路45号 85499890
	开户行及账号：建行新北区支行 2300098776

收款人：　　　复核：　　　开票人：黄林玉　　　销售方：（章）

第一联　记账联　销售方记账凭证

28-2

中国建设银行　进账单（收款通知）3

2019 年 12 月 3 日

出票人	全　称	东方红股份有限公司	收款人	全　称	常州东林股份有限公司
	账　号	320989878091		账　号	2300098776
	开户银行	建行湖塘支行		开户银行	建行新北区支行

金额	人民币（大写）	伍万伍仟叁佰柒拾元整	亿	千	百	十	万	千	百	十	元	角	分
							￥	5	5	3	7	0	0

票据种类	支票	票据张数	一张
票据号码	转账 210002809093		

中国建设银行股份有限公司常州新北区支行
2019.12.03
办讫章
(3)
开户银行签章

复核：　　　记账：

此联是收款人开户银行交给收款人的收账通知

28-3（此为复印件）

产品销售合同

合同号：20191205

购货单位：东方红股份有限公司　（以下简称甲方）
供货单位：常州东林股份有限公司　（以下简称乙方）
第一条　乙方向甲方提供乙共计 50 件，价款是 49 000.00 元，增值税为 6 370.00 元，价税合计是 55 370.00 元。
第二条　交货日期：2019 年 12 月 3 日
第三条　验收标准
购买方收到商品 7 个工作日内提出质量异议，不包括运输过程中造成的质量问题。自收到商品之日起 60 天内可以提出退货，运费由甲方承担。
以下条款　略

甲方：（盖章）　　　　乙方：（盖章）

法定(授权)代表人：黄林玉　　　　　　　法定(授权)代表人：李长兵

　　2019.11.30　　　　　　　　　　　　　　2019.11.30

【业务 29】（共 4 张）

29-1

 3200098220　　**江苏增值税专用发票**　NO. 21008222　3200098220
　　　　　　　　　　　　　　　　　　　　　　21008222
　　　　　　　　　　　　　　　　　　　开票日期：2019 年 12 月 03 日

购买方	名　　称：常州东林股份有限公司 纳税人识别号：913204007633279092 地址、电话：河海东路 45 号 85499890 开户行及账号：建行新北区支行 2300098776	密码区	751306＜98/198533204＋＜63＜ ＋64＜－＞876＊98＜/8765/＞ ＋216＞2＞7/3＞＞2134＜＞＋ 782－/5432＜4＊－62＞＞＞－8	加密版本：01 3200098220 21008222

货物或应税劳务、服务名称	规格型号	单位	数量	单价	金　额	税率	税　额
＊金属制品＊C03		千克	1 200	82.00	98 400.00	13%	12 792.00
合　　　计					¥ 98 400.00		¥ 12 792.00

价税合计（大写）	壹拾壹万壹仟壹佰玖拾贰元整	（小写）¥ 111 192.00

销售方	名　　称：常州机械厂 纳税人识别号：91320400876561432V 地址、电话：莫干路 329 号 87615441 开户行及账号：工行金坛支行 32997676522	备注	常州机械厂 91320400876561432V 发票专用章

收款人：　　　　复核：　　　　开票人：金海明　　　　销售方：(章)

29-2

江苏省增值税专用发票
NO. 21008222

3200098220

发票联

开票日期：2019 年 12 月 03 日

购买方	名　称：常州东林股份有限公司 纳税人识别号：913204007633279092 地址、电话：河海东路 45 号 85499890 开户行及账号：建行新北区支行 2300098776	密码区	751306＜98/198533204＋＜63＜ ＋64＜-＞876＊98＜/8765/＞ ＋216＞2＞7/3＞＞2134＜＞＋ 782-/5432＜4＊-62＞＞＞-8	加密版本：01 3200098220 21008222

货物或应税劳务、服务名称	规格型号	单位	数量	单价	金　额	税率	税额
金属制品 C03		千克	1 200	82.00	98 400.00	13%	12 792.00
合　计					￥98 400.00		￥12 792.00

价税合计(大写)　壹拾壹万壹仟壹佰玖拾贰元整　　　　　(小写) ￥111 192.00

销售方	名　称：常州机械厂 纳税人识别号：91320400876561432V 地址、电话：莫干路 329 号 87615441 开户行及账号：工行金坛支行 32997676522	备 注	（常州机械厂发票专用章） 91320400876561432V

收款人：　　　　复核：　　　　开票人：金海明　　　　销售方：(章)

29-3

中国建设银行
转账支票存根
10502146
02387603

附加信息＿＿＿＿＿＿＿＿＿＿＿＿

＿＿＿＿＿＿＿＿＿＿＿＿

出票日期 2019 年 12 月 3 日

收款人：	常州机械厂
金　额：	￥111 192.00
用　途：	货款
备　注：	(2300098776)

单位主管　　　　会计

29-4

收 料 单

供应单位：常州机械厂　　2019年12月3日　　编号：20006

材料编号	名称	单位	规格	数量		实际成本			
				应收	实收	单价	发票价格	运杂费	合计
0101003	C03	千克		1 200	1 200				

备　注：

收料人：杨有兵　　　　　　　　　交料人：张洪兵

第二联　记账联

【业务 30】（共 4 张）

30-1

3200098220　　江苏增值税专用发票　　NO. 32011821　　3200098220
　　　　　　　　　　抵　扣　联　　　　　　　　　　　　32011821
　　　　　　　　　　　　　　　　　　　开票日期：2019 年 12 月 03 日

购买方	名　称：	常州东林股份有限公司	密码区	517766＜98/198533204＋＜63＜ +64＜-＞876*98＜/8765/＞ +216＞2＞7/3-+47561＜＞+ 782-/5432＜4*-34＞＞＞+9	加密版本：01 3200098220 32011821
	纳税人识别号：	913204007633279092			
	地址、电话：	河海东路45号 85499890			
	开户行及账号：	建行新北区支行 2300098776			

货物或应税劳务、服务名称	规格型号	单位	数量	单价	金额	税率	税额
金属制品 A01		千克	250	120.00	30 000.00	13%	3 900.00
合　计					¥ 30 000.00		¥ 3 900.00

价税合计（大写）　　叁万叁仟玖佰元整　　　　　　（小写）¥ 33 900.00

销售方	名　称：	常州金林股份有限公司	备注	常州金林股份有限公司 913204007654411658 发票专用章 销售方：（章）
	纳税人识别号：	913204007654411658		
	地址、电话：	金元路346号 65439771		
	开户行及账号：	交行新北区支行 3986766565212		

收款人：　　　　　复核：　　　　　开票人：刘兵

第二联　抵扣联　购买方扣税凭证

30-2

 3200098220

江苏增值税专用发票

NO. 32011821 3200098220
32011821

发票联

开票日期：2019 年 12 月 03 日

购买方	名　　称	常州东林股份有限公司		密码区	517766＜98／198533204＋＜63＜ ＋64＜－＞876＊98＜／8765／＞ ＋216＞2＞7／3－＋47561＜＞＋ 782－／5432＜4＊－34＞＞＞＋9	加密版本：01 3200098220 32011821
	纳税人识别号	913204007633279092				
	地址、电话	河海东路45号 85499890				
	开户行及账号	建行新北区支行 2300098776				

货物或应税劳务、服务名称	规格型号	单位	数量	单价	金额	税率	税额
*金属制品*A01		千克	250	120.00	30 000.00	13%	3 900.00
合　　计					￥30 000.00		￥3 900.00

价税合计（大写）	叁万叁仟玖佰元整	（小写）￥33 900.00

销售方	名　　称	常州金林股份有限公司	备注	（发票专用章：常州金林股份有限公司 913204007654411658）
	纳税人识别号	913204007654411658		
	地址、电话	金元路346号 65439771		
	开户行及账号	交行新北区支行 3986766565212		

收款人：　　　　复核：　　　　开票人：刘兵　　　　销售方：（章）

30-3

中国建设银行客户专用回单

币别：人民币　　　　2019 年 12 月 03 日　　　　流水号：320000801K270000279

付款人	全　称	常州东林股份有限公司	收款人	全　称	常州金林股份有限公司
	账　号	2300098776		账　号	3986766565212
	开户行	中国建设银行常州新北区支行		开户行	交行新北区支行

金　额	（大写）人民币 叁万叁仟玖佰元整	（小写）￥33 900.00
凭证种类	网银	凭证号码
结算方式	转账	用途　转账

打印柜员：320628736AJ1
打印机构：新北区支行
打印卡号：9553301260105394

（电子回单专用章：中国建设银行）

打印时间：2019-12-03　　　交易柜员：B01B01000001　　　交易机构：320620027

30-4

收 料 单

供应单位：常州金林股份有限公司　2019 年 12 月 3 日　　　编号：20007

材料编号	名称	单位	规格	数量		实际成本			
				应收	实收	单价	发票价格	运杂费	合计
0101001	A01	千克		250	250				

备注：

收料人：杨有兵　　　　　　　　　交料人：周海娟

第二联　记账联

【业务31】（共3张）

31-1

中国建设银行　业务收费凭证

币别：人民币　　　　2019 年 12 月 03 日　　　　流水号：098808

付款人：常州东林股份有限公司			账号：2300098776		
项目名称	工本费	手续费	电子汇划费	邮电费	金额
网银		3.18	0.72		3.90

金额（大写）叁元玖角整

付款方式　银行转账

中国建设银行股份有限公司常州新北区支行
2019.12.03
办讫章
(3)

会计主管　　　　授权　　　　复核　　　　录入 周洁

第二联　客户回单

附录2　常州东林股份有限公司2019年12月份经济业务

31-2

江苏增值税专用发票 抵扣联

3200098220　NO.15156055　3200098220　15156055

开票日期：2019 年 12 月 03 日

购买方	名称：常州东林股份有限公司 纳税人识别号：913204007633279092 地址、电话：河海东路45号 85499890 开户行及账号：建行新北区支行 2300098776	密码区	241766<98/198533204+<64< +64<->876*98</8765/> +216>2>7/3-+765112<> 4316>54>9<<00//10-4871	加密版本：01 3200098220 15156055

货物或应税劳务、服务名称	规格型号	单位	数量	单价	金额	税率	税额
*金融服务*直接收费金融服务		笔	1	3.68	3.68	6%	0.22
合　计					¥3.68		¥0.22

价税合计（大写）	叁元玖角整	（小写）¥3.90

销售方	名称：中国建设银行股份有限公司常州市分行 纳税人识别号：913211028554830878 地址、电话：河海东路88号 32876666 开户行及账号：中国建设银行股份有限公司常州市营业部 321102785838021	备注	中国建设银行股份有限公司常州市分行 913211028554830878 发票专用章 (1)

第二联 抵扣联 购买方扣税凭证

收款人：　复核：　开票人：杨俊　销售方：（章）

31-3

江苏增值税专用发票 发票联

3200098220　NO.15156055　3200098220　15156055

开票日期：2019 年 12 月 03 日

购买方	名称：常州东林股份有限公司 纳税人识别号：913204007633279092 地址、电话：河海东路45号 85499890 开户行及账号：建行新北区支行 2300098776	密码区	241766<98/198533204+<64< +64<->876*98</8765/> +216>2>7/3-+765112<> 4316>54>9<<00//10-4871	加密版本：01 3200098220 15156055

货物或应税劳务、服务名称	规格型号	单位	数量	单价	金额	税率	税额
*金融服务*直接收费金融服务		笔	1	3.68	3.68	6%	0.22
合　计					¥3.68		¥0.22

价税合计（大写）	叁元玖角整	（小写）¥3.90

销售方	名称：中国建设银行股份有限公司常州市分行 纳税人识别号：913211028554830878 地址、电话：河海东路88号 32876666 开户行及账号：中国建设银行股份有限公司常州市营业部 321102785838021	备注	中国建设银行股份有限公司常州市分行 913211028554830878 发票专用章 (1)

第三联 发票联 购买方记账凭证

收款人：　复核：　开票人：杨俊　销售方：（章）

【业务32】（共6张）

32-1

江苏增值税专用发票

NO. 08662222 3200021220
08662222
开票日期：2019 年 12 月 02 日

抵扣联

购买方	名　　称：常州东林股份有限公司 纳税人识别号：91320400763327909Q 地址、电话：河海东路45号 85499890 开户行及账号：建行新北区支行 2300098776	密码区	511766＜98/198533204＋＜63＜ ＋64＜－＞876＊98＜/8765/＞ ＋216＞2＞7/3－＋47561＜＞＋ 782－/5123＜4＊－62＞＞＞01	加密版本：01 3200021220 08662222

货物或应税劳务、服务名称	规格型号	单位	数量	单价	金额	税率	税额
金属制品 B02		千克	600	200.00	120 000.00	13%	15 600.00
合　计					￥120 000.00		￥15 600.00

价税合计（大写）	壹拾叁万伍仟陆佰元整	（小写）￥135 600.00

销售方	名　　称：江苏江南有限公司 纳税人识别号：913201300987761111 地址、电话：鼓楼大道32号 32456652 开户行及账号：建行鼓楼支行 28775654411	备注	

收款人：　　　　复核：　　　　开票人：李平　　　　销售方：（章）

第二联 抵扣联 购买方扣税凭证

32-2

江苏增值税专用发票

NO. 08662222 3200021220
08662222
开票日期：2019 年 12 月 02 日

发票联

购买方	名　　称：常州东林股份有限公司 纳税人识别号：91320400763327909Q 地址、电话：河海东路45号 85499890 开户行及账号：建行新北区支行 2300098776	密码区	511766＜98/198533204＋＜63＜ ＋64＜－＞876＊98＜/8765/＞ ＋216＞2＞7/3－＋47561＜＞＋ 782－/5123＜4＊－62＞＞＞01	加密版本：01 3200021220 08662222

货物或应税劳务、服务名称	规格型号	单位	数量	单价	金额	税率	税额
金属制品 B02		千克	600	200.00	120 000.00	13%	15 600.00
合　计					￥120 000.00		￥15 600.00

价税合计（大写）	壹拾叁万伍仟陆佰元整	（小写）￥135 600.00

销售方	名　　称：江苏江南有限公司 纳税人识别号：913201300987761111 地址、电话：鼓楼大道32号 32456652 开户行及账号：建行鼓楼支行 28775654411	备注	

收款人：　　　　复核：　　　　开票人：李平　　　　销售方：（章）

第三联 发票联 购买方记账凭证

32-3

江苏增值税专用发票　抵扣联

NO. 31363502　2320007181　31363502

开票日期：2019 年 12 月 03 日

购买方	名　称：常州东林股份有限公司 纳税人识别号：913204007633279092 地址、电话：河海东路 45 号 85499890 开户行及账号：建行新北区支行 2300098776	密码区	241766＜98/198533204＋＜64＜　加密版本：01 ＋64＜－＞876＊98＜/8765/＞ ＋216＞2＞7/3－＋765112＜＞ ＋782－/54741－256＞＞＞＞894

货物或应税劳务、服务名称	规格型号	单位	数量	单价	金额	税率	税额
*运输服务*运输费			1	1 801.80	1 801.80	9%	162.16
合　计					¥1 801.80		¥162.16

价税合计（大写）：壹仟玖佰陆拾叁元玖角陆分　（小写）¥1 963.96

销售方	名　称：南京宁晶物流有限公司 纳税人识别号：913201007498530l9 地址、电话：中山陵 687 号 025－80891600 开户行及账号：建行玄武区支行 2100001112	备注	起运地：南京　到达地：常州　车种车号：苏A56070 货物名称：B02

收款人：　　　复核：　　　开票人：何华　　　销售方：（章）

32-4

江苏增值税专用发票　发票联

NO. 31363502　2320007181　31363502

开票日期：2019 年 12 月 03 日

购买方	名　称：常州东林股份有限公司 纳税人识别号：913204007633279092 地址、电话：河海东路 45 号 85499890 开户行及账号：建行新北区支行 2300098776	密码区	241766＜98/198533204＋＜64＜　加密版本：01 ＋64＜－＞876＊98＜/8765/＞ ＋216＞2＞7/3－＋765112＜＞ ＋782－/54741－256＞＞＞＞894

货物或应税劳务、服务名称	规格型号	单位	数量	单价	金额	税率	税额
*运输服务*运输费			1	1 801.80	1 801.80	9%	162.16
合　计					¥1 801.80		¥162.16

价税合计（大写）：壹仟玖佰陆拾叁元玖角陆分　（小写）¥1 963.96

销售方	名　称：南京宁晶物流有限公司 纳税人识别号：913201007498530l9 地址、电话：中山陵 687 号 025－80891600 开户行及账号：建行玄武区支行 2100001112	备注	车种车号：苏A56070 起运地：南京 中山陵 687 号 到达地：常州新北区河海东路 45 号 货物名称：B02

收款人：　　　复核：　　　开票人：何华　　　销售方：（章）

附录2　常州东林股份有限公司2019年12月份经济业务　　·139·

32-5

中国建设银行　电汇凭证　01667048

2019年12月3日　　流水号：98756511

币别：人民币

汇款方式	☑普通　□加急		
汇款人 全称	常州东林股份有限公司	收款人 全称	江苏江南有限公司
账号	2300098776	账号	28775654411
汇出地点	江苏省　常州市/县	汇入地点	江苏省　南京市/县
汇出行名称	建行新北区支行	汇入行名称	建行鼓楼支行

金额 人民币（大写）：壹拾叁万柒仟伍佰陆拾叁元玖角陆分　￥137563.96

中国建设银行股份有限公司常州新北区支行　2019.12.03　办讫章（3）

附加信息及用途：财务专用章　常州东林股份有限公司　戴金洪

客户签章

会计主管　　授权　　复核　　录入　周洁

第二联　客户回单

32-6

收　料　单

供应单位：江苏江南有限公司　　2019年12月3日　　编号：20008

材料编号	名称	单位	规格	数量		实际成本			
				应收	实收	单价	发票价格	运杂费	合计
0101002	B02	千克		600	600				

备注：

收料人：杨有兵　　　　交料人：林小峰

第二联　记账联

【业务33】（共3张）

33-1

中国建设银行　业务收费凭证

币别：人民币　　　　2019 年 12 月 03 日　　　　流水号：098863

付款人：常州东林股份有限公司			账号：2300098776	
项目名称	工本费	手续费	转账汇款手续费	金　额
电汇		10.60	0.53	11.13
金额（大写）壹拾壹元壹角叁分				
付款方式	银行转账			

中国建设银行股份有限公司常州新北区支行
2019.12.03
办讫章
(3)

第二联　客户回单

会计主管　　　　授权　　　　复核　　　　录入 周洁

33-2

3200098220　　江苏增值税专用发票　　NO. 15156056　　3200098220
抵扣联　　　　　　　　　　　　　　　　　　　　　　15156056

开票日期：2019 年 12 月 03 日

购买方	名　　称：常州东林股份有限公司 纳税人识别号：913204007633279092 地址、电话：河海东路45号 85499890 开户行及账号：建行新北区支行 2300098776	密码区	521766＜98/198533204＋＜64＜ ＋64＜－＞876＊98＜/8765/＞＋ 216＞2＞7/3－＋765112＜＞4316 ＞54＞9＜＜00//－－＊8711	加密版本：01 3200098220 15156056
货物或应税劳务、服务名称	规格型号	单位	数量	单价	金　额	税率	税　额
＊金融服务＊直接 收费金融服务		笔	1	10.50	10.50	6%	0.63
合　　计					￥10.50		￥0.63
价税合计（大写）	壹拾壹元壹角叁分				（小写）￥11.13		
销售方	名　　称：中国建设银行股份有限公司 　　　　　常州市分行 纳税人识别号：913211028554830878 地址、电话：河海东路88号 32876666 开户行及账号：中国建设银行股份有限公司常 州市营业部 321102785838021	备注	中国建设银行股份有限公司常州市分行 913211028554830878 发票专用章 (1)	

第二联　抵扣联　购买方扣税凭证

收款人：　　　复核：　　　开票人：杨俊　　　销售方：（章）

33-3

江苏增值税专用发票 NO. 15156056

3200098220

开票日期：2019 年 12 月 03 日

| 购买方 | 名　　称：常州东林股份有限公司
纳税人识别号：913204007633279092
地址、电话：河海东路45号 85499890
开户行及账号：建行新北区支行 2300098776 | 密码区 | 521766＜98/198533204＋＜64＜
＋64＜－＞876＊98＜/8765/＞＋
216＞2＞7/3－＋765112＜＞4316
＞54＞9＜＜00//－－＊8711 | 加密版本：01
3200098220
15156056 |

货物或应税劳务、服务名称	规格型号	单位	数量	单价	金额	税率	税额
＊金融服务＊直接收费金融服务		笔	1	10.50	10.50	6%	0.63
合　　计					¥ 10.50		¥ 0.63

价税合计（大写）　壹拾壹元壹角叁分　　　　（小写）¥ 11.13

| 销售方 | 名　　称：中国建设银行股份有限公司常州市分行
纳税人识别号：913211028554830878
地址、电话：河海东路88号 32876666
开户行及账号：中国建设银行股份有限公司常州市营业部 321102785838021 | 备注 | （中国建设银行股份有限公司常州市分行 发票专用章） |

收款人：　　复核：　　开票人：杨俊　　销售方：（章）

【业务34】（共4张）

34-1

河南增值税专用发票 NO. 09097222

4100098220

开票日期：2019 年 11 月 28 日

| 购买方 | 名　　称：常州东林股份有限公司
纳税人识别号：913204007633279092
地址、电话：河海东路45号 85499890
开户行及账号：建行新北区支行 2300098776 | 密码区 | 531766＜22/198533204＋＜63＜
＋64＜－＞876＊98＜/8765/＞
＋216＞2＞7/3－＋47561＜＞＋
782－/5432＜45653＞＞＞－8 | 加密版本：01
4100098220
09097222 |

货物或应税劳务、服务名称	规格型号	单位	数量	单价	金额	税率	税额
＊金属制品＊A01		千克	625	120.00	75 000.00	13%	9 750.00
合　　计					¥ 75 000.00		¥ 9 750.00

价税合计（大写）　捌万肆仟柒佰伍拾元整　　　　（小写）¥ 84 750.00

| 销售方 | 名　　称：河南益阳股份有限公司
纳税人识别号：91410100732509887P
地址、电话：人民路123号 76543311
开户行及账号：建行郑州支行 2987675642981 | 备注 | （河南益阳股份有限公司 发票专用章） |

收款人：　　复核：　　开票人：周小波　　销售方：（章）

34-2

河南增值税专用发票 NO.09097222

4100098220

发票联

开票日期：2019 年 11 月 28 日

购买方	名称：常州东林股份有限公司 纳税人识别号：913204007633279092 地址、电话：河海东路45号 85499890 开户行及账号：建行新北区支行 2300098776	密码区	531766<22/198533204+<63< +64<->876*98</8765/> +216>2>7/3-+47561<>+ 782-/5432<45653>>>-8	加密版本：01 4100098220 09097222

货物或应税劳务、服务名称	规格型号	单位	数量	单价	金额	税率	税额
*金属制品*A01		千克	625	120.00	75 000.00	13%	9 750.00
合　计					¥ 75 000.00		¥ 9 750.00

价税合计（大写）	捌万肆仟柒佰伍拾元整	（小写）¥ 84 750.00

销售方	名称：河南益阳股份有限公司 纳税人识别号：91410100732509887P 地址、电话：人民路123号 76543311 开户行及账号：建行郑州支行 2987675642981	备注	（河南益阳股份有限公司发票专用章 91410100732509887P）

收款人：　　　复核：　　　开票人：周小波　　　销售方：（章）

34-3

河南增值税专用发票 NO.87376331

4401876112

抵扣联

开票日期：2019 年 11 月 28 日

购买方	名称：常州东林股份有限公司 纳税人识别号：913204007633279092 地址、电话：河海东路45号 85499890 开户行及账号：建行新北区支行 2300098776	密码区	241766<98/198533204+<64< +64<->876*98</8765/> +216>2>7/3-+765112<> +782-/54741-256///*541	加密版本：01 4401876112 87376331

货物或应税劳务、服务名称	规格型号	单位	数量	单价	金额	税率	税额
*运输服务*运输费			1	1 081.08	1 081.08	9%	97.30
合　计					¥ 1 081.08		¥ 97.30

价税合计（大写）	壹仟壹佰柒拾捌元叁角捌分	（小写）¥ 1 178.38

销售方	名称：河南黄河物流有限公司 纳税人识别号：91410100730987611T 地址、电话：人民路39号 0371-62748971 开户行及账号：建行郑州支行 21000156841	备注	车种车号：卡车 豫J00042 起运地：郑州人民路123号 到达地：常州新北区河海东路45号 货物名称：A01 （河南黄河物流有限公司 91410100730987611T 发票专用章）

收款人：　　　复核：　　　开票人：周小波　　　销售方：（章）

34-4

河南增值税专用发票

4401876112

NO.87376331

4401876112
87376331

发票联

开票日期：2019 年 11 月 28 日

购买方	名　　称：常州东林股份有限公司 纳税人识别号：913204007633279092 地址、电话：河海东路45号 85499890 开户行及账号：建行新北区支行 2300098776	密码区	241766＜98/198533204＋＜64＜　加密版本：01 ＋64＜-＞876＊98＜/8765/＞　4401876112 ＋216＞2＞7/3-＋765112＜＞　87376331 ＋782-/54741-256///＊541

货物或应税劳务、服务名称	规格型号	单位	数量	单价	金额	税率	税额
＊运输服务＊运输费			1	1 081.08	1 081.08	9%	97.30
合　计					￥1 081.08		￥97.30

价税合计（大写）	壹仟壹佰柒拾捌元叁角捌分	（小写）￥1 178.38

销售方	名　　称：河南黄河物流有限公司 纳税人识别号：91410100730987611T 地址、电话：人民路39号 0371-62748971 开户行及账号：建行郑州支行 21000156841	备注	车种车号：卡车豫A00012 起运地：郑州 人民路123号 到达地：常州新北区河 海东路45号 货物名称：A01

收款人：　　　　复核：　　　　开票人：周小波　　　　销售方：（章）

第三联　发票联　购买方记账凭证

【业务35】（共4张）

35-1

新增固定资产登记表

2019 年 12 月 3 日

固定资产名称	种类	单位	数量	购入日期	投入使用日期	使用部门
文件柜	办公家具	只	6	2019年12月3日	2019年12月3日	办公室、财务部

制表人：董坤　　　　复核人：周小清

35-2

江苏增值税专用发票
NO. 42131762

3200098220
42131762

开票日期：2019 年 12 月 03 日

抵扣联

| 购买方 | 名　　称： 常州东林股份有限公司
纳税人识别号： 913204007633279092
地址、电话： 河海东路45号 85499890
开户行及账号： 建行新北区支行 2300098776 | 密码区 | 211766＜98/198533204＋＜63＜
＋64＜－＞876＊98＜/8765/＞
＋326＞2＞7/3－＋47561＜＞＋
782－/5432＜4＊－51＞＞＞－8 | 加密版本：01

3200098220
42131762 |

货物或应税劳务、服务名称	规格型号	单位	数量	单价	金额	税率	税额
＊金属制品＊文件柜		只	6	4 000.00	24 000.00	13%	3 120.00
合　　计					￥24 000.00		￥3 120.00

| 价税合计（大写） | 贰万柒仟壹佰贰拾元整 | （小写）￥27 120.00 |

| 销售方 | 名　　称： 常州飞翔办公用品有限公司
纳税人识别号： 913204008765114122
地址、电话： 黄河路983号 8873331
开户行及账号： 建行新北区支行 987867656511 | 备注 | （发票专用章：常州飞翔办公用品有限公司 913204008765114122） |

收款人：　　　　　复核：　　　　　开票人：金海红　　　　　销售方：（章）

35-3

江苏增值税专用发票
NO. 42131762

3200098220
42131762

开票日期：2019 年 12 月 03 日

发票联

| 购买方 | 名　　称： 常州东林股份有限公司
纳税人识别号： 913204007633279092
地址、电话： 河海东路45号 85499890
开户行及账号： 建行新北区支行 2300098776 | 密码区 | 211766＜98/198533204＋＜63＜
＋64＜－＞876＊98＜/8765/＞
＋326＞2＞7/3－＋47561＜＞＋
782－/5432＜4＊－51＞＞＞－8 | 加密版本：01

3200098220
42131762 |

货物或应税劳务、服务名称	规格型号	单位	数量	单价	金额	税率	税额
＊金属制品＊文件柜		只	6	4 000.00	24 000.00	13%	3 120.00
合　　计					￥24 000.00		￥3 120.00

| 价税合计（大写） | 贰万柒仟壹佰贰拾元整 | （小写）￥27 120.00 |

| 销售方 | 名　　称： 常州飞翔办公用品有限公司
纳税人识别号： 913204008765114122
地址、电话： 黄河路983号 8873331
开户行及账号： 建行新北区支行 987867656511 | 备注 | （发票专用章：常州飞翔办公用品有限公司 913204008765114122） |

收款人：　　　　　复核：　　　　　开票人：金海红　　　　　销售方：（章）

35-4

中国建设银行
转账支票存根
10502146
02387604

附加信息＿＿＿＿＿＿＿＿＿＿

出票日期 2019 年 12 月 3 日

收款人：	常州飞翔办公用品有限公司
金　额：	￥27 120.00
用　途：	货款
备　注：	（2300098776）

单位主管　　　　　会计

【业务 36】（共 3 张）

36-1

江苏增值税专用发票　NO.05231147

3200098220

此联不作报销抵扣凭证使用　开票日期：2019 年 12 月 03 日

购买方	名　　称：浙江河海股份有限公司 纳税人识别号：913301008765422265 地址、电话：金山大道45号 45543331 开户行及账号：工行杭州市分行 09876444222	密码区	011761＜23/198433204＋＜63＜ ＋64＜－＞876＊98＜/8765/＞ ＋216＞2＞7/3＜＞47561＜＞＋ 782－/5432＜4＊－12＞2＞+8	加密版本：01 3200098220 05231147

货物或应税劳务、服务名称	规格型号	单位	数量	单价	金　额	税率	税　额
＊商务设备＊乙		件	150	980.00	147 000.00	13%	19 110.00
合　计					￥147 000.00		￥19 110.00
价税合计（大写）	壹拾陆万陆仟壹佰壹拾元整				（小写）￥166 110.00		

销售方	名　　称：常州东林股份有限公司 纳税人识别号：913204007633279092 地址、电话：河海东路45号 85499890 开户行及账号：建行新北区支行 2300098776	备注		

收款人：　　复核：　　开票人：黄林玉　　销售方：（章）

36-2（此为复印件）

银行承兑汇票   2   HB/01 03488100

出票日期（大写）	贰零壹玖年壹拾壹月零叁拾日			

出票人全称	浙江河海股份有限公司	收款人	全称	常州东林股份有限公司
出票人账号	09876444222		账号	2300098776
付款行全称	工商银行行杭州市分行		开户行	建行新北区支行
出票金额	人民币（大写）壹拾陆万陆仟壹佰壹拾元整			￥166110 00 （亿千百十万千百十元角分）
汇票到期日（大写）	贰零贰零年零贰月贰拾捌日	付款行	行号	杭州工行 097656111
承兑协议编号	2019杭字第G091号		地址	杭州市定海路87号

本汇票请你行承兑，到期无条件付款。

财务专用章 浙江河海股份有限公司 黄力海

出票人签章 2019年11月30日

本汇票已经承兑，到期日由本行付款。

承兑行签章 囗
承兑日期 2019年11月30日
1023854422
汇票章
（工商银行股份有限公司）

备注：

21455 陈永虎

复核   记账

此联收款人开户行随托收凭证寄付款方作借方凭证附件

36-3（此为复印件）

产品销售合同

合同号：20191206

购货单位：浙江河海股份有限公司（以下简称甲方）
供货单位：常州东林股份有限公司（以下简称乙方）

第一条 乙方向甲方提供乙共计150件，价款是147 000.00元，增值税为19 110.00元，价税合计是166 110.00元。

第二条 交货日期：2019年12月3日

第三条 验收标准

购买方收到商品7个工作日内提出质量异议，不包括运输过程中造成的质量问题。自收到商品之日起60天内可以提出退货，运费由甲方承担。

以下条款 略

甲方：_____（盖章）

乙方：_____（盖章）

法定(授权代表)人：姜晓于
2019.11.30

法定(授权代表)人：李长兵
2019.11.30

附录2　常州东林股份有限公司2019年12月份经济业务

【业务37】（共1张）

37-1

借款收据（入账通知）

（流动资金贷款）

单位编号：201900023　　借款日期：2019年12月3日　　合同编号：30708711　**伍**

收款单位	名称	常州东林股份有限公司	借款单位	名称	常州东林股份有限公司
	结算户账号	2400040015		贷款户账号	234500000-90
	开户银行	中国银行常州分行新北区支行		开户银行	中国银行常州分行新北区支行

借款金额	人民币贰拾万元整	千百十万千百十元角分
		￥ 2 0 0 0 0 0 0 0

借款原因及用途	流动资金不足借款	批准借款利率	年息5.1%

借款期限

期次	计划还款日期	✓	计划还款金额
1	2020年6月3日		200 000.00元
2			
3	戴金洪		

备注：

此联由银行退借款单位作入账通知

你单位上列借款，已转入你单位结算户内，借款到期时由我行按期自你单位结算户内扣收。

此致

借款单位

（银行盖章）

【业务38】（共3张）

38-1

 3200098220

江苏增值税专用发票

NO.05231148　　3200098220　05231148

此联不作报销，抵扣凭证使用　　开票日期：2019年12月03日

购买方	名称	南京东风工厂	密码区	954166＜98/198533204＋＜63＜ +64-＞＜876*98＜/8765/＞ +216＞2＞7/3-＋7642＜＞+ 782-/4352＜4*-62＞-8＞＞	加密版本：01 3200098220 05231148
	纳税人识别号	9132040076541178			
	地址、电话	河海南路234号 2387655			
	开户行及账号	建行南京分行 98871176176			

货物或应税劳务、服务名称	规格型号	单位	数量	单价	金额	税率	税额
*商务设备*乙		件	300	980.00	294 000.00	13%	38 220.00
合计					￥294 000.00		￥38 220.00

价税合计（大写）	叁拾叁万贰仟贰佰贰拾元整	（小写）￥332 220.00

销售方	名称	常州东林股份有限公司	备注
	纳税人识别号	91320407633279092	
	地址、电话	河海东路45号 85499890	
	开户行及账号	建行新北区支行 2300098776	

收款人：　　复核：　　开票人：黄林玉　　销售方：（章）

第一联 记账联 销售方记账凭证

·155·

38-2

中国建设银行 进账单（收款通知） 3

2019 年 12 月 3 日

出票人	全称	南京东风工厂	收款人	全称	常州东林股份有限公司
	账号	98871176176		账号	2300098776
	开户银行	建行南京分行		开户银行	建行新北区支行

金额	人民币（大写）	叁拾叁万贰仟贰佰贰拾元整	亿 千 百 十 万 千 百 十 元 角 分 ¥ 3 3 2 2 2 0 0 0

票据种类	银行汇票	票据张数	一张
票据号码	5612348923007654		

中国建设银行股份有限公司常州新北区支行
2019.12.03
办讫章
(3)
开户银行签章

复核　　　记账

此联是收款人开户银行交给收款人的收账通知

38-3（此为复印件）

产品销售合同

合同号：20191207

购货单位：**南京东风工厂**（以下简称甲方）

供货单位：**常州东林股份有限公司**（以下简称乙方）

第一条　乙方向甲方提供乙共计 300 件，价款是 294 000.00 元，增值税为 38 220.00 元，价税合计是 332 220.00元。

第二条　交货日期：2019 年 12 月 3 日

第三条　验收标准

购买方收到商品 7 个工作日内提出质量异议，不包括运输过程中造成的质量问题。自收到商品之日起 60 天内可以提出退货，运费由甲方承担。

以下条款　略

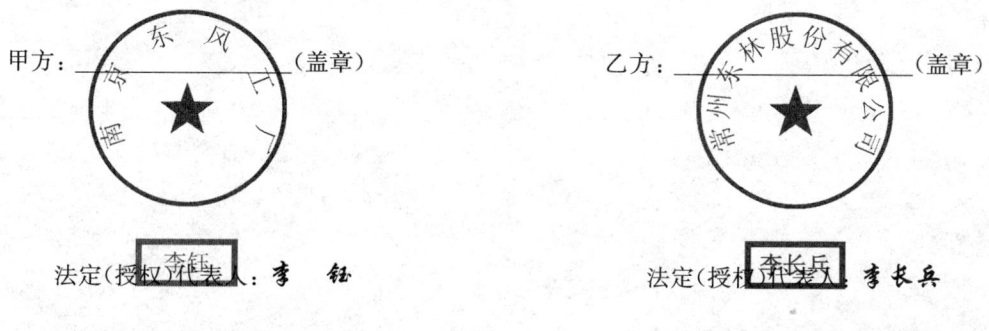

甲方：_____（盖章）　　　　乙方：_____（盖章）

法定(授权)代表人：李钰　　　　法定(授权)代表人：李长兵

2019.11.30　　　　　　　　　　2019.11.30

【业务39】（共3张）

39-1

中国建设银行
转账支票存根
10502146
02387605

附加信息＿＿＿＿＿＿＿＿＿＿＿＿

出票日期 2019 年 12 月 3 日

收款人：	常州东林股份有限公司
金　额：	¥ 46 181.98
用　途：	银行承兑保证金
备　注：	（2300098776）

单位主管　　　　　　　　会计

39-2

中国建设银行　进账单（回单）1

2019 年 12 月 3 日

出票人	全　称	常州东林股份有限公司	收款人	全　称	常州东林股份有限公司	此联是开户银行交给持（出）票人的回单
	账　号	2300098776		账　号	2300098012	
	开户银行	建行新北区支行		开户银行	建行新北区支行	

金额	人民币（大写）	肆万陆仟壹佰捌拾壹元玖角捌分	亿	千	百	十	万	千	百	十	元	角	分
						¥	4	6	1	8	1	9	8

票据种类	支票	票据张数	一张	中国建设银行股份有限公司常州新北区支行　2019.12.03　办讫章（3）
票据号码	转账 105021462387605			
复核　　　　记账				开户银行签章

39-3

中国建设银行 进账单(收款通知) 3

2019 年 12 月 3 日

出票人	全称	常州东林股份有限公司	收款人	全称	常州东林股份有限公司
	账号	2300098776		账号	2300098012
	开户银行	建行新北区支行		开户银行	建行新北区支行

金额	人民币(大写)	肆万陆仟壹佰捌拾壹元玖角捌分	亿 千 百 十 万 千 百 十 元 角 分
			¥ 4 6 1 8 1 9 8

票据种类	支票	票据张数	一张
票据号码	转账 105021462387605		

中国建设银行股份有限公司常州新北区支行
2019.12.03
办讫章
(3)
开户银行签章

复核 记账

此联是收款人开户银行交给收款人的收账通知

【业务40】(共3张)

40-1

中国建设银行 业务收费凭证

币别：人民币　　　　2019 年 12 月 03 日　　　　流水号：098899

付款人：常州东林股份有限公司			账号：2300098776	
项目名称	工本费	手续费	转账汇款手续费	金额
银行承兑		23.09		23.09

金额(大写)	贰拾叁元零玖分
付款方式	银行转账

中国建设银行股份有限公司常州新北区支行
2019.12.03
办讫章
(3)

会计主管　　　　授权　　　　复核　　　　录入 周洁

第二联 客户回单

40-2

江苏增值税专用发票 NO. 15156057
抵扣联 开票日期：2019 年 12 月 03 日

购买方	名称：常州东林股份有限公司 纳税人识别号：913204007633279092 地址、电话：河海东路45号 85499890 开户行及账号：建行新北区支行 2300098776	密码区	521766＜98/198533204+＜64＜ +64＜-＞876＊98＜/8765/＞+ 216＞2＞7/3-+765112＜＞4316 ＞54＞9＜＜00//--＊8330

货物或应税劳务、服务名称	规格型号	单位	数量	单价	金额	税率	税额
＊金融服务＊直接收费金融服务		笔	1	21.78	21.78	6%	1.31
合计					￥21.78		￥1.31

价税合计（大写）	贰拾叁元零玖分	（小写）￥23.09

销售方	名称：中国建设银行股份有限公司常州市分行 纳税人识别号：913211028554830878 地址、电话：河海东路88号 32876666 开户行及账号：中国建设银行股份有限公司常州市营业部 321102785838021	备注	（发票专用章）

收款人：　　复核：　　开票人：杨俊　　销售方：（章）

40-3

江苏增值税专用发票 NO. 15156057
发票联 开票日期：2019 年 12 月 03 日

购买方	名称：常州东林股份有限公司 纳税人识别号：913204007633279092 地址、电话：河海东路45号 85499890 开户行及账号：建行新北区支行 2300098776	密码区	521766＜98/198533204+＜64＜ +64＜-＞876＊98＜/8765/＞+ 216＞2＞7/3-+765112＜＞4316 ＞54＞9＜＜00//--＊8330

货物或应税劳务、服务名称	规格型号	单位	数量	单价	金额	税率	税额
＊金融服务＊直接收费金融服务		笔	1	21.78	21.78	6%	1.31
合计					￥21.78		￥1.31

价税合计（大写）	贰拾叁元零玖分	（小写）￥23.09

销售方	名称：中国建设银行股份有限公司常州市分行 纳税人识别号：913211028554830878 地址、电话：河海东路88号 32876666 开户行及账号：中国建设银行股份有限公司常州市营业部 321102785838021	备注	（发票专用章）

收款人：　　复核：　　开票人：杨俊　　销售方：（章）

【业务 41】(共6张)

41-1

广东增值税专用发票 NO.01097119
抵扣联

开票日期：2019年12月01日

| 购买方 | 名称：常州东林股份有限公司
纳税人识别号：913204007633279092
地址、电话：河海东路45号 85499890
开户行及账号：建行新北区支行 2300098776 | 密码区 | 321300＜98/198533204＋＜63＜
＋19＜－＞876＊98＜/8710/＞
＋216＞2＞7/3－＋47561＜＞＋
782－/5432＜4＊－62＞＞＞71 | 加密版本：01
4400098220
01097119 |

货物或应税劳务、服务名称	规格型号	单位	数量	单价	金额	税率	税额
*金属制品*B02		千克	200	200.00	40 000.00	13%	5 200.00
合计					¥40 000.00		¥5 200.00

价税合计（大写）：肆万伍仟贰佰元整　　（小写）¥45 200.00

| 销售方 | 名称：南方长江股份有限公司
纳税人识别号：914401000978770978
地址、电话：广东江门东路32# 26523333
开户行及账号：建行江门支行 987622220992 | 备注 | |

收款人：　　复核：　　开票人：周大福　　销售方：（章）

41-2

广东增值税专用发票 NO.01097119
发票联

开票日期：2019年12月01日

| 购买方 | 名称：常州东林股份有限公司
纳税人识别号：913204007633279092
地址、电话：河海东路45号 85499890
开户行及账号：建行新北区支行 2300098776 | 密码区 | 321300＜98/198533204＋＜63＜
＋19＜－＞876＊98＜/8710/＞
＋216＞2＞7/3－＋47561＜＞＋
782－/5432＜4＊－62＞＞＞71 | 加密版本：01
4400098220
01097119 |

货物或应税劳务、服务名称	规格型号	单位	数量	单价	金额	税率	税额
*金属制品*B02		千克	200	200.00	40 000.00	13%	5 200.00
合计					¥40 000.00		¥5 200.00

价税合计（大写）：肆万伍仟贰佰元整　　（小写）¥45 200.00

| 销售方 | 名称：南方长江股份有限公司
纳税人识别号：914401000978770978
地址、电话：广东江门东路32# 26523333
开户行及账号：建行江门支行 987622220992 | 备注 | |

收款人：　　复核：　　开票人：周大福　　销售方：（章）

41-3

广东增值税专用发票

NO. 35386221

4410161751
35386221

抵扣联

开票日期：2019 年 12 月 01 日

购买方	名称：常州东林股份有限公司 纳税人识别号：913204007633279092 地址、电话：河海东路45号 85499890 开户行及账号：建行新北区支行 2300098776	密码区	241766＜98/198533204＋＜64＜ ＋64＜－＞876＊98＜/8765/＞ ＋216＞2＞7/3－＋765112＜＞ ＋782－/54741－2＊/＊/1＞894	加密版本：01 4410461751 35386221
货物或应税劳务、服务名称	规格型号	单位	数量	单价	金额	税率	税额
＊运输服务＊运输费			1	900.90	900.90	9%	81.08
合计					￥900.90		￥81.08

价税合计(大写)　玖佰捌拾壹元玖角捌分　　　　(小写)￥981.00

| 销售方 | 名称：广东海通物流有限公司 纳税人识别号：91410100730987611N 地址、电话：鹤山大道7号 07508866388 开户行及账号：建行江门区支行 2100898950 | 备注 | 车种车号：卡车 粤J6541A 起运地：广东 江门东路82号 到达地：常州新北区 河海东路45号 货物名称：B02 |

收款人：　　　　复核：　　　　开票人：王凤　　　　销售方：(章)

41-4

广东增值税专用发票

NO. 35386221

4410161751
35386221

发票联

开票日期：2019 年 12 月 01 日

购买方	名称：常州东林股份有限公司 纳税人识别号：913204007633279092 地址、电话：河海东路45号 85499890 开户行及账号：建行新北区支行 2300098776	密码区	241766＜98/198533204＋＜64＜ ＋64＜－＞876＊98＜/8765/＞ ＋216＞2＞7/3－＋765112＜＞ ＋782－/54741－2＊/＊/1＞894	加密版本：01 4410161751 35386221
货物或应税劳务、服务名称	规格型号	单位	数量	单价	金额	税率	税额
＊运输服务＊运输费			1	900.90	900.90	9%	81.08
合计					￥900.90		￥81.08

价税合计(大写)　玖佰捌拾壹元玖角捌分　　　　(小写)￥981.98

| 销售方 | 名称：广东海通物流有限公司 纳税人识别号：91410100730987611N 地址、电话：鹤山大道7号 07508866388 开户行及账号：建行江门区支行 2100898950 | 备注 | 车种车号：卡车 粤J6541A 起运地：广东 江门东路82号 到达地：常州新北区 河海东路45号 货物名称：B02 |

收款人：　　　　复核：　　　　开票人：王凤　　　　销售方：(章)

41-5

收 料 单

供应单位：南方长江股份有限公司　　2019年12月3日　　　　　　　　编号：20009

材料编号	名称	单位	规格	数量		实际成本			
				应收	实收	单价	发票价格	运杂费	合计
0101002	B02	千克		200	200				

备注：

收料人：杨有兵　　　　　　　　　　　　交料人：黄小林

第二联 记账联

41-6

银行承兑汇票　　3　　75242229
　　　　　　　　　　　　　　　　98736653

出票日期（大写）：贰零壹玖年壹拾贰月零叁日

出票人全称	常州东林股份有限公司	收款人	全称	南方长江股份有限公司
出票人账号	2300098012		账号	987622220992
付款行全称	建行新北区支行		开户行	建行江门支行

出票金额	人民币（大写） 肆万陆仟壹佰捌拾壹元玖角捌分	亿 千 百 十 万 千 百 十 元 角 分 ¥ 4 6 1 8 1 9 8

汇票到期日（大写）	贰零贰零年肆月零叁日	付款行	行号	常州建行 9866511
承兑协议编号	2019 常字第 G091 号		地址	常州新北区黄山路 987 号

备注：　　　　　　　　　　　　　　　复核　　记账

此联出票人存查

【业务42】（共2张）

42-1

| 3200098220 | 江苏增值税专用发票 | NO. 05231149 | 3200098220 05231149 |

此联不作报销抵扣税凭证使用　　开票日期：2019 年 12 月 03 日

| 购买方 | 名　称：常州机械加工中心
纳税人识别号：9132040076544322
地址、电话：和平南路 12 号 86132459
开户行及账号：工行常州分行 0976755111 | 密码区 | 954166＜98／198533204＋＜63＜　加密版本：01
＋64－＞＜876＊98＜／8765／＞
＋216＞2／7／3－＋7642＜＞＋　　3200098220
782－／4352＜4＊－62＞－8＞＞　　05231149 |

货物或应税劳务、服务名称	规格型号	单位	数量	单价	金额	税率	税额
＊经营租赁＊专有技术N租金		月	1	4 716.98	4 716.98	6%	283.02
合　计					￥4 716.98		￥283.02

价税合计（大写）　　伍仟元整　　　　　　　　　　　　（小写）￥5 000.00

| 销售方 | 名　称：常州东林股份有限公司
纳税人识别号：9132040076332279092
地址、电话：河海东路 45 号 85499890
开户行及账号：建行新北区支行 2300098776 | 备注 | |

收款人：　　　　复核：　　　　开票人：黄林玉　　　　销售方：（章）

42-2

中国建设银行　进账单（收款通知）　3

2019 年 12 月 3 日

出票人	全　称	常州机械加工中心	收款人	全　称	常州东林股份有限公司
	账　号	0976755111		账　号	2300098776
	开户银行	工行常州分行		开户银行	建行新北区支行

金额	人民币（大写）	伍仟元整	亿	千	百	十	万	千	百	十	元	角	分
							￥	5	0	0	0	0	0

票据种类	支票	票据张数	一张
票据号码	转账 2567891423140976		

中国建设银行股份有限公司常州新北区支行
2019.12.03
票据受理专用章
（收妥抵用）(1)
开户银行签章

复核　　　　记账

【业务43】(共4张)

43-1

江苏增值税专用发票 NO.09862212
抵扣联 开票日期：2019 年 12 月 03 日

购买方	名　　称：常州东林股份有限公司 纳税人识别号：913204007633279092 地址、电话：河海东路45号 85499890 开户行及账号：建行新北区支行 2300098776	密码区	715766＜98/198533204＋＜63＜ 加密版本：01 ＋64＜－＞876＊98＜/8765/＞ ＋026＞1＞2/3－＋12561＜＞＋　3200098120 782－/5432＜4＊－62＞＞＞＋0　09862212

货物或应税劳务、服务名称	规格型号	单位	数量	单价	金　额	税率	税额
＊鞋＊工作鞋		双	100	15.00	1 500.00	13%	195.00
合　　计					￥1 500.00		￥195.00

价税合计（大写）	壹仟陆佰玖拾伍元整	（小写）￥1 695.00

销售方	名　　称：常州市金海购物中心 纳税人识别号：91320400977651111F 地址、电话：人民中路76号 86543331 开户行及账号：农行兰陵支行 76652265217	备注	（常州市金海购物中心 91320400977651111F 发票专用章）

收款人：　　　复核：　　　开票人：周玉梅　　　销售方：(章)

43-2

江苏增值税专用发票 NO.09862212
发票联 开票日期：2019 年 12 月 03 日

购买方	名　　称：常州东林股份有限公司 纳税人识别号：913204007633279092 地址、电话：河海东路45号 85499890 开户行及账号：建行新北区支行 2300098776	密码区	715766＜98/198533204＋＜63＜ 加密版本：01 ＋64＜－＞876＊98＜/8765/＞ ＋026＞1＞2/3－＋12561＜＞＋　3200098120 782－/5432＜4＊－62＞＞＞＋0　09862212

货物或应税劳务、服务名称	规格型号	单位	数量	单价	金　额	税率	税额
＊鞋＊工作鞋		双	100	15.00	1 500.00	13%	195.00
合　　计					￥1 500.00		￥195.00

价税合计（大写）	壹仟陆佰玖拾伍元整	（小写）￥1 695.00

销售方	名　　称：常州市金海购物中心 纳税人识别号：91320400977651111F 地址、电话：人民中路76号 86543331 开户行及账号：农行兰陵支行 76652265217	备注	（常州市金海购物中心 91320400977651111F 发票专用章）

收款人：　　　复核：　　　开票人：周玉梅　　　销售方：(章)

43-3

中国建设银行
转账支票存根
10502146
02387606

附加信息＿＿＿＿＿＿＿＿＿＿

出票日期 2019 年 12 月 3 日

收款人：	常州市金海购物中心
金　额：	￥1 695.00
用　途：	货款
备　注：	（2300098776）

单位主管　　　　　　　会计

43-4

收　料　单

供应单位：常州市金海购物中心　　2019 年 12 月 3 日　　　　　　　编号：20010

材料编号	名称	单位	规格	数量		实际成本			
				应收	实收	单价	发票价格	运杂费	合计
0201301	工作鞋	双		100	100				
备　注：									

收料人：杨有兵　　　　　　　　　　交料人：丁一中

第二联　记账联

【业务44】（共1张）

44-1

中国建设银行客户专用回单

币别：人民币　　　　2019 年 12 月 01 日　　　流水号：320620027J0500810002

付款人	全　称	已到期未付款银承款项	收款人	全　称	常州东林股份有限公司
	账　号	297887615511		账　号	2300098776
	开户行	中国建设银行徐州分行		开户行	建行新北区支行
金　额		（大写）人民币 贰拾壹万元整			（小写）￥210 000.00
凭证种类		银行承兑汇票	凭证号码		2065434311187222
结算方式		转账	用　途		转账存入

打印柜员：320628736AJ1
打印机构：新北区支行
打印卡号：9553301260105394

（贷方回单）

电子回单专用章

打印时间：2019-12-01　　　交易柜员：B01B01000001　　　交易机构：320620027

【业务45】（共6张）

45-1

3200078220　　　**江苏增值税专用发票**　　　NO.09776762　　3200078220
09776762
抵扣联　　　　　　开票日期：2019 年 12 月 02 日

购买方	名　称：常州东林股份有限公司	密码区	231766＜98/198533209＋＜63＜	加密版本：01
	纳税人识别号：91320400763327909Q		＋64＜-＞876＊98＜/8765/＞	3200078220
	地址、电话：河海东路45号 85499890		＋216＞2＞7/3-＋21561＜＞＋	09776762
	开户行及账号：建行新北区支行 2300098776		782-/5432＜4＊-62＞＞＞-8	

货物或应税劳务、服务名称	规格型号	单位	数量	单价	金　额	税率	税　额
*金属制品*A01		千克	2 000	120.00	240 000.00	13%	31 200.00
合　计					￥240 000.00		￥31 200.00

价税合计（大写）　贰拾柒万壹仟贰佰元整　　　　　　（小写）￥271 200.00

销售方	名　称：金坛林海股份有限公司	备注	
	纳税人识别号：91320400986761109W		金坛林海股份有限公司
	地址、电话：常进大道12号 42456091		91320400986761109W
	开户行及账号：建行金坛支行 2876526522		发票专用章

收款人：　　　复核：　　　开票人：周小海　　　销售方：（章）

45-2

江苏增值税专用发票 发票联
NO.09666762
开票日期：2019年12月02日

| 购买方 | 名称：常州东林股份有限公司
纳税人识别号：913204007633279092
地址、电话：河海东路45号 85499890
开户行及账号：建行新北区支行 2300098776 | 密码区 | 231766＜98/198533209+＜63＜ 加密版本：01
+64＜-＞876*98＜/8765/＞ 3200078220
+216＞2＞7/3-+21561＜＞+ 09666762
782-/5432＜4*-62＞＞＞-8 |

货物或应税劳务、服务名称	规格型号	单位	数量	单价	金额	税率	税额
*金属制品*A01		千克	2 000	120.00	240 000.00	13%	31 200.00
合计					¥240 000.00		¥31 200.00

| 价税合计（大写） | 贰拾柒万壹仟贰佰元整 | （小写）¥271 200.00 |

| 销售方 | 名称：金坛林海股份有限公司
纳税人识别号：91320400986761109W
地址、电话：常进大道12号 42456091
开户行及账号：建行金坛支行 2876526522 | 备注 | （金坛林海股份有限公司
91320400986761109W
发票专用章） |

收款人：　　　复核：　　　开票人：周小海　　　销售方：（章）

45-3

江苏增值税专用发票 抵扣联
NO.12673191
开票日期：2019年12月02日

| 购买方 | 名称：常州东林股份有限公司
纳税人识别号：913204007633279092
地址、电话：河海东路45号 85499890
开户行及账号：建行新北区支行 2300098776 | 密码区 | 241766＜98/198533204+＜64＜ 加密版本：01
+64＜-＞876*98＜/8765/＞+ 2320810065
216＞2＞7/3-+765112＜＞+ 12673191
782-/54741-2*/*/1--/* |

货物或应税劳务、服务名称	规格型号	单位	数量	单价	金额	税率	税额
*运输服务*运输费			1	900.90	900.90	9%	81.08
合计					¥900.90		¥81.08

| 价税合计（大写） | 玖佰捌拾壹元玖角捌分 | （小写）¥981.98 |

| 销售方 | 名称：常州海通物流有限公司
纳税人识别号：91320411740988 9046
地址、电话：龙城大道23号 32876666
开户行及账号：建行新北支行 2100009886 | 备注 | 车种车号：卡车苏D8912R 起运地：常州
常进大道12号 到达地：常州新北区
河海东路45号 货物名称：A01
发票专用章（1） |

收款人：　　　复核：　　　开票人：丁丽萍　　　销售方：（章）

45-4

江苏增值税专用发票

NO.12673191

2320810065
12673191

开票日期：2019 年 12 月 02 日

购买方	名　　　称：常州东林股份有限公司 纳税人识别号：913204007633279092 地址、电话：河海东路45号 85499890 开户行及账号：建行新北区支行 2300098776	密码区	241766＜98/198533204＋＜64＜ ＋64＜－＞876＊98＜/8765/＞＋ 216＞2＞7/3－＋765112＜＞＋ 782－/54741－2＊/＊/1－－/＊	加密版本：01 2320810065 12673191

货物或应税劳务、服务名称	规格型号	单位	数量	单价	金　额	税率	税　额
＊运输服务＊运输费			1	900.90	900.90	9%	81.08
合　　计					￥900.90		￥81.08

价税合计（大写）　玖佰捌拾壹元玖角捌分　　　　　　　　　　（小写）￥981.98

销售方	名　　　称：常州海通物流有限公司 纳税人识别号：913204117409889046 地址、电话：龙城大道23号 32876666 开户行及账号：建行新北支行 2100009886	备注	车种车号：卡once苏D8912R 起运地：常州 常进大道12号 到达地：常州新北区 河海东路45号 货物名称：A01 (1)

收款人：　　　　　复核：　　　　　开票人：丁丽萍　　　　　销售方：（章）

45-5

收　料　单

供应单位：金坛林海股份有限公司　　　2019 年 12 月 3 日　　　　　　　　编号：20011

材料编号	名　称	单位	规格	数量		实际成本			
				应收	实收	单价	发票价格	运杂费	合计
0101001	A01	千克		2 000	2 000				

备注：

收料人：杨有兵　　　　　　　　　　　交料人：金峰

45-6

中国建设银行
转账支票存根
10502146
02387607

附加信息＿＿＿＿＿＿＿＿＿＿

出票日期 2019 年 12 月 3 日

收款人：	金坛林海股份有限公司
金　额：	¥ 271 200.00
用　途：	货款
备　注：	（2300098776）

单位主管　　　　　会计

【业务46】（共3张）

46-1

江苏增值税专用发票　NO. 09126761

3200038220
09126761

抵扣联

开票日期：2019 年 12 月 01 日

购买方	名　　称：常州东林股份有限公司 纳税人识别号：913204007633279092 地　址、电话：河海东路45号 85499890 开户行及账号：建行新北区支行 2300098776	密码区	431766＜98/198533205＋＜63＜ +64＜－＞876＊98＜/8765/＞ +216＞2＞1/2－+47563＜＞+ 782－/5432＜6＊-62＞＞＞-1	加密版本：01 3200038220 09126761

货物或应税劳务、服务名称	规格型号	单位	数量	单价	金　额	税率	税　额
＊金属制品＊B02		千克	600	200.00	120 000.00	13%	15 600.00
合　计					¥ 120 000.00		¥ 15 600.00

价税合计（大写）	壹拾叁万伍仟陆佰元整	（小写）¥ 135 600.00

销售方	名　　称：江苏光阳股份有限公司 纳税人识别号：91320300986544111G 地　址、电话：宾江路78号 65431187 开户行及账号：中行徐州分行 432265225522	备注	江苏光阳股份有限公司 91320300986544111G 发票专用章

收款人：　　　复核：　　　开票人：林小海　　　销售方：（章）

46-2

江苏增值税专用发票

NO.09126761

3200038220
09126761

开票日期：2019 年 12 月 01 日

购买方	名　　称：常州东林股份有限公司 纳税人识别号：91320400763329092 地址、电话：河海东路 45 号 85499890 开户行及账号：建行新北区支行 2300098776	密码区	431766＜98/198533205＋＜63＜　加密版本：01 ＋64＜－＞876＊98＜/8765/＞　3200038220 ＋216＞2＞1/2－＋47563＜＞＋　09126761 782－/5432＜6＊－62＞＞＞－1

货物或应税劳务、服务名称	规格型号	单位	数量	单价	金　额	税率	税　额
＊金属制品＊B02		千克	600	200.00	120 000.00	13%	15 600.00
合　计					￥120 000.00		￥15 600.00

价税合计（大写）	壹拾叁万伍仟陆佰元整	（小写）￥135 600.00

销售方	名　　称：江苏光阳股份有限公司 纳税人识别号：91320300986544111G 地址、电话：宾江路 78 号 65431187 开户行及账号：中行徐州分行 432265225522	备注	江苏光阳股份有限公司 91320300986544111G 发票专用章

收款人：　　　　复核：　　　　开票人：林小海　　　　销售方：（章）

46-3

收　料　单

供应单位：江苏光阳股份有限公司　　2019 年 12 月 3 日　　编号：20012

材料编号	名称	单位	规格	数量		实际成本			
				应收	实收	单价	发票价格	运杂费	合计
0101002	B02	千克		600	600				

备注：

收料人：杨有兵　　　　　　　　　　交料人：黄岗

【业务47】（共3张）

47-1

购买方	名　　称：常州东林股份有限公司 纳税人识别号：913204007633279092 地址、电话：河海东路45号 85499890 开户行及账号：建行新北区支行 2300098776	密码区	241766＜98/198533204＋＜63＜ ＋64＜－＞876＊98＜/8765/＞ ＋216＞2＞7/3－＋47561＜＞＋ 782－/5432＜4＊－6////－6	加密版本：01 3200412080 00528145

江苏增值税专用发票　NO.00528145　3200412080　00528145　开票日期：2019年12月01日

货物或应税劳务、服务名称	规格型号	单位	数量	单价	金额	税率	税额
＊非学历教育服务 ＊员工培训费			1	11 320.75	11 320.75	6%	679.25
合　　计					¥ 11 320.75		¥ 679.25

| 价税合计（大写） | 壹万贰仟元整 | （小写）¥ 12 000.00 |

| 销售方 | 名　　称：常州江海培训中心
纳税人识别号：913204082335800120
地址、电话：湤湖路3号 84519560
开户行及账号：农业银行常州分行 1208709132 | 备注 | |

收款人：　　复核：　　开票人：刘恒　　销售方：(章)

47-2

江苏增值税专用发票　NO.00528145　3200412080　00528145　开票日期：2019年12月01日

| 购买方 | 名　　称：常州东林股份有限公司
纳税人识别号：913204007633279092
地址、电话：河海东路45号 85499890
开户行及账号：建行新北区支行 2300098776 | 密码区 | 241766＜98/198533204＋＜63＜
＋64＜－＞876＊98＜/8765/＞
＋216＞2＞7/3－＋47561＜＞＋
782－/5432＜4＊－6////－6 | 加密版本：01
3200412080
00528145 |

货物或应税劳务、服务名称	规格型号	单位	数量	单价	金额	税率	税额
＊非学历教育服务 ＊员工培训费			1	11 320.75	11 320.75	6%	679.25
合　　计					¥ 11 320.75		¥ 679.25

| 价税合计（大写） | 壹万贰仟元整 | （小写）¥ 12 000.00 |

| 销售方 | 名　　称：常州江海培训中心
纳税人识别号：913204082335800120
地址、电话：湤湖路3号 84519560
开户行及账号：农业银行常州分行 1208709132 | 备注 | |

收款人：　　复核：　　开票人：刘恒　　销售方：(章)

47-3

中国建设银行
转账支票存根
10502146
02387608

附加信息_____
_____
_____

出票日期 2019 年 12 月 3 日

收款人：	常州江海培训中心
金　额：	￥12 000.00
用　途：	培训费
备　注：	（2300098776）

单位主管　　　　　　　会计

【业务48】（共2张）

48-1

　3200098220

江苏增值税专用发票　　NO.05231150　　3200098220
记账联　　　　　　　　　　　　　　　　　05231150
　　　　　　　　　　　开票日期：2019 年 12 月 03 日

购买方	名　称：常州金海岸物资有限公司 纳税人识别号：91320400763321125Y 地址、电话：中吴大道1号 8832229 开户行及账号：建行城南支行 98625622111	密码区	752766＜98/198533204＋＜63＜ 加密版本：01 ＋64＜-＞876＊98＜/8765/＞　3200098220 ＋216＞2＞7/3－＋47561＜＞＋　05231150 782－/5432＜3＊－62＊＊＊71

货物或应税劳务、服务名称	规格型号	单位	数量	单价	金额	税率	税额
*经营租赁*房屋租金		月	1	10 000.00	10 000.00	9%	900.00
合　计					￥10 000.00		￥900.00

价税合计（大写）	壹万零玖佰元整	（小写）￥10 900.00

销售方	名　称：常州东林股份有限公司 纳税人识别号：913204007633279092 地址、电话：河海东路45号 85499890 开户行及账号：建行新北区支行 2300098776	备注	

收款人：　　　复核：　　　开票人：黄林玉　　　销售方：（章）

48-2

中国建设银行　进账单（收款通知） 3

2019 年 12 月 3 日

出票人	全称	常州金海岸物资有限公司	收款人	全称	常州东林股份有限公司	此联是收款人开户银行交给收款人的收账通知
	账号	987541434311		账号	2300098776	
	开户银行	招行常州分行		开户银行	建行新北区支行	

金额	人民币（大写）	壹万零玖佰元整	亿 千 百 十 万 千 百 十 元 角 分 ¥ 1 0 9 0 0 0 0

票据种类	支票	票据张数	一张	
票据号码	转账 9856454110136723			中国建设银行股份有限公司常州新北区支行 2019.12.03 票据受理专用章 开户银行签章

复核	记账

【业务49】（共5张）

49-1

　北京增值税专用发票　NO. 03776761

抵扣联

1100098220
03776761

开票日期：2019 年 12 月 03 日

购买方	名　称：常州东林股份有限公司	密码区	981766<98/198531101+<63< 加密版本：01
	纳税人识别号：913204007633279092		+64<->876*98</8765/>
	地址、电话：河海东路45号 85499890		+216>2>7/3-+37562<>+ 1100098220
	开户行及账号：建行新北区支行 2300098776		782-/5432<4*-53>>>-8 03776761

货物或应税劳务、服务名称	规格型号	单位	数量	单价	金额	税率	税额
*其他机械设备*U		台	1	30 000.00	30 000.00	13%	3 900.00
合　计					¥30 000.00		¥3 900.00

价税合计（大写）	叁万叁仟玖佰元整	（小写）¥33 900.00

销售方	名　称：中华机械设备有限公司	备注	
	纳税人识别号：91110100062522247		中华机械设备有限公司
	地址、电话：洪武大街3982号 76544411		91110100062522247
	开户行及账号：交行北京市分行 97614544109		发票专用章

收款人：　　　　　复核：　　　　　开票人：丁亚妹　　　　　销售方：（章）

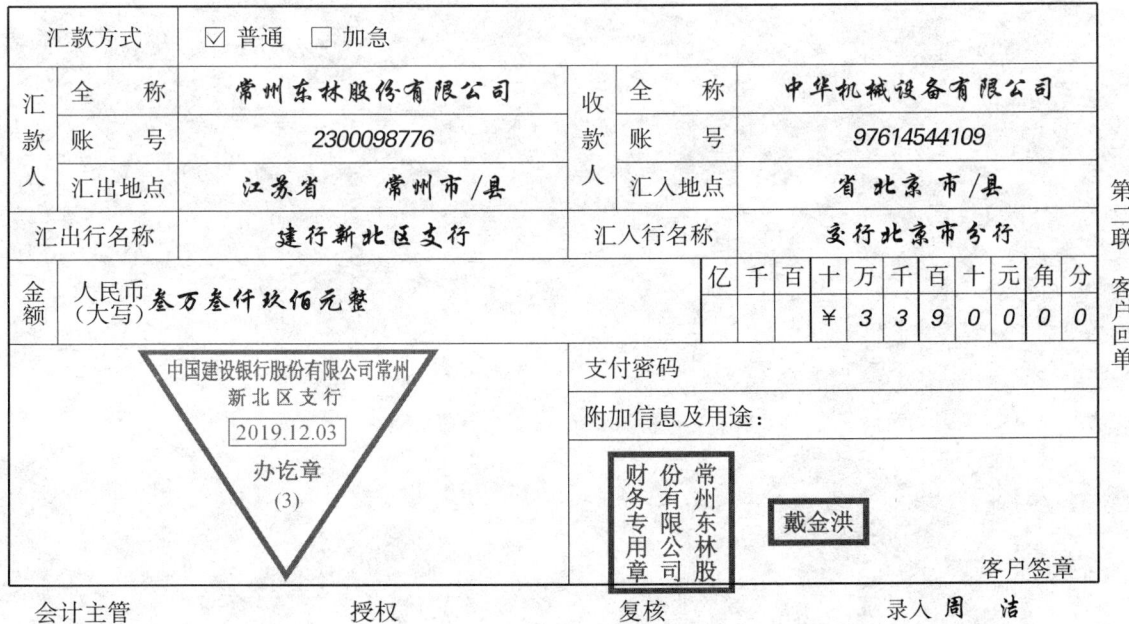

附录2　常州东林股份有限公司2019年12月份经济业务

49-4

待安装设备入库单

供应单位：中华机械设备有限公司　　　2019年12月3日　　　　　　编号：10029

设备编号	名称	规格	数量		实际成本			
			应收	实收	单价	总价	运杂费	合计
05001	设备U	（略）	1	1	30 000.00	30 000.00		30 000.00

备注：

收货人：王　平　　　　　　　　　　　　　　交货人：李海峰

49-5

待安装设备出库单

领用单位：一车间　　　　　　2019年12月3日　　　　　　编号：20043

设备编号	名称	规格	数量		实际成本
			请领	实发	
05001	设备U	（略）	1	1	30 000

备注：

领用人：陈　林　　　　　　　　　　　　　　设备管理员：王　平

【业务50】（共3张）

50-1

中国建设银行　业务收费凭证

币别：人民币　　　　　2019年12月03日　　　　　　流水号：043777

付款人：常州东林股份有限公司			账号：2300098776	
项目名称	工本费	手续费	转账汇款手续费	金额
电汇		10.60	0.53	11.13

金额（大写）壹拾壹元壹角叁分

付款方式：银行转账

中国建设银行股份有限公司常州新北区支行
2019.12.03
办讫章(3)

会计主管　　　授权　　　复核　　　录入　周　洁

50-2

江苏增值税专用发票 NO. 15156058
抵扣联 开票日期：2019 年 12 月 03 日

| 购买方 | 名称：常州东林股份有限公司
纳税人识别号：913204007633279092
地址、电话：河海东路45号 85499890
开户行及账号：建行新北区支行 2300098776 | 密码区 | 521766＜98/198533204＋＜64＜
＋64＜－＞876＊98＜/8765/＞＋
216＞2＞7/3－＋765112＜＞4316
＞54＞9＜＜00//－－＊8//＊ | 加密版本：01
3200098220
15156058 |

货物或应税劳务、服务名称	规格型号	单位	数量	单价	金额	税率	税额
＊金融服务＊直接收费金融服务		笔	1	10.50	10.50	6%	0.63
合　计					￥10.50		￥0.63

价税合计（大写）　壹拾壹元壹角叁分　　　　（小写）￥11.13

| 销售方 | 名称：中国建设银行股份有限公司常州市分行
纳税人识别号：913211028554830878
地址、电话：河海东路88号 32876666
开户行及账号：中国建设银行股份有限公司常州市营业部 321102785838021 | 备注 | |

收款人：　　复核：　　开票人：杨俊　　销售方：(章)

50-3

江苏增值税专用发票 NO. 15156058
发票联 开票日期：2019 年 12 月 03 日

| 购买方 | 名称：常州东林股份有限公司
纳税人识别号：913204007633279092
地址、电话：河海东路45号 85499890
开户行及账号：建行新北区支行 2300098776 | 密码区 | 521766＜98/198533204＋＜64＜
＋64＜－＞876＊98＜/8765/＞＋
216＞2＞7/3－＋765112＜＞4316
＞54＞9＜＜00//－－＊8//＊ | 加密版本：01
3200098220
15156058 |

货物或应税劳务、服务名称	规格型号	单位	数量	单价	金额	税率	税额
＊金融服务＊直接收费金融服务		笔	1	10.50	10.50	6%	0.63
合　计					￥10.50		￥0.63

价税合计（大写）　壹拾壹元壹角叁分　　　　（小写）￥11.13

| 销售方 | 名称：中国建设银行股份有限公司常州市分行
纳税人识别号：913211028554830878
地址、电话：河海东路88号 32876666
开户行及账号：中国建设银行股份有限公司常州市营业部 321102785838021 | 备注 | |

收款人：　　复核：　　开票人：杨俊　　销售方：(章)

【业务51】（共3张）

51-1

中 国 银 行
转账支票存根
23981654
05787301

附加信息＿＿＿＿＿＿＿＿＿＿＿＿＿
＿＿＿＿＿＿＿＿＿＿＿＿＿＿＿＿＿
＿＿＿＿＿＿＿＿＿＿＿＿＿＿＿＿＿

出票日期 2019 年 12 月 3 日

收款人：	常州东林股份有限公司
金　额：	¥ 200 000.00
用　途：	贷款转入基本户
备　注：	（2400040015）

单位主管　　　　　　会计

51-2

中国建设银行　进账单(回单) 1

2019 年 12 月 3 日

出票人	全称	常州东林股份有限公司	收款人	全称	常州东林股份有限公司	此联是开户银行交给持(出)人票的回单
	账号	2400040015		账号	2300098776	
	开户银行	中行新北区支行		开户银行	建行新北区支行	
金额	人民币(大写)	贰拾万元整	亿千百十万千百十元角分　¥ 2 0 0 0 0 0 0 0			
票据种类	支票	票据张数	一张	中国建设银行股份有限公司常州新北区支行　2019.12.03　办讫章　开户银行签章		
票据号码	转账 2398165405787301					
复核		记账				

51-3

中国建设银行　进账单（收款通知）3

2019 年 12 月 3 日

出票人	全称	常州东林股份有限公司	收款人	全称	常州东林股份有限公司
	账号	2400040015		账号	2300098776
	开户银行	中行新北区支行		开户银行	建行新北区支行

金额	人民币（大写）	贰拾万元整	亿 千 百 十 万 千 百 十 元 角 分
			￥ 2 0 0 0 0 0 0 0

票据种类	支票	票据张数	一张
票据号码	转账 2398165405787301		

中国建设银行股份有限公司常州新北区支行
2019.12.03
办讫章
开户银行签章

此联是收款人开户银行交给收款人的收账通知

复核　　　记账

【业务52】（共10张）

52-1

差旅费报销单

2019 年 12 月 3 日　　　　　　　　　　　附件：7 张

姓名	李一鑫,金明进,李进	工作部门	办公室	出差事由	公务活动					
日期		地点		车船费			深夜补贴	途中补贴	住勤费			旅馆费	公交费	金额合计
起	讫	起	讫	车次或船名	时间	金额			地区	天数	补贴			
1	2	常州	苏州			240.00	现金付讫		苏州	2	600.00	160.00		1000.00

报销金额（大写）　壹仁元整　　　　　　￥1000.00

补付金额：￥200.00　　　　　　退回金额：

领导批准 李长兵　 会计主管 周小清　 部门负责人 李 海　 审核 丁 力　 报销人 金明进

52-2

借 款 单

2019 年 12 月 1 日　　　　　　　　　　NO. 32013011

借款人：李一鑫	所属部门：办公室
借款用途：借差旅费	
借款数额：人民币（大写）捌佰元整　　　　￥800.00	
部门负责人审批：姚海波　2019 年 12 月 1 日	借款人（签章）：李一鑫　2019 年 12 月 1 日
财务部门审核：丁 力　2019 年 12 月 1 日	
单位负责人批示：同意借款	签字：李长兵　2019 年 12 月 1 日
核销记录：已于 12 月 3 日报销差旅费，补付 200.00 元，已结清	

第二联 结算联

52-3

3200153320　　**江苏增值税专用发票**　　NO. 20479810　　3200153320
　　　　　　　　　　抵 扣 联　　　　　　　　　　　　　20479810

开票日期：2019 年 12 月 02 日

购买方	名　　　称：常州东林股份有限公司	密码区	--4476<98/198533204+<63　加密版本：01 <+64<->876*33</8765/ >+216>2>7/3-+17561<> +782-/5432<4*-62<<5/9	3200153320 20479810
	纳税人识别号：913204007633279092			
	地址、电话：河海东路 45 号 85499890			
	开户行及账号：建行新北区支行 2300098776			

货物或应税劳务、服务名称	规格型号	单位	数量	单价	金　额	税率	税　额
*住宿服务*住宿费		天	1	150.94	150.94	6%	9.06
合　计					￥150.94		￥9.06
价税合计（大写）　壹佰陆拾元整					（小写）￥160.00		

销售方	名　　　称：速 8 连锁酒店有限公司	备注	（速 8 连锁酒店有限公司 发票专用章 911101026983334917）
	纳税人识别号：911101026983334917		
	地址、电话：中山西路 9 路 85795470		
	开户行及账号：建行苏州分行 4162212464111		

收款人：　　　复核：　　　开票人：马春　　　销售方：（章）

第二联 抵扣联 购买方扣税凭证

52-1-1

 3200153320

江苏增值税专用发票

NO. 20479810

3200153320
20479810

发票联

开票日期：2019 年 12 月 02 日

购买方	名　　称：常州东林股份有限公司 纳税人识别号：91320400763327909Q 地址、电话：河海东路45号 85499890 开户行及账号：建行新北区支行 2300098776	密码区	− − 4476＜98/198533204＋＜63 ＜＋64＜−＞876＊33＜/8765/ ＞＋216＞2＞7/3−＋17561＜＞ ＋782−/5432＜4＊−62＜＜5/9	加密版本：01 3200153320 20479810

货物或应税劳务、服务名称	规格型号	单位	数量	单价	金　额	税率	税　额
*住宿服务*住宿费		天	1	150.94	150.94	6%	9.06
合　计					¥ 150.94		¥ 9.06

价税合计（大写）　壹佰陆拾元整　　　　　　　　　（小写）¥ 160.00

销售方	名　　称：速8连锁酒店有限公司 纳税人识别号：911101026983334917 地址、电话：中山西路9路 85795470 开户行及账号：建行苏州分行 4162212464111	备注	速8连锁酒店有限公司 911101026983334917 发票专用章

收款人：　　　　复核：　　　　开票人：马春　　　　销售方：（章）

第三联 发票联 购买方记账凭证

52-1-2

R529120　　　　　检票：二层1号检票口

常州 站　　D3116 次　　苏州 站
Changzhou　　　　——→　　　Suzhou

2019 年 12 月 1 日 7:53 开　8 车 16C 号

¥ 40.0 元　　　网折　二等座

限乘当日当次车

3204111989＊＊＊＊0531　李一鑫

买票请到 12306 发货请到 95306
中国铁路祝您旅途愉快

238192102505R22189513　　常州售

52-1-3

```
R912000                检票：一层13号检票口
苏州 站      D5761 次    常州 站
Suzhou        ⟶         Changzhou
2019 年 12 月 2 日 13:00 开   10 车 09B 号
￥40.0 元      网折   二等座
限乘当日当次车
3204111989 **** 0531    李一鑫
    ┌─────────────────────────────┐
    │ 买票请到 12306 发货请到 95306 │
    │    中国铁路祝您旅途愉快        │
    └─────────────────────────────┘
238192102505R22189513    苏州售
```

52-1-4

```
R389574                检票：二层1号检票口
常州 站      D3116 次    苏州 站
Changzhou     ⟶         Suzhou
2019 年 12 月 1 日 7:53 开   8 车 16B 号
￥40.0 元      网折   二等座
限乘当日当次车
3204111976 **** 2800    金明进
    ┌─────────────────────────────┐
    │ 买票请到 12306 发货请到 95306 │
    │    中国铁路祝您旅途愉快        │
    └─────────────────────────────┘
238192102505R22189513    常州售
```

52-1-5

```
R511118                检票:一层13号检票口
苏州 站      D5761 次      常州 站
Suzhou      ⟶           Changzhou
2019 年 12 月 2 日 13:00 开   10 车 09C 号
￥40.0 元      网折   二等座
限乘当日当次车
3204111976 **** 2800   金明进
    ┌─────────────────────────────────┐
    │ 买票请到 12306 发货请到 95306    │
    │ 中国铁路祝您旅途愉快             │
    └─────────────────────────────────┘
238192102505R22189513      苏州售
```

52-1-6

```
R522074                检票:二层1号检票口
常州 站      D3116 次      苏州 站
Changzhou   ⟶           Suzhou
2019 年 12 月 1 日 7:53 开   8 车 16A 号
￥40.0 元      网折   二等座
限乘当日当次车
3204111980 **** 3179   李进
    ┌─────────────────────────────────┐
    │ 买票请到 12306 发货请到 95306    │
    │ 中国铁路祝您旅途愉快             │
    └─────────────────────────────────┘
238192102505R22189513      常州售
```

52-1-7

```
R512168                    检票：一层13号检票口
苏州 站    D5761 次    常州 站
Suzhou    ⟶            Changzhou
2019年12月2日13:00开  10车09A号
￥40.0元      网折   二等座
限乘当日当次车
3204111980****3179    李进

    买票请到12306 发货请到95306
       中国铁路祝您旅途愉快

238192102505R22189513       苏州售
```

12月6日

【业务53】（共4张）

53-1

江苏增值税专用发票

NO. 21998611

抵扣联

开票日期：2019年12月05日

| 购买方 | 名　称：常州东林股份有限公司
纳税人识别号：913204007633279092
地址、电话：河海东路45号 85499890
开户行及账号：建行新北区支行 2300098776 | 密码区 | 543766<98/198533204+<63< 加密版本：01
+64<->876*98</8765/>
+206>2>7/1-+47561<>+
782-/1232<4*-62>>>-8 |

货物或应税劳务、服务名称	规格型号	单位	数量	单价	金额	税率	税额
金属制品 B02		千克	800	200.00	160 000.00	13%	20 800.00
合　计					￥160 000.00		￥20 800.00

| 价税合计（大写） | 壹拾捌万零捌佰元整 | （小写）￥180 800.00 |

| 销售方 | 名　称：常州向阳股份有限公司
纳税人识别号：913204008765433316
地址、电话：春港镇小龙路23号 83314874
开户行及账号：农行春港镇支行 23776655422 | 备注 | （常州向阳股份有限公司
913204008765433316
发票专用章） |

收款人：　　　复核：　　　开票人：黄小波　　　销售方：（章）

53-2

 3200098220 江苏增值税专用发票 NO.21998611 3200098220
   21998611
开票日期：2019年12月05日

购买方	名　称：常州东林股份有限公司 纳税人识别号：913204007633279092 地　址、电　话：河海东路45号 85499890 开户行及账号：建行新北区支行 2300098776	密码区	543766＜98/198533204＋＜63＜ 加密版本：01 ＋64＜－＞876＊98＜/8765/＞　3200098220 ＋206＞2＞7/1－＋47561＜＞＋ 782－/1232＜4＊－62＞＞＞－8　21998611

货物或应税劳务、服务名称	规格型号	单位	数量	单价	金　额	税率	税　额
*金属制品*B02		千克	800	200.00	160 000.00	13%	20 800.00
合　计					¥160 000.00		¥20 800.00

价税合计(大写)	壹拾捌万零捌佰元整	(小写) ¥180 800.00

销售方	名　称：常州向阳股份有限公司 纳税人识别号：913204008765433316 地　址、电　话：春港镇小龙路23号 83314874 开户行及账号：农行春港镇支行 23776655422	备注	（常州向阳股份有限公司 913204008765433316 发票专用章）

收款人：　　　　　复核：　　　　　开票人：黄小波　　　　　销售方：(章)

53-3

中国建设银行
转账支票存根
10502146
02387609

附加信息＿＿＿＿＿＿＿＿＿＿＿＿

出票日期 2019年12月6日

收款人：	常州向阳股份有限公司
金　额：	¥180 800.00
用　途：	货款
备　注：	（2300098776）

单位主管　　　　　会计

53-4

收 料 单

供应单位：常州向阳股份有限公司　2019年12月6日　　　　　　编号：20013

材料编号	名称	单位	规格	数量		实际成本			
				应收	实收	单价	发票价格	运杂费	合计
0101002	B02	千克		800	800				

备注：

收料人：杨有兵　　　　　　　　　　　交料人：黄小青

第二联 记账联

【业务54】（共7张）

54-1

差旅费报销单

2019年12月6日　　　　　　　　　　　　　　　　　附件：3张

姓名	李微		工作部门	一车间		出差事由		公务活动			
日期		地点		车船费		深夜补贴	途中补贴	住勤费			旅馆费	公交费	金额合计
起	讫	起	讫	车次或船名	时间	金额			地区	天数	补贴			
3	5	常州	南京			120.00			苏州	3	300.00	280.00		700.00

报销金额（大写）：柒佰元整　　　　　　　　　￥700.00

补付金额：　　　　　　　　　　　退回金额：￥300.00

领导批准 李长兵　　会计主管 周小清　　部门负责人 黄洪涛　　审核 丁力　　报销人 李微

54-2

收款收据   No 0002046

日期：2019 年 12 月 6 日

交款单位 李微   收款方式 现金

人民币(大写) 叁佰元整   【现金收讫】   ￥300.00

收款事由 报销差旅费多余现金退回

2019 年 12 月 6 日

单位盖章   财会主管   记账   出纳 姚海洁   审核   经办

第二联 记账联

54-3

借款单

2019 年 11 月 30 日   NO 32013010

| 借款人：李微 | 所属部门：一车间 |

借款用途：差旅费

借款数额：人民币(大写) 壹仟元整   ￥1 000.00

部门负责人审批：黄洪涛 2019 年 11 月 30 日   借款人(签章)：李微 2019 年 11 月 30 日

财务部门审核：丁力 2019 年 11 月 30 日

单位负责人批示：同意借款   签字：李长兵 2019 年 11 月 30 日

核销记录：已于 12 月 6 日报销差旅费，退回 300 元，已结清

第二联 结算联

附录2　常州东林股份有限公司2019年12月份经济业务

54-4

江苏增值税专用发票 抵扣联

NO.90479100
3200153320
90479100
开票日期：2019年12月05日

第二联 抵扣联 购买方扣税凭证

| 购买方 | 名称：常州东林股份有限公司
纳税人识别号：913204007633279092
地址、电话：河海东路45号 85499890
开户行及账号：建行新北区支行 2300098776 | 密码区 | − − 4476＜98／198533204＋＜63
＜＋64＜−＞876＊33＜／8765／＞
＋216＞2＞7／3−＋17561＜＞−
−72−／5432＜4＊−62＜＜5／9 | 加密版本：01
3200153320
90479100 |

货物或应税劳务、服务名称	规格型号	单位	数量	单价	金额	税率	税额
＊住宿服务＊住宿费		天	2	132.075	264.15	6%	15.85
合计					¥264.15		¥15.85

价税合计（大写）　贰佰捌拾元整　　　　　　　　　（小写）¥280.00

| 销售方 | 名称：速8连锁酒店有限公司
纳税人识别号：911101026983334917
地址、电话：中山路9路 85795470
开户行及账号：建行南京分行 4162212464111 | 备注 | 速8连锁酒店有限公司
911101026983334917
发票专用章 |

收款人：　　　复核：　　　开票人：马春　　　销售方：（章）

54-1-1

江苏增值税专用发票 发票联

NO.90479100
3200153320
90479100
开票日期：2019年12月05日

第三联 发票联 购买方记账凭证

| 购买方 | 名称：常州东林股份有限公司
纳税人识别号：913204007633279092
地址、电话：河海东路45号 85499890
开户行及账号：建行新北区支行 2300098776 | 密码区 | 201766＜98／198533204＋＜63＜
＋64＜−＞876＊33＜／8765／＞
＋216＞2＞7／3−＋17561＜＞−
−72−／5432＜4＊−62＜＜5／9 | 加密版本：01
3200153320
90479100 |

货物或应税劳务、服务名称	规格型号	单位	数量	单价	金额	税率	税额
＊住宿服务＊住宿费		天	2	132.075	264.15	6%	15.85
合计					¥264.15		¥15.85

价税合计（大写）　贰佰捌拾元整　　　　　　　　　（小写）¥280.00

| 销售方 | 名称：速8连锁酒店有限公司
纳税人识别号：911101026983334917
地址、电话：中山路19号 85795470
开户行及账号：建行南京分行 4162212899630 | 备注 | 速8连锁酒店有限公司
911101026983334917
发票专用章 |

收款人：　　　复核：　　　开票人：田金　　　销售方：（章）

54-1-2

```
R829574                    检票：二层 3 号检票口
 常州 站      D1007 次       南京 站
 Changzhou    ⟶            Nanjing
 2019 年 12 月 3 日 9：00 开   9 车 28A 号
 ￥60.0 元     网折    二等座
 限乘当日当次车
 3204111988 ＊＊＊＊ 2811    李徽
    ┌─────────────────────────────────┐
    │   买票请到 12306 发货请到 95306    │
    │      中国铁路祝您旅途愉快          │
    └─────────────────────────────────┘
 238192102505R22189513         常州售
```

54-1-3

```
R812018                    检票：一层 7 号检票口
 南京 站      D5716 次       常州 站
 Nanjing      ⟶            Changzhou
 2019 年 12 月 5 日 14：00 开  10 车 09B 号
 ￥60.0 元     网折    二等座
 限乘当日当次车
 3204111988 ＊＊＊＊ 2811    李徽
    ┌─────────────────────────────────┐
    │   买票请到 12306 发货请到 95306    │
    │      中国铁路祝您旅途愉快          │
    └─────────────────────────────────┘
 238192102505R22684216         南京售
```

【业务55】(共1张)

55-1

固定资产处置申请单

2019 年 12 月 1 日

固定资产名称	设备K	单位	台	型号	（略）	数量	1
资产编号	0038	停用时间	2019.12	购建时间	2009 年 12 月	存放地点	一车间
已提折旧月数	119 月	原值	20 000.00	累计折旧		18 841.67	
有效使用年限	10 年	月折旧额	158.33	净值		1 158.33	

处置原因：使用期满

财务部门意见： 同意出售 周小清 2019 年 12 月 6 日	公司领导意见： 同意出售 李长兵 2019 年 12 月 6 日

编制人：李一　　　　　　　　　使用部门负责人：黄洪涛

【业务56】(共2张)

56-1

中国建设银行
转账支票存根
10502146
02387610

附加信息＿＿＿＿＿＿＿＿＿＿＿
　　　　　＿＿＿＿＿＿＿＿＿＿＿

出票日期 2019 年 12 月 6 日

收款人：常州搬运公司
金　额：¥400.00
用　途：处置固定资产K搬运费
备　注：（2300098776）

单位主管　　　　　　会计

56-2

狭小凭证衬托单

江苏省常州市国家税务局通用定额发票

发 票 联

发票代码：232060803742

发票号码：02278023

壹佰元整

913204012625208120
（加盖发票专用章）
（1）

常塑印 2019 年 10 月印 10 000 本　起讫号码 02675001-02925000

张数：4

金额：400.00

内容：固定资产 K 搬运费

报销人：李一

审批人：李长兵　2019.12.6

【业务 57】（共 2 张）

57-1

 3200087001

江苏增值税专用发票　NO. 23762213

记　账　联

3200087001
23762213

此联不作报销、扣税凭证使用

开票日期：2019 年 12 月 06 日

购买方	名　　称：常州二手设备调剂市场			密码区	752766＜98/198533204＋＜63＜ ＋64＜-＞876＊98＜/8765/＞ ＋216＞2＞7/3-＋47561＜＞＋ 782-/5432＜3＊-62＞＞＞7＋	加密版本：01 3200087001 23762213
	纳税人识别号：913204008765441107					
	地址、电话：中央大道 3298 号 88832221					
	开户行及账号：建行城南支行 98625622222					

货物或应税劳务、服务名称	规格型号	单位	数量	单价	金额	税率	税额
其他机械设备 K		台	1	2 040.00	2 040.00	13%	265.20
合　计					¥2 040.00		¥265.20

价税合计（大写）	贰仟叁佰零伍元贰角整　　　　　　（小写）¥2 305.20

销售方	名　　称：常州东林股份有限公司
	纳税人识别号：913204007633279092
	地址、电话：河海东路 45 号 85499890
	开户行及账号：建行新北区支行 2300098776

收款人：　　　　复核：　　　　开票人：黄林玉　　　　销售方：（章）

57-2

中国建设银行　进账单（收款通知）3

2019 年 12 月 6 日

出票人	全称	常州二手设备调剂市场	收款人	全称	常州东林股份有限公司
	账号	98625622222		账号	2300098776
	开户银行	建行城南支行		开户银行	建行新北区支行

金额	人民币（大写）　贰仟叁佰零伍元贰角整	亿 千 百 十 万 千 百 十 元 角 分 ¥ 2 3 0 5 2 0

票据种类	支票	票据张数	一张
票据号码	转账 1200028098765213		

中国建设银行股份有限公司常州新北区支行
2019.12.06
办讫章
(1)
开户银行签章

复核　　　记账

此联是收款人开户银行交给收款人的收账通知

【业务58】（共1张）

58-1

固定资产处置结果表

2019 年 12 月 6 日

固定资产名称	设备K	原价	20 000.00	已提折旧	19 000.00
净值	1 000.00	出售价格	2 040.00	清理费用	400.00
出售净损益	640.00				

财务部意见：	公司领导意见：
出售净损益按企业会计准则处理　　周小清　　2019 年 12 月 6 日	同意　　李长兵　　2019 年 12 月 6 日

【业务 59】（共 1 张）

59-1

江苏增值税电子普通发票

发票代码：851302096501
发票号码：98106214
开票日期：2019 年 12 月 06 日
校 验 码：54123 81701 02981 09798

机器代码：570998431093

购买方	名　　称：常州东林股份有限公司	密码区	987332＜98/198533204＋＜9810
	纳税人识别号：913204007633279092		63＜+64＜-＞876*98＜/21358301
	地址、电话：河海东路 45 号 85499890		129/＞+671＞2＞7/3-+47561＜＞4
	开户行及账号：建行新北区支行 2300098776		-+782-/821*/4/546＞＞＞+8092

货物或应税劳务、服务名称	规格型号	单位	数量	单价	金　额	税率	税　额
*餐饮服务*餐费		次	1	1 132.08	1 132.08	6%	67.92
合　计					￥1 132.08		￥67.92

价税合计（大写）	壹仟贰佰元整		（小写）￥1 200.00

现金付讫

销售方	名　　称：常州天为酒楼	备注	
	纳税人识别号：913204082331256810		
	地址、电话：和平南路 8 号 86650000		
	开户行及账号：建行兰陵分理处 23767661100		

收款人：　　　复核：　　　开票人：吴军　　　销售方：(章)

【业务 60】（共 4 张）

60-1

 3200098220

江苏增值税专用发票

NO.32776712
3200098220
32776712
开票日期：2019 年 12 月 06 日

购买方	名　　称：常州东林股份有限公司	密码区	987332＜98/198533204＋＜63＜	加密版本：01
	纳税人识别号：913204007633279092		+64＜-＞876*98＜/2135/＞	3200098220
	地址、电话：河海东路 45 号 85499890		+671＞2＞7/3-+47561＜＞+	
	开户行及账号：建行新北区支行 2300098776		782-/8213＜4*-62＞＞＞-8	32776712

货物或应税劳务、服务名称	规格型号	单位	数量	单价	金　额	税率	税　额
*纸制品*包装纸箱		只	400	15.00	6 000.00	13%	780.00
合　计					￥6 000.00		￥780.00

价税合计（大写）	陆仟柒佰捌拾元整		（小写）￥6 780.00

销售方	名　　称：东方包装材料有限公司	备注	东方包装材料有限公司
	纳税人识别号：91320400765411111S		91320400765411111S
	地址、电话：兰陵路 78 号 86659999		发票专用章
	开户行及账号：建行兰陵分理处 23767663309		

收款人：　　　复核：　　　开票人：杨小阳　　　销售方：(章)

60-2

江苏增值税专用发票

3200098220

NO. 32776712 3200098220
32776712

开票日期：2019 年 12 月 06 日

购买方	名　　称：常州东林股份有限公司 纳税人识别号：91320400763327909Z 地址、电话：河海东路45号 85499890 开户行及账号：建行新北区支行 2300098776	密码区	987332＜98/198533204+＜63＜ +64＜-＞876*98＜/2135/＞ +671＞2＞7/3-+47561＜＞+ 782-/8213＜4*-62＞＞＞-8	加密版本：01 3200098220 32776712

货物或应税劳务、服务名称	规格型号	单位	数量	单价	金　额	税率	税　额
包装箱		只	400	15.00	6 000.00	13%	780.00
合　计					￥6 000.00		￥780.00

价税合计（大写）	陆仟柒佰捌拾元整	（小写）￥6 780.00

销售方	名　　称：东方包装材料有限公司 纳税人识别号：91320400764541111S 地址、电话：兰陵路78号 86659999 开户行及账号：建行兰陵分理处 23767663309	备注	（东方包装材料有限公司 91320400764541111S 发票专用章）

收款人：　　　复核：　　　开票人：杨小阳　　　销售方：（章）

60-3

中国建设银行
转账支票存根
10502146
02387611

附加信息＿＿＿＿＿＿＿＿＿
＿＿＿＿＿＿＿＿＿
＿＿＿＿＿＿＿＿＿

出票日期 2019 年 12 月 6 日

收款人：东方包装材料有限公司
金　额：￥6 780.00
用　途：货款
备　注：（2300098776）

单位主管　　　　会计

60-4

收 料 单

供应单位：东方包装材料有限公司　　2019 年 12 月 6 日　　　　　　　　　　编号：20014

材料编号	名称	单位	规格	数量		实际成本			
				应收	实收	单价	发票价格	运杂费	合计
0301001	包装箱	只		400	400				
备 注：									

收料人：杨有兵　　　　　　　　　　　　　　　交料人：林俊杰

第二联　记账联

【业务61】（共1张）

61-1

收 料 单

供应单位：河南益阳股份有限公司　　2019 年 12 月 6 日　　　　　　　　　　编号：20015

材料编号	名称	单位	规格	数量		实际成本			
				应收	实收	单价	发票价格	运杂费	合计
0101001	A01	千克		625	625				
备 注：									

收料人：杨有兵　　　　　　　　　　　　　　　交料人：金小波

第二联　记账联

【业务62】（共5张）

62-1

 3200098220

江苏增值税专用发票　　NO.05231151

此联不作报销、抵扣凭证使用　　开票日期：2019年12月06日

购买方	名　　称：	河南远东设备有限公司			密码区	087111＜98/109823204＋＜63＜ ＋24＜－＞876＊98＜/8765/＞ ＋216＞2＞7/3－＋47561＜＞＋ 782－/1232＜4＊－62＞＞＞＋1	加密版本：01 3200098220 05231151
	纳税人识别号：	914101120730975510					
	地址、电话：	创新大道17号 43276222					
	开户行及账号：	工行河南分行 297622222211					

货物或应税劳务、服务名称	规格型号	单位	数量	单价	金　额	税率	税　额
*商用设备*乙		件	600	980.00	588 000.00	13%	76 440.00
合　　计					￥588 000.00		￥76 440.00

价税合计（大写）	陆拾陆万肆仟肆佰肆拾元整	（小写）￥664 440.00

销售方	名　　称：	常州东林股份有限公司	备注
	纳税人识别号：	913204007633279092	
	地址、电话：	河海东路45号 85499890	
	开户行及账号：	建行新北区支行 2300098776	

收款人：　　复核：　　开票人：黄林玉　　销售方：（章）

第一联　记账联　销售方记账凭证

62-2

中国建设银行　托收凭证（受理回单）

委托日期　2019年12月6日

业务类型	委托收款（□邮划　☑电划）　托收承付（□邮划　☑电划）														
付款人	全称	河南远东设备有限公司	收款人	全称	常州东林股份有限公司										
	账号	297622222211		账号	2300098776										
	地址	河南省 郑州市县	开户行	工行河南分行	地址	江苏省 常州市县	开户行	建行新北区支行							
金额	人民币（大写）	陆拾陆万陆仟伍佰零贰元壹角陆分			亿	千	百	十	万	千	百	十	元	角	分
						￥	6	6	6	5	0	2	1	6	
款项内容	货款	托收凭据名称	运单、发票	附寄单子张数	5张										
商品发运情况	已发	合同名称号码	45870034												
备注	款项收妥日期			2019.12.06 105304000432											
复核　　记账		年　月　日	收款人开户银行签章　2019年12月6日												

此联作收款开户银行给收款人的受理回单

62-3（此为复印件）

江苏增值税专用发票

2321291202
NO. 45363312
2321291202
45363312

发票联

开票日期：2019 年 12 月 06 日

购买方	名　　称：河南远东设备有限公司 纳税人识别号：914101120730975510 地址、电话：创新大道 17 号 43276222 开户行及账号：工行河南分行 297622222211	密码区	241766＜98/198533204＋＜64＜ 加密版本：01 ＋64＜－＞876＊98＜/8765/＞ 2321291202 ＋216＞2＞7/3－＋765112＜＞ 45363312 ＋782－/54741－2＊/＊/1－/94

货物或应税劳务、服务名称	规格型号	单位	数量	单价	金　　额	税率	税　额
＊运输服务＊运输费			1	1 891.89	1 891.89	9%	170.27
合　计					￥1 891.89		￥170.27

价税合计（大写）	贰仟零陆拾贰元壹角陆分	（小写）￥2 062.16

销售方	名　　称：常州海通物流有限公司 纳税人识别号：913204117409889046 地址、电话：龙城大道 23 号 32876666 开户行及账号：建行新北支行 2100009886	备注	车种车号：卡车苏D85A18 起运地：常州新北区河海东路 45 号 到达地：郑州创新大道 17 号 货物名称：乙 

收款人：　　　　复核：　　　　开票人：王丽　　　　销售方：（章）

62-4

中国建设银行
转账支票存根
10502146
02387612

附加信息＿＿＿＿＿＿＿＿＿＿＿＿＿＿＿＿
＿＿＿＿＿＿＿＿＿＿＿＿＿＿＿＿＿＿＿＿

出票日期 2019 年 12 月 6 日

收款人：	常州海通物流有限公司
金　　额：	￥2 062.16
用　　途：	运费
备　　注：	（2300098776）

单位主管　　　　会计

62-5（此为复印件）

产品销售合同

合同号：20191208

购货单位：<u>河南远东设备有限公司</u>（以下简称甲方）
供货单位：<u>常州东林股份有限公司</u>（以下简称乙方）

第一条　乙方向甲方提供乙共计 600 件，价款是 588 000.00 元，增值税为 76 440.00 元，价税合计是 664 440.00元。乙方代垫运费，采用托收承付结算方式。
第二条　交货日期：2019 年 12 月 3 日
第三条　验收标准
购买方收到商品 7 个工作日内提出质量异议，不包括运输过程中造成的质量问题。自收到商品之日起 60 天内可以提出退货，运费由甲方承担。
以下条款　略

甲方：（盖章）　　　　乙方：（盖章）

法定（授权代表）人：周小明　　　　　　法定授权代表人：李长兵
　　　2019.11.30　　　　　　　　　　　　　2019.11.30

【业务 63】（共 3 张）
63-1

江苏增值税专用发票

NO.00349023
3200138200
抵扣联

开票日期：2019 年 12 月 06 日

购买方	名　称：常州东林股份有限公司	密码区	751766＜98/198533205＋＜63＜ ＋74＜－＞876＊98＜/7813/＞＋ 216＞2＞7/3－＋12561＜＞＋782 －/5432＜4＊－－－＊＞＞09	加密版本：01 3200138200 00349023
	纳税人识别号：913204007633279092			
	地　址、电　话：河海东路45号 85499890			
	开户行及账号：建行新北区支行 2300098776			

货物或应税劳务、服务名称	规格型号	单位	数量	单价	金　额	税率	税　额
＊保险费服务＊财产险		年	1	20 000.00	20 000.00	6%	1 200.00
合　计					￥20 000.00		￥1 200.00

价税合计（大写）	贰万壹仟贰佰元整	（小写）￥21 200.00

销售方	名　称：中国人民财产保险股份有限公司常州市分公司	保险单号：PDAA2016820425765423 15 
	纳税人识别号：91320130098776111B	
	地　址、电　话：泰山路3号 82358122	
	开户行及账号：招行常州分行 767545459991	

收款人：　　　复核：　　　开票人：林华　　　销售方：（章）

63-2

江苏增值税专用发票

NO.00349023

3200138200
00349023

发票联

开票日期：2019 年 12 月 06 日

3200138200

购买方	名　　称： 常州东林股份有限公司 纳税人识别号： 913204007633279092 地址、电话： 河海东路45号 85499890 开户行及账号： 建行新北区支行 2300098776	密码区	751766＜98/198533205＋＜63＜ ＋74＜-＞876＊98＜/7813/＞＋ 216＞2＞7/3-＋12561＜＞＋782 -/5432＜4＊---＊＞＞09	加密版本：01 3200138200 00349023
货物或应税劳务、服务名称	规格型号	单位	数量	单价	金　额	税率	税　额
＊保险费服务＊财产险		年	1	20 000.00	20 000.00	6%	1 200.00
合　　计					￥20 000.00		￥1 200.00
价税合计（大写）	贰万壹仟贰佰元整				（小写）￥21 200.00		
销售方	名　　称： 中国人民财产保险股份有限 公司常州市分公司 纳税人识别号： 91320130098776111B 地址、电话： 泰山路3号 82358122 开户行及账号： 招行常州分行 767545459991	备注	保险单号：PDAA201632042376542315 （中国人民财产保险股份有限公司常州市分公司 91320130098776111B 发票专用章）

收款人：　　　　复核：　　　　开票人：林华　　　　销售方：（章）

63-3

中国建设银行
转账支票存根
10502146
02387613

附加信息＿＿＿＿＿＿＿＿＿＿＿＿＿＿＿
＿＿＿＿＿＿＿＿＿＿＿＿＿＿＿＿＿＿

出票日期 2019 年 12 月 6 日

收款人：	中国人民财产保险股份有限公司
金　额：	￥21 200.00
用　途：	2020 年度保险费
备　注：	（2300098776）

单位主管　　　　　　　　会计

【业务 64】（共 6 张）

64-1

江苏增值税专用发票

NO. 13771367

3200138210
13771367

抵扣联

开票日期：2019 年 11 月 30 日

| 购买方 | 名　　称：常州东林股份有限公司
纳税人识别号：913204007633279092
地　址、电　话：河海东路 45 号 85499890
开户行及账号：建行新北区支行 2300098776 | 密码区 | 751766＜98/198533205＋＜63＜　加密版本：01
＋74＜-＞876＊98＜/7813/＞
＋216＞2＞7/3-＋12561＜＞＋　　3200138210
782-/5432＜4＊-62＞＞＞09　　13771367 |

货物或应税劳务、服务名称	规格型号	单位	数量	单价	金额	税率	税额
*金属制品*C03		千克	2 400	100.00	240 000.00	13%	31 200.00
合　　计					¥240 000.00		¥31 200.00

| 价税合计（大写） | 贰拾柒万壹仟贰佰元整 | （小写）¥271 200.00 |

| 销售方 | 名　　称：苏州林峰股份有限公司
纳税人识别号：913205008616514418
地　址、电　话：莫干山路 763 号 23581722
开户行及账号：招行苏州分行 767545454411 | 备注 | （发票专用章） |

收款人：　　　复核：　　　开票人：丁平　　　销售方：（章）

64-2

江苏增值税专用发票

NO. 13771367

3200138210
13771367

发票联

开票日期：2019 年 11 月 30 日

| 购买方 | 名　　称：常州东林股份有限公司
纳税人识别号：913204007633279092
地　址、电　话：河海东路 45 号 85499890
开户行及账号：建行新北区支行 2300098776 | 密码区 | 751766＜98/198533205＋＜63＜　加密版本：01
＋74＜-＞876＊98＜/7813/＞
＋216＞2＞7/3-＋12561＜＞＋　　3200138210
782-/5432＜4＊-62＞＞＞09　　13771367 |

货物或应税劳务、服务名称	规格型号	单位	数量	单价	金额	税率	税额
*金属制品*C03		千克	2 400	100.00	240 000.00	13%	31 200.00
合　　计					¥240 000.00		¥31 200.00

| 价税合计（大写） | 贰拾柒万壹仟贰佰元整 | （小写）¥271 200.00 |

| 销售方 | 名　　称：苏州林峰股份有限公司
纳税人识别号：913205008616514418
地　址、电　话：莫干山路 763 号 23581722
开户行及账号：招行苏州分行 767545454411 | 备注 | （发票专用章） |

收款人：　　　复核：　　　开票人：丁平　　　销售方：（章）

64-3

 7211710293 江苏增值税专用发票 NO.00002722 7211710293
 抵扣联 开票日期：2019 年 12 月 05 日 00002722

购买方	名称：常州东林股份有限公司 纳税人识别号：913204007633279092 地址、电话：河海东路 45 号 85499890 开户行及账号：建行新北区支行 2300098776	密码区	991766＜98/198533204＋＜64＜ ＋64＜－＞876＊98＜/8765/＞＋ 216＞2＞7/3－＋765112＜＞＋ 782－/54741－256＞＞＞＞－－1	加密版本：01 7211710293 00002722

货物或应税劳务、服务名称	规格型号	单位	数量	单价	金额	税率	税额
＊运输服务＊运输费			1	1 081.08	1 081.08	9%	97.30
合　计					￥1 081.08		￥97.30

价税合计（大写）	壹仟壹佰柒拾捌元叁角捌分	（小写）￥1 178.38

销售方	名称：苏州 DHL 物流有限公司 纳税人识别号：913205007409850913 地址、电话：莫干山路 7 号 0512－66245716 开户行及账号：建行吴中区支行 2100001112	备注	车种车号：卡车苏E560T7 起运地：苏州 莫干山路 763 号 到达地：常州新北区 河海东路 45 号 货物名称：C03

收款人：　　　复核：　　　开票人：周小波　　　销售方：（章）

64-4

 7211710293 江苏增值税专用发票 NO.00002722 7211710293
 发票联 开票日期：2019 年 12 月 05 日 00002722

购买方	名称：常州东林股份有限公司 纳税人识别号：913204007633279092 地址、电话：河海东路 45 号 85499890 开户行及账号：建行新北区支行 2300098776	密码区	991766＜98/198533204＋＜64＜ ＋64＜－＞876＊98＜/8765/＞＋ 216＞2＞7/3－＋765112＜＞＋ 782－/54741－256＞＞＞＞－－1	加密版本：01 7211710293 00002722

货物或应税劳务、服务名称	规格型号	单位	数量	单价	金额	税率	税额
＊运输服务＊运输费			1	1 081.08	1 081.08	9%	97.30
合　计					￥1 081.08		￥97.30

价税合计（大写）	壹仟壹佰柒拾捌元叁角捌分	（小写）￥1 178.38

销售方	名称：苏州 DHL 物流有限公司 纳税人识别号：913205007409850913 地址、电话：莫干山路 7 号 0512－66245716 开户行及账号：建行吴中区支行 2100001112	备注	车种车号：卡车苏E560T7 起运地：苏州 莫干山路 763 号 到达地：常州新北区 河海东路 45 号 货物名称：C03

收款人：　　　复核：　　　开票人：周小波　　　销售方：（章）

64-5

中国建设银行 电汇凭证

币别：人民币　　2019年12月6日　　流水号：08656451

汇款方式	☑普通　□加急		
汇款人 全称	常州东林股份有限公司	收款人 全称	苏州林峰股份有限公司
账号	2300098776	账号	767545454411
汇出地点	江苏省 常州市/县	汇入地点	江苏省 苏州市/县
汇出行名称	建行新北区支行	汇入行名称	招行苏州分行

金额（大写）：人民币 贰拾柒万贰仟叁佰柒拾捌元叁角捌分　　¥272378.38

附加信息及用途：货款

（中国建设银行股份有限公司常州新北区支行 2019.12.06 办讫章(1)）

（常州东林股份有限公司财务专用章）　戴金洪

会计主管　　授权　　复核　　录入 周洁

第二联 客户回单

64-6（此为复印件）

收 料 单

供应单位：苏州林峰股份有限公司　　2019年11月30日　　编号：19050

材料编号	名称	单位	规格	数量 应收	数量 实收	实际成本 单价	实际成本 发票价格	实际成本 运杂费	实际成本 合计
0101003	C03	千克		2 400	2 400				

备注：

收料人：杨有兵　　交料人：丁吉弟

第二联 记账联

【业务65】（共3张）

65-1

中国建设银行　业务收费凭证

币别：人民币　　　　　2019 年 12 月 06 日　　　　　流水号：98779213

付款人：常州东林股份有限公司			账号：2300098776	
项目名称	工本费	手续费	转账汇款手续费	金　额
电汇		10.60	0.53	11.13

金额(大写) 壹拾壹元壹角叁分

付款方式　银行转账

会计主管　　　　授权　　　　复核　　　　录入 周 洁

65-2

收款人：　　　复核：　　　开票人：杨俊　　　销售方：(章)

附录2　常州东林股份有限公司2019年12月份经济业务

65-3

江苏增值税专用发票

NO. 15156230

发票联

开票日期：2019 年 12 月 06 日

购买方	名　称：常州东林股份有限公司 纳税人识别号：913204007633279092 地址、电话：河海东路45号　85499890 开户行及账号：建行新北区支行　2300098776	密码区	241766＜98/198533204＋＜64＜ ＋64＜－＞876＊98＜/8765/＞＋ 216＞2＞7/3－＋765112＜＞＋ 782－/5432＜1＋9163＞＊＊2－	加密版本：01 3200098220 15156230

货物或应税劳务、服务名称	规格型号	单位	数量	单价	金额	税率	税额
＊金融服务＊直接收费金融服务		笔	1	10.50	10.50	6%	0.63
合　计					￥10.50		￥0.63

价税合计（大写）	壹拾壹元壹角叁分	（小写）￥11.13

销售方	名　称：中国建设银行股份有限公司常州市分行 纳税人识别号：913211028554830878 地址、电话：河海东路88号　32876666 开户行及账号：中国建设银行股份有限公司常州市营业部　321102785838021	备注	（发票专用章）中国建设银行股份有限公司常州市分行 913211028554830878 (1)

收款人：　　　　复核：　　　　开票人：杨俊　　　　销售方：（章）

12月7日

【业务66】（共4张）

66-1

经理办公会议纪要

企业拟以不低于132 000元的价格将未到期的红光股份有限公司的债券全部出售。

参加人员：李长兵　周小清　王小婷　刘进　孙海明

2019年12月3日

66-2

交割单

营业部名：华泰证券有限责任公司
股东姓名：常州东林股份有限公司
资金账户：977633333
当前币种：人民币

成交日期	交易类别	证券名称	成交价格	成交数量	成交金额	结算价	实收佣金	印花税	应收金额
20191206	卖出	08 红光	100	1 000	132 000	132	307.82	132	131 560.18

66-3

3200098220

江苏增值税专用发票

NO. 15156231

3200098220
15156231

抵扣联

开票日期：2019 年 12 月 06 日

购买方	名　　称：常州东林股份有限公司 纳税人识别号：913204007633279092 地址、电话：河海东路45号 85499890 开户行及账号：建行新北区支行 2300098776	密码区	241766＜98/198533204＋＜64＜ 加密版本：01 ＋64＜－＞876＊98＜/8765/＞ ＋216＞2＞7/3－＋765112＜＞　3200098220 ＋782－/5432＜1＋916－81＊7　15156231

货物或应税劳务、服务名称	规格型号	单位	数量	单价	金　额	税率	税　额
*金融服务*直接收费金融服务		笔	1	290.40	290.40	6%	17.42
合　　计					¥ 290.40		¥ 17.42

价税合计（大写）	叁佰零柒元捌角贰分	（小写）¥ 307.82

销售方	名　　称：华泰证券有限责任公司 纳税人识别号：913211028554831235 地址、电话：河海东路1号 88876667 开户行及账号：建行新北支行 5135411234	备注	华泰证券有限责任公司 913211028554831235 发票专用章

收款人：　　　复核：　　　开票人：周兴　　　销售方：（章）

66-4

【业务67】（共1张）

67-1

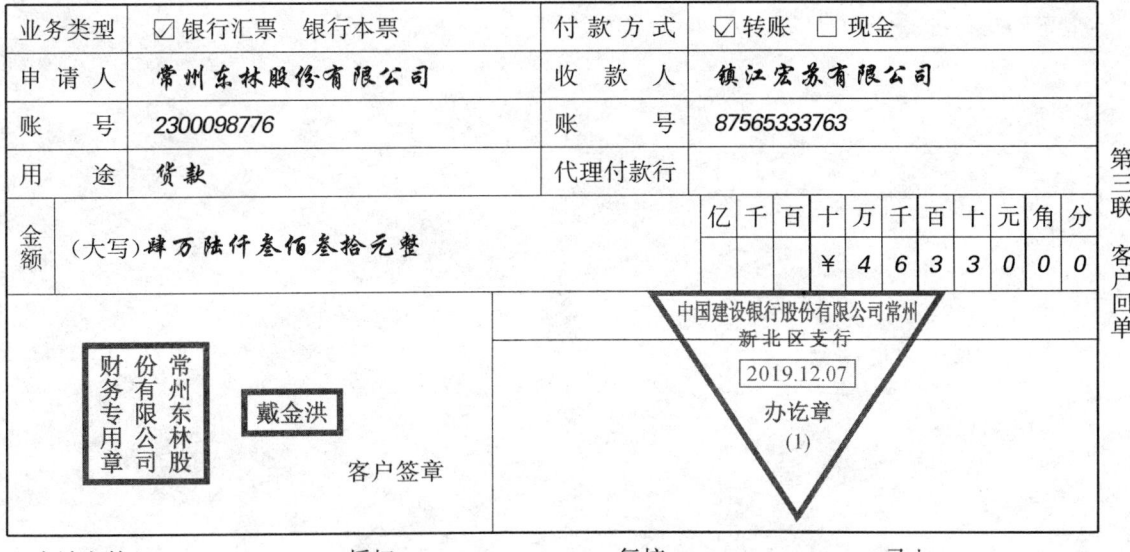

【业务68】（共4张）

68-1

江苏增值税专用发票
NO. 12776712

3200012220

抵扣联

开票日期：2019 年 12 月 07 日

| 购买方 | 名　称：常州东林股份有限公司
纳税人识别号：913204007633279092
地址、电话：河海东路45号 85499890
开户行及账号：建行新北区支行 2300098776 | 密码区 | 176624＜98/198533211＋＜63＜　加密版本：01
＋64＜－＞876＊98＜/3211/＞　3200012220
＋231＞2＞7/3－＋47561＜＞＋　12776712
782－/5432＜4＊－82＞＞＞－8 |

货物或应税劳务、服务名称	规格型号	单位	数量	单价	金额	税率	税额
金属制品 C03		千克	500	82.00	41 000.00	13%	5 330.00
合　计					¥41 000.00		¥5 330.00

| 价税合计（大写） | 肆万陆仟叁佰叁拾元整 | （小写）¥46 330.00 |

| 销售方 | 名　称：镇江宏苏有限公司
纳税人识别号：91321100876564422A
地址、电话：天宇路198号 54983633
开户行及账号：建行镇江分行 87565333763 | 备注 | （镇江宏苏有限公司 发票专用章 91321100876564422A） |

收款人：　　　复核：　　　开票人：周洁　　　销售方：（章）

68-2

江苏增值税专用发票
NO. 12776712

3200012220

发票联

开票日期：2019 年 12 月 07 日

| 购买方 | 名　称：常州东林股份有限公司
纳税人识别号：913204007633279092
地址、电话：河海东路45号 85499890
开户行及账号：建行新北区支行 2300098776 | 密码区 | 176624＜98/198533211＋＜63＜　加密版本：01
＋64＜－＞876＊98＜/3211/＞　3200012220
＋231＞2＞7/3－＋47561＜＞＋　12776712
782－/5432＜4＊－82＞＞＞－8 |

货物或应税劳务、服务名称	规格型号	单位	数量	单价	金额	税率	税额
金属制品 C03		千克	500	82.00	41 000.00	13%	5 330.00
合　计					¥41 000.00		¥5 330.00

| 价税合计（大写） | 肆万陆仟叁佰叁拾元整 | （小写）¥46 330.00 |

| 销售方 | 名　称：镇江宏苏有限公司
纳税人识别号：91321100876564422A
地址、电话：天宇路198号 54983633
开户行及账号：建行镇江分行 87565333763 | 备注 | （镇江宏苏有限公司 发票专用章 91321100876564422A） |

收款人：　　　复核：　　　开票人：周洁　　　销售方：（章）

68-3

收 料 单

供应单位：镇江宏苏有限公司　　2019年12月7日　　　　　　　　编号：20017

材料编号	名称	单位	规格	数量		实际成本			
				应收	实收	单价	发票价格	运杂费	合计
0101003	C03	千克		500	500				

备注：

收料人：杨有兵　　　　　　　　　　　　交料人：郁海林

第二联　记账联

68-4（此为复印件）

中国建设银行　2
银 行 汇 票

付款期限 壹个月

汇票号码 第034号

出票日期（大写）贰零壹玖年壹拾贰月零柒日　　2019年12月7日　　代理付款行：　　行号

收款人：镇江宏苏有限公司　　　　　　　　　　账号：87565333763

出票金额 人民币（大写）肆万陆仟叁佰叁拾元整

千	百	十	万	千	百	十	元	角	分
			¥	4	6	3	3	0	0

实际结算金额 人民币（大写）

千	百	十	万	千	百	十	元	角	分

账号或住址：2300098776

申请人：常州东林股份有限公司
出票行：建行新北区支行　行号：504
备注：
兑票付款 10543322201
出票行签章

多余金额

千	百	十	万	千	百	十	元	角	分

科目（借）_____
对方科目（贷）_____
付讫日期　年　月　日
复核　　　记账

此联代理付款行付款后作联行挂账借方凭证附件

【业务69】（共3张）

69-1

 3200098220

江苏增值税专用发票  NO.05231152   3200098220
05231152

此联不作报销、抵扣税凭证使用   开票日期：2019 年 12 月 07 日

购买方	名　　称	镇江海业股份有限公司			密码区	131766＋22/198533204＋＜63＜ ＋64＜－＞876＊98＜/8761/＞ ＋206＞1＞7/3－＋23061＜＞＋ 321－/5432＜4＊－62－＞＞－2	加密版本：01 3200098220 05231152
	纳税人识别号	91321100218722665M					
	地址、电话	山西路981号 34622633					
	开户行及账号	交行镇江分行 32763338733					

货物或应税劳务、服务名称	规格型号	单位	数量	单价	金　额	税率	税　额
＊商用设备＊甲		件	800	1 000.00	800 000.00	13%	104 000.00
＊纸制品＊包装纸箱		只	80	18.00	1 440.00	13%	187.20
合　　计					￥801 440.00		104 187.20

价税合计（大写）　玖拾万伍仟陆佰贰拾柒元贰角整　　　　（小写）￥905 627.20

销售方	名　　称	常州东林股份有限公司	备 注
	纳税人识别号	91320400763327909Q	
	地址、电话	河海东路45号 85499890	
	开户行及账号	建行新北区支行 2300098776	

收款人：　　　复核：　　　开票人：黄林玉　　　销售方：（章）

69-2

中国建设银行　进账单（收款通知）　3

2019 年 12 月 7 日

出票人	全　称	镇江海业股份有限公司	收款人	全　称	常州东林股份有限公司									
	账　号	32763338733		账　号	2300098776									
	开户银行	交行镇江分行		开户银行	建行新北区支行									
金额	人民币 （大写）	玖拾万伍仟陆佰贰拾柒元贰角整			亿	千	百	十万	千	百	十	元	角	分
						￥	9	0	5	6	2	7	2	0

票据种类	银行汇票	票据张数	一张	中国建设银行股份有限公司常州 新北区支行 2019.12.07 票据受理专用章 （收妥抵用）(1)
票据号码	6512896431092346			
复核　　　记账				开户银行签章

69-3（此为复印件）

产品销售合同

合同号：20191209

购货单位：镇江海业股份有限公司 （以下简称甲方）
供货单位：常州东林股份有限公司 （以下简称乙方）

第一条 乙方向甲方提供甲共计800件，价款是800 000.00元，增值税为104 000.00元，价税合计是904 000.00元。包装箱80只，计价款1 440.00，增值税187.20，价税合计1 627.20元。

第二条 交货日期：2019年12月7日

第三条 验收标准
购买方收到商品7个工作日内提出质量异议，不包括运输过程中造成的质量问题。自收到商品之日起60天内可以提出退货，运费由甲方承担。

以下条款 略

甲方：（盖章）　　　　　　　乙方：（盖章）

法定（授权）代表人：陈 虹　　　法定（授权）代表人：李长兵
　　　2019.11.30　　　　　　　　　　2019.11.30

【业务70】（共5张）

70-1

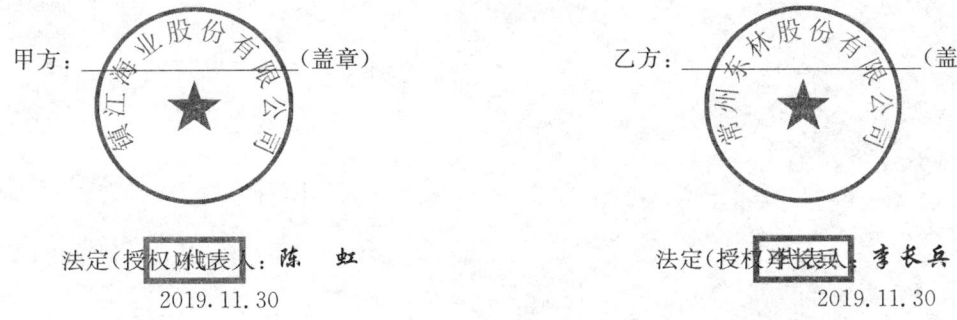

70-2

江苏增值税专用发票

NO.09776762

3200013220
09776762

发票联

开票日期：2019 年 12 月 06 日

购买方	名　　称	常州东林股份有限公司	密码区	321766＜98/198533213＋＜63＜ +64＜-＞876＊98＜/8765/＞ +216＞2＞7/3-＋47561＜＞＋ 782-/5432＜4＊-62＞＞＞09	加密版本：01 3200013220 09776762
	纳税人识别号	913204007633279092			
	地址、电话	河海东路45号 85499890			
	开户行及账号	建行新北区支行 2300098776			

货物或应税劳务、服务名称	规格型号	单位	数量	单价	金　额	税率	税　额
＊金属制品＊ C03		千克	2 000	82.00	164 000.00	13%	21 320.00
合　计					￥164 000.00		￥21 320.00

价税合计（大写）	壹拾捌万伍仟叁佰贰拾元整	（小写）￥185 320.00

销售方	名　　称	江苏景业有限公司	备注	 江苏景业有限公司 91321300546222221w 发票专用章
	纳税人识别号	91321300546222221w		
	地址、电话	创新大道872号 23984444		
	开户行及账号	交行宿迁分行 23876655333		

收款人：　　　　复核：　　　　开票人：苏阳　　　　销售方：（章）

70-3

收 料 单

供应单位：江苏景业有限公司　　　2019年12月7日　　　编号：20018

材料编号	名　称	单位	规格	数量		实际成本			
				应收	实收	单价	发票价格	运杂费	合计
0101003	C03	千克		2 000	2 000				
备注：									

收料人：杨有兵　　　　　　　　交料人：周宇清

70-4

江苏增值税专用发票
抵扣联

NO.72563600

开票日期:2019 年 12 月 06 日

购买方	名 称: 常州东林股份有限公司 纳税人识别号: 913204007633279092 地址、电话: 河海东路 45 号 85499890 开户行及账号: 建行新北区支行 2300098776	密码区	781-41412<<</541*-51<64 <+64<->876*98</8765/> +216>2>7/3-+765112<>+ 782-/5432<4*-62>>>-8	加密版本:01 3200007181 72563600
货物或应税劳务、服务名称	规格型号	单位	数量	单价	金额	税率	税额
*运输服务*运输费			1	2 702.70	2 702.70	9%	243.24
合 计					¥ 2 702.70		¥ 243.24
价税合计(大写)	贰仟玖佰肆拾伍元玖角肆分				(小写)¥ 2 945.94		
销售方	名 称: 宿迁 DHL 物流有限公司 纳税人识别号: 91321300740980121Z 地址、电话: 创新大道 2 号 88721123 开户行及账号: 建行宿迁支行 21841411116	备注	车种车号:卡 苏N8522T 起运地:宿迁创新大道872号 到达地:常州新北区河海东路45号 货物名称:C03	

收款人: 复核: 开票人:黄小波 销售方:(章)

70-5

江苏增值税专用发票
发票联

NO.72563600

开票日期:2019 年 12 月 06 日

购买方	名 称: 常州东林股份有限公司 纳税人识别号: 913204007633279092 地址、电话: 河海东路 45 号 85499890 开户行及账号: 建行新北区支行 2300098776	密码区	781-41412<<</541*-51<64 <+64<->876*98</8765/> +216>2>7/3-+765112<>+ 782-/5432<4*-62>>>-8	加密版本:01 3200007181 72563600
货物或应税劳务、服务名称	规格型号	单位	数量	单价	金额	税率	税额
*运输服务*运输费			1	2 702.70	2 702.70	9%	243.24
合 计					¥ 2 702.70		¥ 243.24
价税合计(大写)	贰仟玖佰肆拾伍元玖角肆分				(小写)¥ 2 945.94		
销售方	名 称: 宿迁 DHL 物流有限公司 纳税人识别号: 91321300740980121Z 地址、电话: 创新大道 2 号 88721123 开户行及账号: 建行宿迁支行 21841411116	备注	车种车号:卡 苏N8522T 起运地:宿迁创新大道872号 到达地:常州新北区河海东路45号 货物名称:C03	

收款人: 复核: 开票人:黄小波 销售方:(章)

【业务71】(共1张)

中国建设银行　进账单(收款通知) 3

2019 年 12 月 7 日

出票人	全　称	中国人民财产保险股份有限公司	收款人	全　称	常州东林股份有限公司
	账　号	987763372		账　号	2300098776
	开户银行	工行常州分行		开户银行	建行新北区支行

金额	人民币(大写)	壹拾贰万元整	亿	千	百	十	万	千	百	十	元	角	分
					¥	1	2	0	0	0	0	0	0

票据种类	支票	票据张数	一张
票据号码	3276426431092346		

中国建设银行股份有限公司常州新北区支行
2019.12.07
票据受理专用章
(收妥抵用)(1)

开户银行签章

复核　　　记账

此联是收款人开户银行交给收款人的收账通知

【业务72】(共1张)

72-1

中国建设银行客户专用回单

币别：人民币　　　2019 年 12 月 07 日　　　流水号：320620027J0500950809

付款人	全　称	博瑞克集团股份有限公司	收款人	全　称	常州东林股份有限公司
	账　号	2315411431		账　号	2300098776
	开户行			开户行	建行新北区支行

金　额	(大写)人民币壹拾肆万零肆佰元整	(小写)¥140 400.00
凭证种类	电汇凭证	凭证号码
结算方式	电子汇划汇入	用　途　转账存入

汇划日期：20191207　汇划款项编号：00202762
报文顺序号：56863109　汇出行行号：108765615309
汇出行行名：招行南京分行
业务类型：0060　原凭证金额 0.00
原凭证种类：0703　原凭证号码
附言：

打印柜员：320628736AJ1
打印机构：新北区支行
打印卡号：9553301260105394

中国建设银行
电子回单
专用章

(贷方回单)

打印时间：2019-12-07　　　交易柜员：B01B01000001　　　交易机构：320620027

【业务73】（共3张）

73-1

3200098221		江苏增值税专用发票			NO.01456761	3200098221 01456761	
		抵扣联			开票日期：2019年12月07日		

购买方	名　　称：常州东林股份有限公司 纳税人识别号：9132040076332790092 地址、电话：河海东路45号 85499890 开户行及账号：建行新北区支行 2300098776	密码区	241766＜98/198533204＋＜63＜ ＋64＜－＞876＊98＞/8765/＞ ＋216＞2＞7/3－＋47561＜＞＋ 782－/5432＜4＊－62＞－＞－8	加密版本：01 3200098221 01456761

货物或应税劳务、服务名称	规格型号	单位	数量	单价	金额	税率	税额
金属制品 B02		千克	450	200.00	90 000.00	13%	11 700.00
合　　计					￥90 000.00		￥11 700.00

价税合计（大写）	壹拾万壹仟柒佰元整	（小写）￥101 700.00

销售方	名　　称：江苏江陵股份有限公司 纳税人识别号：91320400541143111C 地址、电话：兰陵路782号 866533381 开户行及账号：建行兰陵分理处 32909118111	备注	（江苏江陵股份有限公司 91320400541143111C 发票专用章）

收款人：　　　复核：　　　开票人：江可　　　销售方：（章）

73-2

3200098221		江苏增值税专用发票			NO.01456761	3200098221 01456761	
		发票联			开票日期：2019年12月07日		

购买方	名　　称：常州东林股份有限公司 纳税人识别号：9132040076332790092 地址、电话：河海东路45号 85499890 开户行及账号：建行新北区支行 2300098776	密码区	241766＜98/198533204＋＜63＜ ＋64＜－＞876＊98＞/8765/＞ ＋216＞2＞7/3－＋47561＜＞＋ 782－/5432＜4＊－62＞－＞－8	加密版本：01 3200098221 01456761

货物或应税劳务、服务名称	规格型号	单位	数量	单价	金额	税率	税额
金属制品 B02		千克	450	200.00	90 000.00	13%	11 700.00
合　　计					￥90 000.00		￥11 700.00

价税合计（大写）	壹拾万壹仟柒佰元整	（小写）￥101 700.00

销售方	名　　称：江苏江陵股份有限公司 纳税人识别号：91320400541143111C 地址、电话：兰陵路782号 866533381 开户行及账号：建行兰陵分理处 32909118111	备注	（江苏江陵股份有限公司 91320400541143111C 发票专用章）

收款人：　　　复核：　　　开票人：江可　　　销售方：（章）

73-3

收 料 单

供应单位：江苏江陵股份有限公司　2019 年 12 月 7 日　　　编号：20019

材料编号	名称	单位	规格	数量		实际成本			
				应收	实收	单价	发票价格	运杂费	合计
0101002	B02	千克		450	450				

备注：

收料人：杨有兵　　　　　　　　　交料人：吴小芙

第二联　记账联

12 月 8 日

【业务 74】（共 2 张）

74-1

3200098220　　江苏增值税专用发票　　NO. 05231153　　3200098220
　　　　　　　此联不作报销、扣款凭证使用　　　　　　　05231153
　　　　　　　　　　　　　　　　　　　　开票日期：2019 年 12 月 08 日

购买方	名　　称：常州紫冠股份有限公司	密码区	121766＜98/198533204＋＜63＜ 加密版本：01
	纳税人识别号：91320400043132112D		＋64＜－＞876＊98＜/8765/＞ 3200098220
	地址、电话：定安路78号 86626333		＋216＞2＞7/3－＋34562－＋＋
	开户行及账号：工行湖塘支行 98675655112		022－/5432＜5＊-62＞＞＞-8 05231153

货物或应税劳务、服务名称	规格型号	单位	数量	单价	金额	税率	税额
金属制品 C03		千克	100	120.00	12 000.00	13%	1 560.00
合　　计					¥ 12 000.00		¥ 1 560.00

价税合计（大写）　壹万叁仟伍佰陆拾元整　　　　　　　（小写）¥ 13 560.00

销售方	名　　称：常州东林股份有限公司	备注	
	纳税人识别号：913204007633279092		
	地址、电话：河海东路45号 85499890		
	开户行及账号：建行新北区支行 2300098776		

收款人：　　　　　复核：　　　　　开票人：黄林玉　　　　　销售方：（章）

第一联　记账联　销售方记账凭证

附录2　常州东林股份有限公司2019年12月份经济业务

74-2（此为复印件）

中国建设银行　转账支票（苏）　EF/02　03687426

出票日期(大写)：贰零壹玖年壹拾贰月零捌日　　付款行名称：工行湖塘支行
收款人：常州东林股份有限公司　　　　　　　　出票人账号：98675655112

人民币（大写）：壹万叁仟伍佰陆拾元整　　¥ 13560 00

用途：货款

（财务专用章：常州紫冠股份有限公司）　（井五平）

3232541141514541

上列款项请从
我账户内支付

出票人签章　　　　　复核　　　　　记账

【业务75】（共3张）

75-1

中国建设银行
转账支票存根
10502146
02387614

附加信息_____

出票日期 2019 年 12 月 8 日

收款人：	常州凯达酒店有限公司
金　额：	¥ 13 250.00
用　途：	董事会会务费
备　注：	(2300098776)

单位主管　　　　　会计

附加信息：	被背书人：东虹股份有限公司
	[财务专用章 常州东林股份有限公司] [戴金洪]
	背书人签章： 2019 年 12 月 8 日

75-2

江苏增值税专用发票

3200413001　　NO.00528154　3200413001
00528154

抵扣联　　开票日期：2019年12月08日

购买方	名　称：常州东林股份有限公司 纳税人识别号：913204007633279092 地址、电话：河海东路45号 85499890 开户行及账号：建行新北区支行 2300098776	密码区	241766＜98/198533204＋＜63＜ ＋64＜－＞876＊98＜/8765/＞ ＋216＞2＞7/3－＋47561＜＞＋ 782－/5432＜4＊－62＞＞＞－8	加密版本：01 3200413001 00528154

货物或应税劳务、服务名称	规格型号	单位	数量	单价	金额	税率	税额
*会展服务*会务费		次	1	12 500.00	12 500.00	6%	750.00
合　计					¥ 12 500.00		¥ 750.00

价税合计（大写）：壹万叁仟贰佰伍拾元整　　（小写）¥ 13 250.00

销售方	名　称：常州凯达酒店有限公司 纳税人识别号：913204007633212034 地址、电话：和平南路9号 82124788 开户行及账号：首都银行常州分行 81654289011	备注	常州凯达酒店有限公司 913204007633212034 发票专用章

收款人：　　复核：　　开票人：周军　　销售方：（章）

第二联 抵扣联 购买方扣税凭证

75-3

江苏增值税专用发票

3200413001　　NO.00528154　3200413001
00528154

发票联　　开票日期：2019年12月08日

购买方	名　称：常州东林股份有限公司 纳税人识别号：913204007633279092 地址、电话：河海东路45号 85499890 开户行及账号：建行新北区支行 2300098776	密码区	241766＜98/198533204＋＜63＜ ＋64＜－＞876＊98＜/8765/＞ ＋216＞2＞7/3－＋47561＜＞＋ 782－/5432＜4＊－62＞＞＞－8	加密版本：01 3200413001 00528154

货物或应税劳务、服务名称	规格型号	单位	数量	单价	金额	税率	税额
*会展服务*会务费		次	1	12 500.00	12 500.00	6%	750.00
合　计					¥ 12 500.00		¥ 750.00

价税合计（大写）：壹万叁仟贰佰伍拾元整　　（小写）¥ 13 250.00

销售方	名　称：常州凯达酒店有限公司 纳税人识别号：913204007633212034 地址、电话：和平南路9号 82124788 开户行及账号：首都银行常州分行 81654289011	备注	常州凯达酒店有限公司 913204007633212034 发票专用章

收款人：　　复核：　　开票人：周军　　销售方：（章）

第三联 发票联 购买方记账凭证

【业务76】（共3张）

76-1

江苏增值税专用发票

3200098220　　NO.05231154　　3200098220　　05231154

此联不作报销、扣税凭证使用　　开票日期：2019年12月08日

购买方	名　　称：北京机械有限公司 纳税人识别号：91110100644542221F 地址、电话：汉中门123号 86673673 开户行及账号：工行北京分行 10987876511	密码区	781761＜98/198533204＋＜63＜　加密版本：01 ＋64＞->876＊98＜/8765/＞　3200098220 ＋216＞2＞7/3－＋09811＜＞＋　05231154 052－/5432＜4＊-82＞＞＞-8

货物或应税劳务、服务名称	规格型号	单位	数量	单价	金　额	税率	税　额
*商用设备*乙		件	120	980.00	117 600.00	13%	15 288.00
合　计					￥117 600.00		￥15 288.00

价税合计（大写）　壹拾叁万贰仟捌佰捌拾捌元整　　（小写）￥132 888.00

销售方	名　　称：常州东林股份有限公司 纳税人识别号：913204007633279092 地址、电话：河海东路45号 85499890 开户行及账号：建行新北区支行 2300098776	备注	

收款人：　　　复核：　　　开票人：黄林玉　　　销售方：（章）

第一联 记账联 销售方记账凭证

76-2

中国建设银行客户专用回单

币别：人民币　　2019年12月08日　　流水号：320620027J0500950809

付款人	全　称	北京机械有限公司	收款人	全　称	常州东林股份有限公司
	账　号	10987876511		账　号	2300098776
	开户行			开户行	建行新北区支行

金　额	（大写）人民币 壹拾叁万贰仟捌佰捌拾捌元整	（小写）￥132 888.00
凭证种类	电汇凭证	凭证号码
结算方式	电子汇划汇入	用　途　转账存入

汇划日期：20191208　　汇划款项编号：00202762　　打印柜员：320628736AJ1
报文顺序号：56863109　　汇出行行号：101315615309　　打印机构：新北区支行
汇出行行名：工行北京分行　　打印卡号：9553301260105394
业务类型：0060　原凭证金额 0.00
原凭证种类：0703　原凭证号码
附言：

打印时间：2019-12-08　　交易柜员：B01B01000001　　交易机构：320620027

（贷方回单）

76-3（此为复印件）

产品销售合同

合同号：20191210

购货单位：北京机械有限公司（以下简称甲方）
供货单位：常州东林股份有限公司（以下简称乙方）

第一条　乙方向甲方提供乙共计 120 件，价款是 117 600.00 元，增值税为 15 288.00 元，价税合计是 132 888.00 元。

第二条　交货日期：2019 年 12 月 8 日

第三条　验收标准

购买方收到商品 7 个工作日内提出质量异议，不包括运输过程中造成的质量问题。自收到商品之日起 60 天内可以提出退货，运费由甲方承担。

以下条款　略

甲方：（盖章）　　　乙方：（盖章）

法定（授权代表）人：张明明　　　　法定（授权代表）人：李长兵
　　　2019.12.2　　　　　　　　　　　　　2019.12.2

【业务77】（共1张）

77-1

| 江苏增值税普通发票 | NO.00538159 |

3200098220　　开票日期：2019 年 12 月 06 日

购买方	名称：常州东林股份有限公司	密码区	987332<98/198533204+<63<　加密版本：01 +64<->876*98</2135/> +671>2>7/3-+47561<>+ 782-/821*/4/546>>>+8
	纳税人识别号：913204007633279092		
	地址、电话：河海东路45号 85499890		
	开户行及账号：建行新北区支行 2300098776		

货物或应税劳务、服务名称	规格型号	单位	数量	单价	金额	税率	税额
*餐饮服务*餐费		次	1	943.40	943.40	6%	56.60
合计					¥943.40		¥56.60

价税合计（大写）　壹仟元整　　（小写）¥1 000.00

销售方	名称：常州天为酒楼	备注	
	纳税人识别号：913204082331256810		
	地址、电话：和平南路8号 86650000		
	开户行及账号：建行兰陵分理处 23767661100		

收款人：　　　复核：　　　开票人：吴军　　　销售方：（章）

【业务78】（共1张）

78-1

中国建设银行 进账单（收款通知） 3

2019 年 12 月 8 日

出票人	全称	江苏科厅有限公司	收款人	全称	常州东林股份有限公司	此联是收款人开户银行交给收款人的收账通知
	账号	09675561111		账号	2300098776	
	开户银行	建行城南办事处		开户银行	建行新北区支行	

金额	人民币（大写）	捌万元整	亿 千 百 十 万 千 百 十 元 角 分 ¥ 8 0 0 0 0 0 0

票据种类	支票	票据张数	一张
票据号码	转账 3415678917066533		

中国建设银行股份有限公司常州新北区支行
2019.12.08
办讫章
(1)
开户银行签章

复核　　　　记账

【业务79】（共3张）

79-1

中国建设银行
转账支票存根
10502146
02387615

附加信息＿＿＿＿＿＿＿＿＿
＿＿＿＿＿＿＿＿＿＿＿＿＿
＿＿＿＿＿＿＿＿＿＿＿＿＿

出票日期 2019 年 12 月 8 日

收款人：	常州海黄股份有限公司
金　额：	￥ 100 000.00
用　途：	股权收购款
备　注：	（2300098776）

单位主管　　　　　　会计

股权转让协议

转让方：常州海黄股份有限公司
受让方：常州东林股份有限公司

一、根据《中华人民共和国公司法》第七十二条的规定，并经公司股东会会议决议，股东常州海黄股份有限公司同意将其在常州江淮有限责任公司 25％ 的股权以人民币 100 000.00 元转让给受让方常州东林股份有限公司。

二、依照本协议转让的股权于 2019 年 12 月 8 日实施，即受让方开出转账支票将股权收购款支付给转让方。

三、转让方自本协议规定的股权转让之日起，不再享受任何股东权利，同时也不对江淮公司承担任何责任。

四、受让方自本协议规定的股权转让之日起，应当依法以其受让的股权为限，享受股东权利，同时也承担股东责任。

五、如有一方违反本协议的，应协商解决；协商不成时，另一方有权向有管辖权的人民法院依法起诉。

六、本协议经双方当事人签名、盖章后生效。

转让方(签字、盖章)：  陈小红

受让方(签字、盖章)：  李长兵

法定(授权)代表人 陈小红

法定(授权)代表人 李长兵

本协议签订日期：2019 年 12 月 5 日

79-3

常州海黄股份有限公司股权转让
所涉及的常州江淮有限责任公司
股东全部权益价值评估报告书

苏红资评报字(2019)第 1021 号

摘　要

常州海黄股份有限公司：

江苏红阳资产评估有限公司接受常州海黄股份有限公司的委托,就常州海黄股份有限公司拟进行转让其持有常州江淮有限责任公司的股权之经济行为,对常州江淮有限责任公司股东全部权益在评估基准日的市场价值进行了评估。

1. 评估目的:确定常州江淮有限责任公司股东全部权益的市场价值,为委托方拟进行股权转让提供价值参考意见。

2. 评估对象与评估范围:评估对象为常州江淮有限责任公司股东全部权益价值,评估范围为常州江淮有限责任公司申报的全部资产及负债。

3. 评估基准日:2019 年 11 月 30 日。

4. 评估方法与价值标准:本次评估遵照中国有关资产评估的法令、法规,遵循独立、客观、科学的工作原则和持续经营原则、替代性原则、公开市场原则等有关经济原则,依据委估资产的实际状况、现行市场价格标准,以资产的持续使用和公开市场为前提,采用资产基础法进行评估,评估的价值类型为市场价值。

5. 评估结论:本公司评估人员对纳入评估范围的全部资产和负债进行了必要的勘察核实,对企业经营、财务、规划等方面进行了必要的尽职调查,对委托方和被评估企业提供的法律性文件、财务记录等相关资料进行了必要的核实、查证、估算、分析和调整等必要的评估程序,委估股东全部权益的评估结论如下:

在评估基准日 2019 年 11 月 30 日企业持续经营前提下,常州江淮有限责任公司公司申报的总资产 571.72 万元,总负债 523.31 万元,股东全部权益为 48.41 万元。

采用资产基础法评估后的总资产 573.31 万元,总负债 523.31 万元,股东全部权益为 50.00 万元,股东全部权益增值 1.59 万元,增值率 3.28%。

6. 按现行规定,本评估报告的有效期为一年,即自 2019 年 11 月 30 日至 2020 年 11 月 29 日止。超过一年,需重新进行资产评估。

以上内容摘自资产评估报告书,欲了解本评估项目的全面情况,请认真阅读资产评估报告书全文,同时请报告使用者关注评估报告正文中的评估报告使用限制说明。

评估机构法定代表人 林平 320013

中国注册资产评估师 欧阳明 320024　周备红 320035

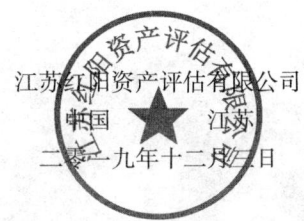

江苏红阳资产评估有限公司

二零一九年十二月

12月9日

【业务80】（共1张）

80-1

中国建设银行客户专用回单

币别：人民币　　　2019年12月08日　　　流水号：320620027J0500951501

付款人	全称	河南远东设备有限公司	收款人	全称	常州东林股份有限公司
	账号	297622222211		账号	2300098776
	开户行			开户行	建行新北区支行
金额		（大写）人民币陆拾陆万陆仟伍佰零贰元壹角陆分		（小写）¥666 502.16	
凭证种类		电汇凭证	凭证号码		
结算方式		电子汇划汇入	用途		转账存入

汇划日期：20191208　　汇划款项编号：00202762　　打印柜员：320628736AJ1
报文顺序号：56863109　　汇出行行号：105415615309　　打印机构：新北区支行
汇出行行名：工行河南分行　　　　　　　　　　　　　　打印卡号：9553301260105394
业务类型：0060 原凭证金额 0.00
原凭证种类：0703 原凭证号码
附言：

打印时间：2019-12-08　　交易柜员：B01B01000001　　交易机构：320620027

（贷方回单）

【业务81】（共3张）

81-1

2598906112

江苏增值税专用发票

NO.82000981

抵扣联

开票日期：2019年12月09日

购买方	名称：常州东林股份有限公司 纳税人识别号：913204007633279092 地址、电话：河海东路45号 85499890 开户行及账号：建行新北区支行 2300098776	密码区	241766<98/198533204+<63< +64<->876*98</8765/> +216>2>7/3-+47561<>+ 782-/5432<4*-62>>>-8	加密版本：01 2598906112 82000981

货物或应税劳务、服务名称	规格型号	单位	数量	单价	金额	税率	税额
*无形资产*专利技术J转让		次	1	188 679.25	188 679.25	6%	11 320.75
合计					¥188 679.25		¥11 320.75

价税合计（大写）：贰拾万元整　　　　（小写）¥200 000.00

销售方	名称：苏州技术开发有限公司 纳税人识别号：91320500433317909L 地址、电话：吴江和平路3号 76091265 开户行及账号：建行苏州分行 877661091	备注	（苏州技术开发有限公司 发票专用章 91320500433317909L）

收款人：　　复核：　　开票人：张琴　　销售方：（章）

第二联 抵扣联 购买方扣税凭证

附录2 常州东林股份有限公司2019年12月份经济业务

81-2

81-3

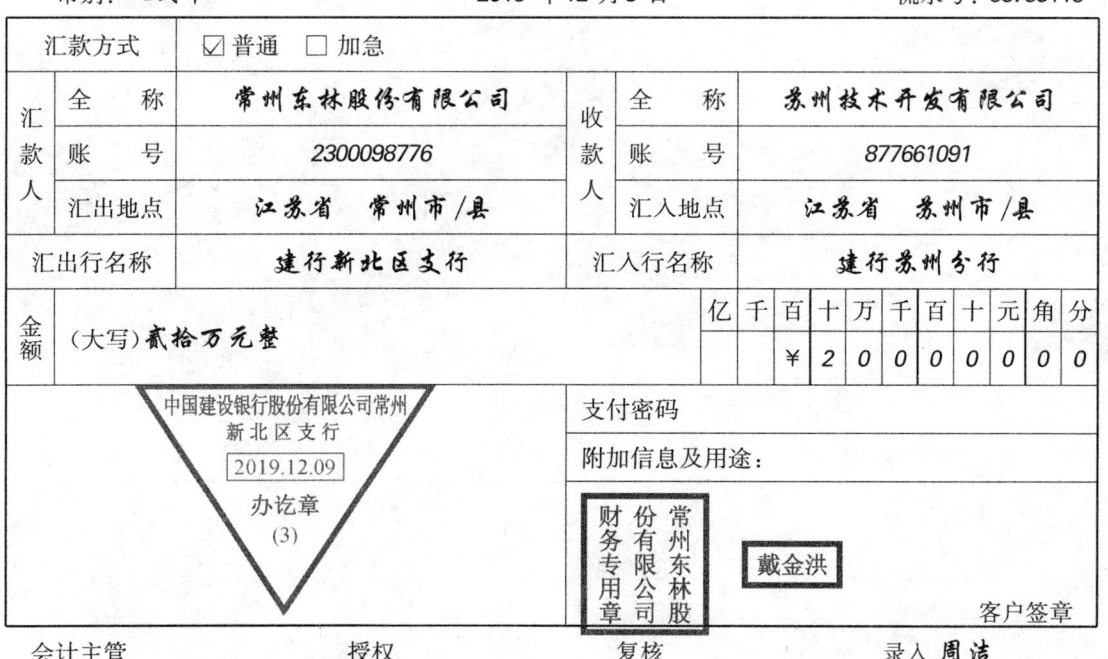

【业务82】（共3张）

82-1

中国建设银行　业务收费凭证

币别：人民币　　　　　　2019 年 12 月 09 日　　　　　　流水号：045119

付款人：常州东林股份有限公司		账号：2300098776	
项目名称	工本费	手续费	转账汇款手续费	金　额
电汇		10.60	0.53	11.13
金额（大写）壹拾壹元壹角叁分		中国建设银行股份有限公司常州新北区支行　2019.12.09　办讫章	
付款方式	银行转账		

第二联　客户回单

会计主管　　　授权　　　复核　　　录入　周　洁

82-2

3200098220

江苏增值税专用发票　　NO. 15156232　　3200098220
抵扣联　　　　　　　　　　　　　　　　　　15156232

开票日期：2019 年 12 月 09 日

购买方	名　　　称：常州东林股份有限公司 纳税人识别号：913204007633279092 地　址、电　话：河海东路45号 85499890 开户行及账号：建行新北区支行 2300098776	密码区	− −4766＜98/198533204＋＜64 ＜＋64＜−＞876＊98＜/8765/＞ ＋216＞2＞7/3−＋765112＜＞＋ 782−/＊532＜1＋9163///−	加密版本：01 3200098220 15156232

货物或应税劳务、服务名称	规格型号	单位	数量	单价	金额	税率	税额
*金融服务*直接收费金融服务		笔	1	10.50	10.50	6%	0.63
合　　计					￥10.50		￥0.63

价税合计（大写）	壹拾壹元壹角叁分	（小写）￥11.13

销售方	名　　　称：中国建设银行股份有限公司常州市分行 纳税人识别号：913211028554830878 地　址、电　话：河海东路88号 32876666 开户行及账号：中国建设银行股份有限公司常州市营业部 321102785838021	备注	中国建设银行股份有限公司常州市分行 913211028554830878 发票专用章

收款人：　　复核：　　开票人：杨俊　　销售方：（章）

第二联　抵扣联　购买方扣税凭证

附录2　常州东林股份有限公司2019年12月份经济业务

82-3

江苏增值税专用发票
NO. 15156232

发票联

开票日期：2019 年 12 月 09 日

购买方	名　　称：常州东林股份有限公司 纳税人识别号：913204007633279092 地址、电话：河海东路45号 85499890 开户行及账号：建行新北区支行 2300098776	密码区	--4766＜98/198533204+＜64 ＜+64＜-＞876*98＜/8765/＞ +216＞2＞7/3-+765112＜＞+ 782-/*532＜1+9163///-	加密版本：01

货物或应税劳务、服务名称	规格型号	单位	数量	单价	金额	税率	税额
*金融服务*直接收费金融服务		笔	1	10.50	10.50	6%	0.63
合　　计					¥ 10.50		¥ 0.63

价税合计（大写）	壹拾壹元壹角叁分	（小写）¥ 11.13

销售方	名　　称：中国建设银行股份有限公司常州市分行 纳税人识别号：913211028554830878 地址、电话：河海东路88号 32876666 开户行及账号：中国建设银行股份有限公司常州市营业部 321102785838021	备注	中国建设银行股份有限公司常州市分行 913211028554830878 发票专用章 (1)

收款人：　　　　复核：　　　　开票人：杨俊　　　　销售方：（章）

【业务83】（共7张）

83-1

中国建设银行客户专用回单

转账日期：2019 年 12 月 08 日
凭证字号：2019120835125305

纳税人全称及纳税人识别号：常州东林股份有限公司 913204007633279092	
付款人全称：常州东林股份有限公司	征收机关名称：国家税务总局常州市税务局
付款人账号：2300098776	收缴国库（银行）名称：国家金库常州市新北区支库
付款人开户银行：建行新北区支行	缴款书交易流水号：320628736J060000010
小写（合计）金额：¥ 153 532.78	税票号码：13204614070931124
大写（合计）金额：人民币 壹拾伍万叁仟伍佰叁拾贰元柒角捌分	实缴金额 ¥ 153 532.78

税（费）种名称	所属时期
增值税	20191101—20191130

83-2

中国建设银行客户专用回单

转账日期：2019 年 12 月 08 日
凭证字号：2019120835125306

纳税人全称及纳税人识别号：常州东林股份有限公司 913204007633279092
付款人全称：常州东林股份有限公司　　征收机关名称：国家税务总局常州市税务局
付款人账号：2300098776　　收缴国库(银行)名称：国家金库常州市新北区支库
付款人开户银行：建行新北区支行　　缴款书交易流水号：320628736J060000011
小写(合计)金额：¥ 18 423.93　　税票号码：13204614070931246
大写(合计)金额：人民币壹万捌仟肆佰贰拾叁元玖角叁分

税(费)种名称	所属时期	实缴金额
城市维护建设税	20191101—20191130	¥ 10 747.29
教育费附加	20191101—20191130	¥ 4 605.98
地方教育附加	20191101—20191130	¥ 3 070.66

83-3

中国建设银行客户专用回单

转账日期：2019 年 12 月 08 日
凭证字号：2019120835125307

纳税人全称及纳税人识别号：常州东林股份有限公司 913204007633279092
付款人全称：常州东林股份有限公司　　征收机关名称：国家税务总局常州市税务局
付款人账号：2300098776　　收缴国库(银行)名称：国家金库常州市新北区支库
付款人开户银行：建行新北区支行　　缴款书交易流水号：320628736J060000012
小写(合计)金额：¥ 1 200.00　　税票号码：13204614070931247
大写(合计)金额：人民币壹仟贰佰元整

税(费)种名称	所属时期	实缴金额
个人所得税	20191101—20191130	¥ 1 200.00

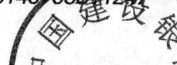

83-4

中国建设银行客户专用回单

转账日期：2019 年 12 月 08 日
凭证字号：2019120835125308

纳税人全称及纳税人识别号：常州东林股份有限公司 913204007633279092
付款人全称：常州东林股份有限公司　　征收机关名称：国家税务总局常州市税务局
付款人账号：2300098776　　　　　　收缴国库(银行)名称：国家金库常州市新北区支库
付款人开户银行：建行新北区支行　　　缴款书交易流水号：320628736J060000013
小写(合计)金额：￥25 000.00　　　　税票号码：13204614070931 1248
大写(合计)金额：人民币贰万伍仟元整

税(费)种名称	所属时期	实缴金额
企业所得税	20191101—20191130	￥25 000.00

83-5

中国建设银行客户专用回单

转账日期：2019 年 12 月 08 日
凭证字号：2019120835125309

纳税人全称及纳税人识别号：常州东林股份有限公司 913204007633279092
付款人全称：常州东林股份有限公司　　征收机关名称：国家税务总局常州市税务局
付款人账号：2300098776　　　　　　收缴国库(银行)名称：国家金库常州市新北区支库
付款人开户银行：建行新北区支行　　　缴款书交易流水号：320628736J060000014
小写(合计)金额：￥131 706.80　　　　税票号码：13204614070931 1249
大写(合计)金额：人民币壹拾叁万壹仟柒佰零陆元捌角整

税(费)种名称	所属时期	实缴金额
医疗保险本金	20191201—20191231	￥38 394.80
养老保险本金	20191201—20191231	￥82 944.00
失业保险本金	20191201—20191231	￥6 912.00
工伤保险本金	20191201—20191231	￥3 456.00

83-6

中国建设银行
转账支票存根
10502146
02387616

附加信息 _____

出票日期 *2019* 年 *12* 月 *9* 日

收款人：	*住房公积金管理中心*
金　额：	*¥ 69 120.00*
用　途：	*上交住房公积金*
备　注：	*（2300098776）*

单位主管　　　　　　　会计

83-7

中国建设银行　进账单（回单）　1

2019 年 12 月 9 日

出票人	全称	常州东林股份有限公司	收款人	全称	常州市住房公积金管理中心
	账号	2300098776		账号	5073200162853605250105
	开户银行	建行新北区支行		开户银行	常州建行延陵支行

金额	人民币（大写）	陆万玖仟壹佰贰拾元整	亿	千	百	十	万	千	百	十	元	角	分
						¥	6	9	1	2	0	0	0

票据种类	支票	票据张数	一张
票据号码	转账 1050214602387616		

中国建设银行股份有限公司常州新北区支行
2019.12.09
办讫章
(3)
开户银行签章

复核　　　　　记账

此联是开户银行交给持（出）票人的回单

12月10日

【业务84】（共3张）

84-1

中国建设银行
转账支票存根
10502146
02387617

附加信息_____

_____

出票日期 2019 年 12 月 10 日

收款人：	常州东方安装有限公司
金　额：	￥2 180.00
用　途：	设备U安装费
备　注：	（2300098776）

单位主管　　　　　会计

84-2

 3200098577

江苏增值税专用发票　　NO. 03129456　3200098577
抵扣联　　　　　　　开票日期：2019 年 12 月 10 日
03129456

购买方	名　称：常州东林股份有限公司	密码区	171766＜98/198533204＋＜63＜ ＋64＜－＞876＊98＜/2765/＞ ＋216＞2＞7/3－＋57561＜＞＋ 782－/543487＊454－/200	加密版本：01 3200098577 03129456
	纳税人识别号：913204007633279092			
	地址、电话：河海东路45号 85499890			
	开户行及账号：建行新北区支行 2300098776			

货物或应税劳务、服务名称	规格型号	单位	数量	单价	金额	税率	税额
*建筑劳务*安装费		次	1	2 000.00	2 000.00	9%	180.00
合　计					￥2 000.00		￥180.00

价税合计（大写）	贰仟壹佰捌拾元整	（小写）￥2 180.00

销售方	名　称：常州东方安装有限公司	备注	
	纳税人识别号：91320400098761875X		
	地址、电话：锦绣路76号 86543333		
	开户行及账号：农行兰陵支行 1766522684117		

收款人：　　复核：　　开票人：鸿鑫　　销售方：（章）

84-3

 3200098577

江苏增值税专用发票　　NO.03129456　3200098577
　　　　　　　　　　　　　　　　　　　　　03129456
发票联　　　开票日期：2019 年 12 月 10 日

购买方	名　称：常州东林股份有限公司 纳税人识别号：913204007633279092 地址、电话：河海东路 45 号 85499890 开户行及账号：建行新北区支行 2300098776	密码区	171766＜98/198533204＋＜63＜　加密版本：01 ＋64＜－＞876＊98＜/2765/＞　3200098577 ＋216＞2＞7/3－＋57561＜＞＋　03129456 782－/543487＊454－/200

货物或应税劳务、服务名称	规格型号	单位	数量	单价	金　额	税率	税　额
*建筑劳务*安装费		次	1	2 000.00	2 000.00	9%	180.00
合　计					¥ 2 000.00		¥ 180.00

价税合计（大写）	贰仟壹佰捌拾元整	（小写）¥ 2 180.00

销售方	名　称：常州东方安装有限公司 纳税人识别号：91320400098761875X 地址、电话：锦绣路 76 号 86543333 开户行及账号：农行兰陵支行 1766522684117	备注	常州东方安装有限公司 91320400098761875X 发票专用章

收款人：　　　复核：　　　开票人：鸿鑫　　　销售方：（章）

【业务85】（共 4 张）

85-1

中国建设银行
转账支票存根
10502146
02387618

附加信息＿＿＿＿＿＿＿＿＿＿＿＿

出票日期 2019 年 12 月 10 日

收款人：常州东林股份有限公司
金　额：¥ 802 488.88
用　途：还贷划款
备　注：（2300098776）

单位主管　　　　会计

85-2

中国建设银行　进账单（回单）1

2019 年 12 月 10 日

出票人	全称	常州东林股份有限公司	收款人	全称	常州东林股份有限公司
	账号	2300098776		账号	2400040015
	开户银行	建行新北区支行		开户银行	中行新北区支行

金额	人民币（大写）	捌拾万零贰仟肆佰捌拾捌元捌角捌分	亿	千	百	十	万	千	百	十	元	角	分
		¥			8	0	2	4	8	8	8

票据种类	支票	票据张数	一张
票据号码	转账 1050214602387618		

中国建设银行股份有限公司常州新北区支行
2019.12.10
办讫章(1)
开户银行签章

复核　　　记账

此联是开户银行交给持（出）票人的回单

85-3

中国建设银行　进账单（收款通知）3

2019 年 12 月 10 日

出票人	全称	常州东林股份有限公司	收款人	全称	常州东林股份有限公司
	账号	2300098776		账号	2400040015
	开户银行	建行新北区支行		开户银行	中行新北区支行

金额	人民币（大写）	捌拾万零贰仟肆佰捌拾捌元捌角捌分	亿	千	百	十	万	千	百	十	元	角	分
		¥			8	0	2	4	8	8	8

票据种类	支票	票据张数	一张
票据号码	转账 1050214602387618		

中国建设银行股份有限公司常州新北区支行
2019.12.10
办讫章(1)
开户银行签章

复核　　　记账

此联是收款人开户银行交给收款人的收账通知

85-4

常州市同城票据交换(贷)方补充凭证 13150912

发报行名称：　　　　　　　　2019 年 12 月 10 日　　　　提交号

发报行 行号		汇(提)出 行号		收报行 行号	122	汇(提)入 行号	
付款人	账号	2300098776		收款人	账号	2400040015	
	名称	常州东林股份有限公司			名称	常州东林股份有限公司	
金额：	捌拾万零贰仟肆佰捌拾捌元捌角捌分			￥802 488.88			
事由：划款				业务种类：收款			
备注	签发日期　20191210 支付密码　23827011 地方密押 原凭证号码			（中国银行股份有限公司 新北区支行 业务专用章）			

汇(提)入序号　1298　　打印日期　20191210　　打印流水号　124542　　电脑打印　　手工无效

此联作借方记账凭证或收款凭证

【业务86】(共1张)

86-1

固定资产处置申请单

2019 年 12 月 10 日

固定资产名称	设备L	单位	台	型号	（略）	数量	1
资产编号	0039	停用时间	2019.12	购建时间	2015 年 12 月	存放地点	一车间
已提折旧月数	47 个月	原　　值	300 000.00	累计折旧			111 625.00
有效使用年限	10 年	月折旧额	2 375.00	净　　值			188 375.00
处置原因：对外投资							

财务部门意见： 同意 周小清 2019 年 12 月 10 日	公司领导意见： 同意 李长兵 2019 年 12 月 10 日

编制人：李　一　　　　　　　　　　　　使用部门负责人：黄洪涛

【业务87】(共2张)

87-1

3200098220

江苏增值税专用发票

NO.05231155

3200098220
05231155

此联不作报销、抵税凭证使用   开票日期：2019 年 12 月 10 日

购买方	名　　称：常州河海有限公司 纳税人识别号：913204001565441038 地址、电话：新吴大道123号 86609612 开户行及账号：工行常州分行 10987876511	密码区	781761＜98/198533204＋＜63＜　加密版本：01 ＋64＞－＞876＊98＜/8765/＞ ＋216＞2＞7/3－＋09811＜＞＋　3200098220 052－/5432＜4＊－82＞＞＞－8　05231155	第一联 记账联 销售方记账凭证

货物或应税劳务、服务名称	规格型号	单位	数量	单　价	金　额	税率	税　额
＊其他设备＊L		台	1	184 070.80	184 070.80	13%	23 929.20
合　计					￥184 070.80		￥23 929.20

价税合计(大写)　　　　　　　　　　　　　　　　　　　　　　　　　　　　(小写)￥208 000.00
　　　　　　　　　　　　　　　　　　　　　　　　　　　　　　

销售方	名　　称：常州东林股份有限公司 纳税人识别号：913204007633279092 地址、电话：河海东路45号 85499890 开户行及账号：建行新北区支行 2300098776	备注

收款人：　　　　　复核：　　　　　开票人：黄林玉　　　　　销售方：(章)

87-2

常州河海有限公司董事会决议

　　经全体董事审议，一致同意本公司新增常州东林股份有限公司为股东，并由其单方增资，将本公司注册资本由1 800 000.00元增加至2 008 000.00元，其中常州东林股份有限公司以设备L增资208 000.00元，占增资后注册资本的10.36%。

　　董事会成员签字：周兴国　李海峰　林进　邹林　戴德阳

2019 年 12 月 5 日

【业务88】（共10张）

88-1

中国建设银行
转账支票存根
10502146
02387619

附加信息_____

出票日期 2019 年 12 月 10 日

收款人：	常州大众销售服务有限公司
金　额：	¥ 251 402.00
用　途：	购车款
备　注：	（2300098776）

单位主管　　　　　　　会计

88-2

机动车销售统一发票

抵　扣　联

发票代码 13200922810
发票号码 00871213

开票日期 2019 年 12 月 09 日

机 打 代 码	13200922810	税	
机 打 号 码	00871213	控	（略）
机 器 编 号		码	
购货单位（人）	常州东林股份有限公司	身份证号码/组织机构代码	913204007633279092
车 辆 类 型	轿车	厂牌型号	上海大众 BK9886Y	车辆类型	轿车
合 格 证 号	KBC0097711	进口证明书号		合格证号	KBC0097711
发动机号码	KK9876222	车辆识别代码/车架号码		LBELMAC6AK007622
价 税 合 计	贰拾贰万陆仟元整		¥ 226 000.00
销货单位名称	常州大众销售服务有限公司	电话	0519-65332132
纳税人识别号	91320400787440015F	账号	09836533356
地　　址	常州市新北区松江路34号	开户银行	中信银行常州新北区支行
增值税率或征收率	13%	增值税税额	¥ 26 000.00	主管税务机关及代码	国家税务总局常州市税务局 132087662
不含税价	小写	¥ 200 000.00	吨位		限乘人数	5人

销售片盖章　　　　开票人　姚丽群　　　　备注：一车一票

第二联　抵扣联（购货单位抵扣凭证）

附录2　常州东林股份有限公司2019年12月份经济业务

88-3

机动车销售统一发票
发 票 联

发票代码 13200922810
发票号码 00871213

开票日期 2019 年 12 月 09 日

机打代码	13200922810	税控码	（略）
机打号码	00871213		
机器编号			
购货单位（人）	常州东林股份有限公司	身份证号码/组织机构代码	913204007633279092
车辆类型	轿车	厂牌型号 上海大众 BK9886Y	产地 上海
合格证号	KBC0097711	进口证明书号	商检单号
发动机号码	KK9876222	车辆识别代码/车架号码	LBELMAC6AK007622
价税合计	贰拾贰万陆仟元整		￥226 000.00
销货单位名称	常州大众销售服务有限公司	电话	0519-65332132
纳税人识别号	9132040078744015F	账号	09836533356
地址	常州市新北区松江路34号	开户银行	中信银行常州新北区支行
增值税率或征收率	13%	增值税额 ￥26 000.00	主管税务机关及代码	132087662
不含税价	小写 ￥200 000.00	吨位	限乘人数 5

销售方盖章　　　　开票人 姚丽群　　　　备注：一车一票

88-4

3200094466

江苏增值税专用发票
抵 扣 联

NO.00349079
3200094466
00349079

开票日期：2019 年 12 月 09 日

购买方	名称：常州东林股份有限公司 纳税人识别号：913204007633279092 地址、电话：河海东路45号 85499890 开户行及账号：建行新北区支行 2300098776	密码区	541*14＜98/198533204+＜512 -*4＜-＞876*98＜/2765/＞ +216＞2＞7/3-+57561＜＞+ 782-/543487*454-/-5	加密版本：01 3200094466 00349079

货物或应税劳务、服务名称	规格型号	单位	数量	单价	金额	税率	税额
*保险服务*保费	PAAA2019298	年	1	950.00	950.00	6%	57.00
*保险服务*保费	PDAA20193204	年	1	4 000.00	4 000.00	6%	240.00
合　　计					￥4 950.00		￥297.00
价税合计（大写）	伍仟贰佰肆拾柒元整				（小写）￥5 247.00		

销售方	名称：中国人民财产保险股份有限公司常州市分公司 纳税人识别号：91320130098776111B 地址、电话：珠江路76号 86549999 开户行及账号：建行新北支行 8766522684017	备注	保\批单号：PDAA20193204 车牌号：苏D92835 车船税30.00元,受益期限：2019年01月01日至2019年12月31日合计5277.00

收款人：　　　复核：　　　开票人：何以林　　　销售方：（章）

江苏增值税专用发票

NO.00349079

开票日期：2019年12月09日

购买方	名　　称：常州东林股份有限公司 纳税人识别号：913204007633279092 地址、电话：河海东路45号 85499890 开户行及账号：建行新北区支行 2300098776	密码区	541＊14＜98／198533204＋＜512 －＊4＜－＞876＊98＜／2765／＞ ＋216＞2＞7／3－＋57561＜＞＋ 782－／543487＊454－／－5

货物或应税劳务、服务名称	规格型号	单位	数量	单价	金额	税率	税额
＊保险服务＊保费	PAAA2019298	年	1	950.00	950.00	6%	57.00
＊保险服务＊保费	PDAA20193204	年	1	4 000.00	4 000.00	6%	240.00
合　　计					￥4 950.00		￥297.00

价税合计（大写）：伍仟贰佰肆拾柒元整　　　（小写）￥5 247.00

销售方	名　　称：财产保险股份有限公司常州市分公司 纳税人识别号：913201300987761118 地址、电话：珠江路76号 86549999 开户行及账号：建行新北支行 8766522684017	备注	保\批单号：PDAA20193204 车牌号：苏D92835 车船税30.00元，受益 期限：2019年01月01日至2019年12月 31日合计527.00

收款人：　　复核：　　开票人：何以林　　销售方：（章）

常州市政府非税收入一般缴款书

苏财准印(2009)065-022号　　　No.98655220

执收单位代码：010008
执收单位名称：公安交警支队

收款日期 2019年12月10日

缴款人	全　称：常州东林股份有限公司 账　号：2300098776 开户银行：中国建设银行新北区支行	收款人	全　称：常州市政府非税收入专户 账　号：11050201390 开户银行：工行第一营业部	流水号	6520

代理银行网点代码：　　开票方式：　　缴款方式：现金

项目执行码	收费项目名称	单位	标准	数量	金额（小写）
0675	机动车辆号牌工本费		汽车号牌（反光）100.00元	1	100.00
0677	机动车驾驶证、行驶证工本费		机动车行驶证15.00元	1	15.00
0684	机动车登记证书工本费		机动车证书工本费10.00元	1	10.00
合计人民币（大写）壹佰贰拾伍元整					￥125.00

备注：

执收单位（盖章）：　　　　经办人：杨纪海

88-7

中华人民共和国
税收通用缴款书(税务收现专用)

NO.239766441109801

登记注册类型：*内资企业*　　填发日期：*2019 年 12 月 10 日*　　征收机关：*国家税务总局常州市税务局*

纳税人识别号				纳税人名称				
税　种	品目名称	课税数量	计税金额或收入	税率或单位税额	税款所属时期	已缴或扣除额	实缴金额
购置税			200 000.00	10.0%	2019 年 12 月 10 日至 2019 年 12 月 10 日		20 000.00
金额合计：(大写)人民币贰万元整							￥20 000.00
税务机关盖章		代征单位盖章		填票人		备注	

妥善保管

88-8

中华人民共和国
税收通用缴款书(税务收现专用)

NO.239766441109301

登记注册类型：*内资企业*　　填发日期：*2019 年 12 月 10 日*　　征收机关：*国家税务总局常州市税务局*

纳税人识别号				纳税人名称				
税　种	品目名称	课税数量	计税金额或收入	税率或单位税额	税款所属时期	已缴或扣除额	实缴金额
印花税			200 000.00	0.000 3	2019 年 12 月 10 日至 2019 年 12 月 10 日		60.00
金额合计：(大写)人民币陆拾元整							￥60.00
税务机关盖章		代征单位盖章		填票人		备注	

妥善保管

88-9

中国建设银行客户专用回单

币别：人民币　　　　　2019年12月10日　　　流水号：320000801K2700098622

付款人	全　称	常州东林股份有限公司	收款人	全　称	国家税务总局常州市税务局
	账　号	2300098776		账　号	3204977675565222
	开户行	中国建设银行常州新北区支行		开户行	江苏银行锦秀支行
金　额	（大写）人民币陆拾元整			（小写）￥60.00	
凭证种类	网银		凭证号码		
结算方式	转账		用　途	印花税	

打印柜员：320628736AJ1
打印机构：新北区支行
打印卡号：9553301260105394

电子回单专用章

打印时间：2019-12-10　　交易柜员：B01B01000001　　交易机构：320620027

88-10

新增固定资产登记表

2019年12月10日

固定资产名称	种类	单位	数量	购入日期	投入使用日期	使用部门
大众轿车	运输工具	辆	1	2019年12月10日	2019年12月10日	办公室

制表人：董坤　　　　　　　　复核人：周小清

【业务89】（共2张）

89-1

中国建设银行
转账支票存根
10502146
02387620

附加信息＿＿＿＿＿＿＿＿＿＿

出票日期 *2019* 年 *12* 月 *10* 日

收款人：	*常州市环保局*
金　　额：	￥ *10 000.00*
用　　途：	*环保罚款*
备　　注：	（*2300098776*）

单位主管　　　　　　　　会计

89-2

江苏省代收罚款收据　　　No. 4358613

2019 年 12 月 10 日

当事人	*常州东林股份有限公司*	执法机关代码 *32000997*
处罚决定书号：*0872222*		处罚日期：*2019.12.10*
罚款金额 ￥ *10 000.00*		没收款金额
加收罚款金额		
合计 ￥ *10 000.00*		
合计金额（大写）*壹万元整*		
上缴国库		预算级次
	不　准　报　销	
代收机构（章）	收款人 *李明*	复核人 *丁小林*

【业务90】（共4张）

90-1

经理办公会议纪要

企业拟以不低于每股23.00元的价格出售东方股份3 000股。

参加人员：李长兵　周小清　王小婷　刘进　孙海明

2019年12月7日

90-2

交 割 单

营业部名：华泰证券有限责任公司

股东姓名：常州东林股份有限公司

资金账户：977633333

当前币种：人民币

成交日期	证券代码	证券名称	操作	成交数量	成交均价	成交金额	手续费	印花税	其他杂费	发生金额	账户	市场名称
2019.12.9	600324	东方股份	卖出	3 000	23.00	69 000.00	160.91	69.00		68 770.09	A003267	上海A股

90-3

江苏增值税专用发票

3200098220　NO.15156239　3200098220
15156239

抵扣联

开票日期：2019年12月09日

购买方	名　　　称：常州东林股份有限公司 纳税人识别号：913204007633279092 地　址、电　话：河海东路45号 85499890 开户行及账号：建行新北区支行 2300098776	密码区	241766＜98/198533204＋＜64＜ ＋64＜－＞876＊98＜/8765/＞ ＋216＞2＞7/3－＋765112＜＞ ＋782－/＊532＜1＋9163///－	加密版本：01 3200098220 15156239

货物或应税劳务、服务名称	规格型号	单位	数量	单价	金额	税率	税额
＊金融服务＊直接收费金融服务		笔	1	151.80	151.80	6%	9.11
合　计					￥151.80		￥9.11

价税合计（大写）	壹佰陆拾元玖角壹分	（小写）￥160.91

销售方	名　　　称：华泰证券有限责任公司 纳税人识别号：913211028554831235 地　址、电　话：河海东路1号 88876667 开户行及账号：建行新北支行 5135411234	备注	（华泰证券有限责任公司 913211028554831235 发票专用章）

收款人：　　复核：　　开票人：周兴　　销售方：（章）

90-4

3200098220

江苏增值税专用发票
NO. 15156239   3200098220
15156239

发票联

开票日期：2019 年 12 月 09 日

购买方	名　　称：常州东林股份有限公司 纳税人识别号：913204007633279092 地址、电话：河海东路45号 85499890 开户行及账号：建行新北区支行 2300098776	密码区	241766＜98/198533204＋＜64＜ ＋64＜－＞876＊98＜/8765/＞ ＋216＞2＞7/3－＋765112＜＞ ＋782－/＊532＜1＋9163///－	加密版本：01 3200098220 15156239

货物或应税劳务、服务名称	规格型号	单位	数量	单价	金额	税率	税额
*金融服务*直接收费金融服务		笔	1	151.80	151.80	6%	9.11
合　计					￥151.80		￥9.11

价税合计（大写）　壹佰陆拾元玖角壹分　　（小写）￥160.91

销售方	名　　称：华泰证券有限责任公司 纳税人识别号：913211028554831235 地址、电话：河海东路1号 88876667 开户行及账号：建行新北支行 5135411234	备注	（华泰证券有限责任公司 913211028554831235 发票专用章）

收款人：　　　复核：　　　开票人：周兴　　　销售方：（章）

【业务91】（共2张）

91-1

中国建设银行
转账支票存根
10502146
02387621

附加信息＿＿＿＿＿＿＿＿＿＿＿

出票日期 2019 年 12 月 10 日

收款人：常州蓝天集团股份有限公司
金　额：￥100 000.00
用　途：股权转让款
备　注：（2300098776）
单位主管　　　　　会计

91-2

股权转让协议

转让方：常州蓝天集团股份有限公司
受让方：常州东林股份有限公司

一、根据《中华人民共和国公司法》第七十二条的规定，并经公司股东会会议决议，股东常州蓝天集团股份有限公司同意将其在常州红星有限公司5％的股权以人民币100 000.00元转让给受让方 常州东林股份有限公司。

二、依照本协议转让的股权于2019年12月10日实施，即受让方开出转账支票将股权收购款支付给转让方。

三、转让方自本协议规定的股权转让之日起，不再享受任何股东权利，同时也不对红星公司承担任何责任。

四、受让方自本协议规定的股权转让之日起，应当依法以其受让的股权为限，享受股东权利，同时也承担股东责任。

五、如有一方违反本协议的，应协商解决；协商不成时，另一方有权向有管辖权的人民法院依法起诉。

六、本协议经双方当事人签名、盖章后生效。

转让方（签字、盖章）：

法定代表人 李红

受让方（签字、盖章）：

法定代表人 李长兵

本协议签订日期：2019年12月7日

【业务92】（共2张）

92-1

中国建设银行
转账支票存根
10502146
02387622

附加信息_____

出票日期 2019 年 12 月 10 日

收款人	常州东林股份有限公司
金　额	￥272 482.00
用　途	工资
备　注	（2300098776）
单位主管	会计

92-2

工资发放汇总表

2019 年 12 月 10 日

项目	类别	应付工资	养老保险	医疗保险	失业保险	公积金	个人所得税	扣款合计	实发工资
一车间	生产工人	120 000.00	9 600.00	2 700.00	600.00	12 000.00	200.00	25 100.00	94 900.00
	管理人员	3 200.00	256.00	69.00	16.00	320.00	59.80	720.80	2 479.20
二车间	生产工人	90 000.00	7 200.00	2 340.00	450.00	9 000.00	600.00	19 590.00	70 410.00
	管理人员	3 800.00	304.00	81.00	19.00	380.00	113.20	897.20	2 902.80
机修车间		9 800.00	784.00	216.00	49.00	980.00	36.10	2 065.10	7 734.90
动力车间		10 000.00	800.00	220.00	50.00	1 000.00	45.00	2 115.00	7 885.00
管理部门		36 000.00	2 880.00	820.00	180.00	3 600.00	45.90	7 525.90	28 474.10
销售部门		65 000.00	5 200.00	1 350.00	325.00	6 500.00	100.00	13 475.00	51 525.00
福利部门		7 800.00	624.00	186.00	39.00	780.00	0.00	1 629.00	6 171.00
合计		345 600.00	27 648.00	7 982.00	1 728.00	34 560.00	1 200.00	73 118.00	272 482.00

编制：周洁　　　　　　　　　　　　审核：李宇清

【业务 93】（共 1 张）

93-1

江苏增值税普通发票

NO. 00523421

3200098220

开票日期：2019 年 12 月 10 日

购买方	名　　称：常州东林股份有限公司
	纳税人识别号：91320400763327909Q
	地址、电话：河海东路 45 号 85499890
	开户行及账号：建行新北区支行 2300098776

密码区：
987411<98/198533204+<63<
+64<->876*98</2135/>
+671>2>7/3-+47561<>+
782-/821*/4/***/>>+8

加密版本：01
3200098220
00523421

货物或应税劳务、服务名称	规格型号	单位	数量	单价	金额	税率	税额
*工艺品*工艺陶瓷制品		件	1	353.98	353.98	13%	46.02
合　计					¥353.98		¥46.02

价税合计（大写）：肆佰元整　　　　　　　（小写）¥400.00

现金付讫

销售方	名　　称：常州工艺品有限公司
	纳税人识别号：91320400235501276H
	地址、电话：公园路 1 号 86124398
	开户行及账号：交行延陵路支行 2278651083

备注：赠送客户单位产品

收款人：　　　复核：　　　开票人：武和平　　　销售方：（章）

【业务94】（共3张）

94-1

中国建设银行
转账支票存根
10502146
02387623

附加信息_____

出票日期 2019 年 12 月 10 日

收款人：	常州工业展览馆
金　额：	￥80 000.00
用　途：	展览费
备　注：	（2300098776）

单位主管　　　　　会计

94-2

		江苏增值税专用发票	NO.27654222	2320408001 27654222
	2320408001		开票日期：2019 年 12 月 10 日	

购买方	名　　称： 常州东林股份有限公司	密码区	241766＜98/198533204＋＜63＜ +64＜－＞876＊98＜/8765/＞ +216＞2＞7/3－+47561＜＞+ 782－/5432＜4＊-62＞＞＞-8	加密版本：01 2320408001 27654222
	纳税人识别号：9132400763327909Q			
	地址、电话：河海东路45号 85499890			
	开户行及账号：建行新北区支行 2300098776			

货物或应税劳务、服务名称	规格型号	单位	数量	单价	金额	税率	税额
*会展服务*展览费			1	75 471.70	75 471.70	6%	4 528.30
合　计					￥75 471.70		￥4 528.30

价税合计（大写）	捌万元整	（小写）￥80 000.00

销售方	名　　称： 常州工业展览馆	备注	常州工业展览馆 91320400763320088J 发票专用章
	纳税人识别号：91320400763320088J		
	地址、电话：清潭路1号 865132456		
	开户行及账号：农行清潭路支行 2654098612		

收款人：　　　复核：　　　开票人：丁凯　　　销售方：（章）

第二联　抵扣联　购买方扣税凭证

附录2　常州东林股份有限公司2019年12月份经济业务

94-3

江苏增值税专用发票

NO. 27654222

2320408001　　　　　　　　　　　　　　　　　　　　2320408001
　　　　　　　　　发票联　　　　　　　　　　　　　　27654222

开票日期：2019 年 12 月 10 日

购买方	名　称：常州东林股份有限公司 纳税人识别号：913204007633279092 地　址、电话：河海东路45号 85499890 开户行及账号：建行新北区支行 2300098776	密码区	241766＜98/198533204+＜63＜　加密版本：01 +64＜->876*98＜/8765/> 　　　　　　　　　　2320408001 +216＞2＞7/3-+47561＜>+ 782-/5432＜4*-62＞＞>-8　27654222

货物或应税劳务、服务名称	规格型号	单位	数量	单价	金　额	税率	税　额
*会展服务*展览费			1	75 471.70	75 471.70	6%	4 528.30
合　计					¥ 75 471.70		¥ 4 528.30

价税合计（大写）	捌万元整	（小写）¥ 80 000.00

销售方	名　称：常州工业展览馆 纳税人识别号：91320400763320088J 地　址、电话：清潭路1号 865132456 开户行及账号：农行清潭路支行 2654098612	备注	（常州工业展览馆 91320400763320088J 发票专用章）

收款人：　　　　复核：　　　　开票人：丁凯　　　　销售方：（章）

第三联　发票联　购买方记账凭证

【业务95】（共4张）

95-1

3200098512　　　　　　　江苏增值税专用发票　　　　NO. 21377171　　3200098512
　　　　　　　　　　　　　　抵扣联　　　　　　　　　　　　　　　　21377171

开票日期：2019 年 12 月 10 日

购买方	名　称：常州东林股份有限公司 纳税人识别号：913204007633279092 地　址、电话：河海东路45号 85499890 开户行及账号：建行新北区支行 2300098776	密码区	171766＜98/198533204+＜63＜　加密版本：01 +64＜->876*98＜/2765/> 　　　　　　　　　　3200098512 +216＞2＞7/3-+57561＜>+ 782-/5432＜4*-62＞＞>00　21377171

货物或应税劳务、服务名称	规格型号	单位	数量	单价	金　额	税率	税　额
*纺织产品*手套		副	500	1.00	500.00	13%	65.00
合　计					¥ 500.00		¥ 65.00

价税合计（大写）	伍佰陆拾伍元整	（小写）¥ 565.00

销售方	名　称：常州市金海购物中心 纳税人识别号：91320400977651111F 地　址、电话：人民中路76号 86543331 开户行及账号：农行兰陵支行 76652265217	备注	 （常州市金海购物中心 91320400977651111F 发票专用章）

收款人：　　　　复核：　　　　开票人：洪小兵　　　　销售方：（章）

第二联　抵扣联　购买方扣税凭证

95-2

 3200098512 江苏增值税专用发票 NO.21377171 3200098512
21377171

开票日期：2019年12月10日

购买方	名称：常州东林股份有限公司 纳税人识别号：91320400763327909Z 地址、电话：河海东路45号 85499890 开户行及账号：建行新北区支行 2300098776	密码区	171766＜98/198533204＋＜63＜ ＋64＜－＞876＊98＜/2765/＞ ＋216＞2＞7/3－＋57561＜＞＋ 782－/5432＜4＊－62＞＞＞00	加密版本：01 3200098512 21377171

货物或应税劳务、服务名称	规格型号	单位	数量	单价	金额	税率	税额
*纺织产品*手套		副	500	1.00	500.00	13%	65.00
合　计					￥500.00		￥65.00

价税合计（大写）	伍佰陆拾伍元整	（小写）￥565.00

销售方	名称：常州市金海购物中心 纳税人识别号：91320400977651111F 地址、电话：人民中路76号 86543331 开户行及账号：农行兰陵支行 76652265217	备注	常州市金海购物中心 91320400977651111F 发票专用章

收款人：　　　复核：　　　开票人：洪小兵　　　销售方：（章）

95-3

收 料 单

供应单位：常州市金海购物中心　　　2019年12月10日　　　编号：20020

材料编号	名称	单位	规格	数量		实际成本			
				应收	实收	单价	发票价格	运杂费	合计
0201302	手套	副		500	500				
备注：									

收料人：杨有兵　　　　　　　　　交料人：周立

95-4

中国建设银行
转账支票存根
10502146
02387624

附加信息＿＿＿＿＿＿＿＿＿＿＿＿＿＿＿

＿＿＿＿＿＿＿＿＿＿＿＿＿＿＿＿＿＿＿

出票日期 *2019* 年 *12* 月 *10* 日

收款人：	*常州市金海购物中心*
金　额：	￥ *565.00*
用　途：	*货款*
备　注：	（*2300098776*）

单位主管　　　　　　　　会计

12 月 13 日

【业务 96】（共 1 张）

96-1

固定资产处置申请单
2019 年 12 月 10 日

固定资产名称	设备Q	单位	台	型号	（略）	数量	1
资产编号	0038	停用时间	2019.12	购建时间	2018 年 6 月	存放地点	一车间
已提折旧数	17 月	原值	62 400.00	累计折旧		8 398.00	
有效使用年限	10 年	月折旧额	494.00	净值		54 002.00	

处置原因：出售多余设备

财务部门意见：	公司领导意见：
同意出售	同意出售
周小清	李长兵
2019 年 12 月 10 日	2019 年 12 月 13 日

编制人：李　一　　　　　　　使用部门负责人：黄洪涛

【业务97】（共2张）

97-1

江苏增值税专用发票

NO.05231156

开票日期：2019年12月13日

购买方	名称：常州冬升有限公司 纳税人识别号：913204007645441123 地址、电话：龙城大道 86533332 开户行及账号：江苏银行常州分行 91876672222	密码区	098622＜98/198533204＋＜63＜ ＋64＜－＞098＊98＜/8765/＞ ＋216＞2＞7/3－＋47561＜＞＋ 782－/5432＜4＊－62＞＞＞－8	加密版本：01

货物或应税劳务、服务名称	规格型号	单位	数量	单价	金额	税率	税额
*其他设备*Q		台	1	65 000.00	65 000.00	13%	8 450.00
合计					￥65 000.00		￥8 450.00

价税合计（大写）	柒万叁仟肆佰伍拾元整		（小写）￥73 450.00

销售方	名称：常州东林股份有限公司 纳税人识别号：913204007633279092 地址、电话：河海东路45号 85499890 开户行及账号：建行新北区支行 2300098776	备注	

收款人：　　　复核：　　　开票人：黄林玉　　　销售方：（章）

97-2

中国建设银行　进账单（收款通知）3

2019年12月13日

出票人	全称	常州冬升有限公司	收款人	全称	常州东林股份有限公司
	账号	91876672222		账号	2300098776
	开户银行	江苏银行常州分行		开户银行	建行新北区支行

金额	人民币（大写）	柒万叁仟肆佰伍拾元整	亿千百十万千百十元角分 ￥　　　7　3　4　5　0　0　0

票据种类	支票	票据张数	一张
票据号码	转账 9815420868761122		

中国建设银行股份有限公司常州新北区支行
2019.12.13
票据受理专用章

复核：　　　记账：

【业务98】（共1张）

98-1

固定资产处置结果表

2019年12月13日

固定资产名称	设备Q	原 价	62 400.00	已提折旧	8 892.00
净 值	53 508.00	出售价格	65 000.00	清理费用	
出售净损益	11 492.00				

财务部意见：	公司领导意见：
出售净损益按企业会计准则处理 周小清 2019年12月13日	同意 李长兵 2019年12月13日

【业务99】（共3张）

99-1

	2322764112	江苏增值税专用发票	NO. 12223360	2322764112 12223360
		抵扣联	开票日期：2019年12月13日	

购买方	名　　称：常州东林股份有限公司	密码区	241766＜98/198533204＋＜64＜ ＋64＜-＞876＊98＜/8765/＞＋ 216＞2＞7/3-＋765112＜＞＋ 782-/5432＜4＊-62//-＋7/	加密版本：01 2322764112 12223360
	纳税人识别号：913204007633279092			
	地址、电话：河海东路45号 85499890			
	开户行及账号：建行新北区支行 2300098776			

货物或应税劳务、服务名称	规格型号	单位	数量	单价	金额	税率	税额
*运输服务*运输费			1	2 752.29	2 752.29	9%	247.71
合　　计					¥ 2 752.29		¥ 247.71

价税合计（大写）	叁仟元整	（小写）¥ 3 000.00

销售方	名　　称：常州海通物流有限公司	备注	车种车号：卡车苏DB894E 起运地：常州新北区河海东路45号 到达地：常州金坛区丁香路12号 货物名称：甲 
	纳税人识别号：913204117409889046		
	地址、电话：龙城大道23号 32876666		
	开户行及账号：建行新北支行 2100009886		

收款人：	复核：	开票人：王丽	销售方：（章）

江苏增值税专用发票

NO. 12223360

　2322764112

2322764112
12223360

开票日期：2019 年 12 月 13 日

购买方	名　称：常州东林股份有限公司 纳税人识别号：913204007633279092 地址、电话：河海东路 45 号　85499890 开户行及账号：建行新北区支行 2300098776	密码区	241766＜98/198533204＋＜64＜ ＋64＜－＞876＊98＜/8765/＞＋ 216＞2＞7/3－＋765112＜＞＋ 782－/5432＜4＊－62//－＋7/	加密版本：01 2322764112 12223360

货物或应税劳务、服务名称	规格型号	单位	数量	单价	金　额	税率	税　额
＊运输服务＊运输费			1	2 752.29	2 752.29	9%	247.71
合　　　计					¥ 2 752.29		¥ 247.71

价税合计（大写）　　叁仟元整　　　　　　　　　　　　（小写）¥ 3 000.00

销售方	名　称：常州海通物流有限公司 纳税人识别号：913204117409889046 地址、电话：龙城大道 23 号　32876666 开户行及账号：建行新北支行 2100009886	备注	车种车号：卡车苏D2891　起运地：常州新北区河海东路45号　到达地：常州金坛区丁香路172号　货物名称：甲

收款人：　　　　复核：　　　　开票人：王丽　　　　销售方：（章）

中国建设银行
转账支票存根

10502146
02387625

附加信息＿＿＿＿＿＿＿＿＿＿

出票日期 2019 年 12 月 13 日

收款人：	常州海通物流有限公司
金　额：	¥ 3 000.00
用　途：	销售产品运费
备　注：	（2300098776）

单位主管　　　　　　　会计

【业务100】（共3张）

100-1

江苏增值税专用发票	NO. 03129770

3200098577
03129770

抵扣联　　开票日期：2019 年 12 月 13 日

购买方	名　　称：常州东林股份有限公司 纳税人识别号：913204007633279092 地址、电话：河海东路45号 85499890 开户行及账号：建行新北区支行 2300098776	密码区	8881＊2154/－98533204＋＜63＜ ＋64＜－＞876＊98＜/2765/＞ ＋216＞2＞7/3－＋57561＜＞＋ 782－/543487＊454－/200	加密版本：01 3200098577 03129770

货物或应税劳务、服务名称	规格型号	单位	数量	单价	金额	税率	税额
*建筑服务*修缮服务			1	12 000.00	12 000.00	9%	1 080.00
合　计					¥ 12 000.00		¥ 1 080.00

价税合计（大写）	壹万叁仟零捌拾元整	（小写）¥ 13 080.00

销售方	名　　称：常州敬业建筑工程有限公司 纳税人识别号：913204000087651121 地址、电话：衡山路9号 86541113 开户行及账号：建行新北支行 66522684100	备注	工程项目名称：管理部门行政楼 

收款人：　　　复核：　　　开票人：刘禹锡　　　销售方：（章）

100-2

江苏增值税专用发票	NO. 03129770

3200098577
03129770

发票联　　开票日期：2019 年 12 月 13 日

购买方	名　　称：常州东林股份有限公司 纳税人识别号：913204007633279092 地址、电话：河海东路45号 85499890 开户行及账号：建行新北区支行 2300098776	密码区	8881＊2154/－98533204＋＜63＜ ＋64＜－＞876＊98＜/2765/＞ ＋216＞2＞7/3－＋57561＜＞＋ 782－/543487＊454－/200	加密版本：01 3200098577 03129770

货物或应税劳务、服务名称	规格型号	单位	数量	单价	金额	税率	税额
*建筑服务*修缮服务			1	12 000.00	12 000.00	9%	1 080.00
合　计					¥ 12 000.00		¥ 1 080.00

价税合计（大写）	壹万叁仟零捌拾元整	（小写）¥ 13 080.00

销售方	名　　称：常州敬业建筑工程有限公司 纳税人识别号：913204000087651121 地址、电话：衡山路9号 86541113 开户行及账号：建行新北支行 66522684100	备注	工程项目名称：管理部门行政楼

收款人：　　　复核：　　　开票人：刘禹锡　　　销售方：（章）

100-3

中国建设银行
转账支票存根
10502146
04287001

附加信息 _____

出票日期 2019 年 12 月 13 日

收款人：	常州敬业建筑工程有限公司
金　额：	¥ 13 080.00
用　途：	房屋修理费
备　注：	（2300098776）

单位主管　　　　　　　会计

【业务101】（共3张）

101-1

江苏增值税专用发票　NO.09821300

3200012360
09821300

抵扣联

开票日期：2019 年 12 月 13 日

购买方	名　称：	常州东林股份有限公司	密码区	711466＜72/198533204＋＜63＜　加密版本：01 ＋64＜-＞876＊98＜/2365/＞ +216＞2/7/3-＋47561＜＞＋ 512-/5432＜4＊-62＞＞++8	3200012360 09821300
	纳税人识别号：913204007633279092				
	地址、电话：河海东路45号 85499890				
	开户行及账号：建行新北区支行 2300098776				

货物或应税劳务、服务名称	规格型号	单位	数量	单价	金额	税率	税额
＊劳务＊维修费		台	10	500.00	5 000.00	13%	650.00
合　计					¥ 5 000.00		¥ 650.00

价税合计（大写）	伍仟陆佰伍拾元整	（小写）¥ 5 650.00

销售方	名　称：常州人和维修公司	备注	常州人和维修公司 913204117744334356E 发票专用章
	纳税人识别号：913204117744334356E		
	地址、电话：常州市人民路8号		
	开户行及账号：农行新北区支行 3576222099887		

收款人：　　　复核：　　　开票人：金鑫　　　销售方：（章）

第二联　抵扣联　购买方扣税凭证

101-2

江苏增值税专用发票 NO.09821300

3200012360

开票日期：2019年12月13日

购买方	名称：常州东林股份有限公司 纳税人识别号：913204007633279092 地址、电话：河海东路45号 85499890 开户行及账号：建行新北区支行 2300098776	密码区	711466＜72/198533204＋＜63＜ 加密版本：01 ＋64＜－＞876＊98＜/2365/＞ 3200012360 ＋216＞2＞7/3－＋47561＜＞＋ 09821300 512－/5432＜4＊－62＞＞＋＋8

货物或应税劳务、服务名称	规格型号	单位	数量	单价	金额	税率	税额
＊劳务＊维修费		台	10	500.00	5 000.00	13%	650.00
合　计					￥5 000.00		￥650.00

价税合计（大写）	伍仟陆佰伍拾元整	（小写）￥5 650.00

销售方	名称：常州人和维修公司 纳税人识别号：91320411774434356E 地址、电话：常州市人民路8号 开户行及账号：农行新北区支行 3576222099887	备注	（常州人和维修公司发票专用章） 91320411774434356E

收款人：　　　　复核：　　　　开票人：金鑫　　　　销售方：（章）

101-3

中国建设银行
转账支票存根
10502146
04287002

附加信息＿＿＿＿＿＿＿＿＿＿＿＿

＿＿＿＿＿＿＿＿＿＿＿＿＿＿＿＿

出票日期 2019年12月13日

收款人：	常州人和维修公司
金　额：	￥5 650.00
用　途：	管理部门设备修理
备　注：	（2300098776）

单位主管　　　　会计

【业务102】(共4张)

102-1

经理办公会议纪要

企业拟以不高于每股30.00元的价格购入凌飞股份有限公司发行在外的10 000股股票,指定为以公允价值计量且其变动计入其他综合收益的金融资产。

参加人员: 李长兵　周小清　王小婷　刘进　孙海明

2019年12月8日

102-2

交　割　单

营业部名: 华泰证券有限责任公司
股东姓名: 常州东林股份有限公司
资金账户: 977633333
当前币种: 人民币

成交日期	证券代码	证券名称	操作	成交数量	成交均价	成交金额	手续费	印花税	其他杂费	发生金额	账户	市场名称
2019.12.10	600765	凌飞股份	买入	10 000	309.00	300 000.00	699.6			300 699.60	A003267	上海A股

102-3

江苏增值税专用发票 NO. 15156241

抵扣联

3200098220

开票日期: 2019年12月13日

购买方	名　称: 常州东林股份有限公司 纳税人识别号: 913204007633279092 地址、电话: 河海东路45号 85499890 开户行及账号: 建行新北区支行 2300098776	密码区	128766＜98/198533204＋＜64＜ ＋64＜－＞876＊98＜/8765/＞ ＋216＞2＞7/3－＋765112＜＞ ＋782－/＊532＜1＋9163///－	加密版本:01 3200098220 15156241

货物或应税劳务、服务名称	规格型号	单位	数量	单价	金额	税率	税额
*金融服务*直接收费金融服务		笔	1	660.00	660.00	6%	39.60
合　计					¥660.00		¥39.60

价税合计(大写)　陆佰玖拾玖元陆角整　　(小写) ¥699.60

销售方	名　称: 华泰证券有限责任公司 纳税人识别号: 913211028554831235 地址、电话: 河海东路1号 88876667 开户行及账号: 建行新北支行 5135411234	备注	华泰证券有限责任公司 913211028554831235 发票专用章

收款人:　　复核:　　开票人: 周兴　　销售方:(章)

102-4

 3200098220

江苏增值税专用发票

NO. 15156241

3200098220
15156241

发票联

开票日期：2019 年 12 月 13 日

购买方	名　　称：常州东林股份有限公司 纳税人识别号：913204007633279092 地址、电话：河海东路 45 号 85499890 开户行及账号：建行新北区支行 2300098776	密码区	128766＜98/198533204＋＜64＜ ＋64＜－＞876＊98＜/8765/＞ ＋216＞2＞7/3－＋765112＜＞ ＋782－/＊532＜1＋9163///－	加密版本：01 3200098220 15156241
货物或应税劳务、服务名称	规格型号	单位	数量	单价	金额	税率	税额
＊金融服务＊直接收费金融服务		笔	1	660.00	660.00	6%	39.60
合　计					¥ 660.00		¥ 39.60
价税合计（大写）	陆佰玖拾玖元陆角整				（小写）¥ 699.60		
销售方	名　　称：华泰证券有限责任公司 纳税人识别号：913211028554831235 地址、电话：河海东路 1 号 88876667 开户行及账号：建行新北支行 5135411234	备注					

收款人：　　　　　复核：　　　　　开票人：周兴　　　　　销售方：（章）

【业务103】（共1张）

103-1

中国银行股份有限公司常州分行贷款还款凭证

打印日期 2019 年 12 月 13 日

客户号：087622223			机构代码 301	
借款单位：常州东林股份有限公司				
贷款账号	归还金额	Osp 现有余额	备　　注	
234500000-90	800 000	0	合同号 1076222	
金额合计	（大写）人民币捌拾万元整 （小写）CNY＊＊＊800 000.00			
付款账号：2400040015 合同编号：1076222 交易业务号：301LAA654411114				

开票 周晓晓　　　　　记账　　　　　复核

【业务104】（共2张）

104-1

中国银行股份有限公司常州分行贷款还息凭证

打印日期 2019 年 12 月 13 日

客户号：087622223			机构代码 301	
借款单位：常州东林股份有限公司				
产生利息账号	还息金额	Osp现有余额	备 注	
234500000-90	2 488.88		合同号 1076222	
金额合计	（大写）人民币贰仟肆佰捌拾捌元捌角捌分 （小写）CNY＊＊＊＊2 488.88			
付款账号：2400040015 合同编号：1076222 交易业务号：301LAA654411114			（中国银行股份有限公司 新北区支行 业务专用章） （盖章）	

开票 周曼婷　　　记账　　　复核

104-2

【业务105】（共2张）

105-1

收 款 收 据

No 1002033

日期：2019 年 12 月 13 日

交款单位：常州东林股份有限公司
收款方式：支票
人民币（大写）叁仟元整　　　¥ 3 000.00
收款事由：延期付款违约金

2019 年 12 月 13 日

单位盖章：常州金力股份有限公司

财会主管　记账　出纳 林海峰　审核　经办

第三联　付款方记账

105-2

中国建设银行
转账支票存根
10502146
04287003

附加信息＿＿＿＿＿＿＿＿＿＿

出票日期 2019 年 12 月 13 日

收款人：	常州金力股份有限公司
金　额：	¥ 3 000.00
用　途：	违约金
备　注：	（2300098776）

单位主管　　　会计

【业务 106】(共 3 张)

106-1

3200098220

江苏增值税专用发票

此联不作报销、抵扣凭证使用

NO. 05231157　3200098220
05231157

开票日期：2019 年 12 月 13 日

购买方	名　　称	江淮商贸有限公司			密码区	721766＜98/198533204+＜63＜ +64＜-＞876*98＜/8765/＞ +216＞2＞7/3-+47561＜＞+ 782-/5432＜4*-62＞＞＞-8	加密版本：01 3200098220 05231157
	纳税人识别号	9132013067542143102C					
	地址、电话	淮海路 781 号 32769444					
	开户行及账号	招行南京分行 6554222222					

货物或应税劳务、服务名称	规格型号	单位	数量	单价	金额	税率	税额
*商用设备*甲		件	120	1 000.00	120 000.00	13%	15 600.00
*纸制品*包装纸箱		只	12	18.00	216.00	13%	28.08
合　　计					¥ 120 216.00		¥ 15 628.08

价税合计（大写）	壹拾叁万伍仟捌佰肆拾肆元零捌分	（小写）¥ 135 844.08

销售方	名　　称	常州东林股份有限公司	备注
	纳税人识别号	9132040076332790092	
	地址、电话	河海东路 45 号 85499890	
	开户行及账号	建行新北区支行 2300098776	

收款人：　　　复核：　　　开票人：黄林玉　　　销售方：(章)

106-2（此为复印件）

银行承兑汇票　2

09271221
2733910

出票日期（大写）：贰零壹玖年壹拾贰月零壹拾日

出票人全称	江淮商贸有限公司	收款人	全　称	常州东林股份有限公司
出票人账号	6554222222		账　号	2300098776
付款行全称	招行南京分行		开户行	建行新北区支行
出票金额	人民币（大写）壹拾叁万伍仟捌佰肆拾肆元零捌分			亿 千 百 十 万 千 百 十 元 角 分 　　　　¥ 1 3 5 8 4 4 0 8
汇票到期日（大写）	贰零贰零年叁月零壹拾日	付款行	行号	南京招行 876
承兑协议编号	2019 宁字第 G102 号		地址	南京市天宁路 34 号
本汇票请你行承兑，到期无条件付款		本汇票已经承兑，到期日由本行付款。		
财务专用章　有限公司　江淮商贸	李海涛 出票人签章 2019 年 12 月 10 日	承兑行签章 承兑日期 2019 年 12 月 10 日 备注：		70111 复核 伯海 记账

106-3（此为复印件）

产品销售合同

合同号：20191211

购货单位：<u>江淮商贸有限公司</u>（以下简称甲方）
供货单位：<u>常州东林股份有限公司</u>（以下简称乙方）

第一条　乙方向甲方提供甲共计 120 件，价款是 120 000.00 元，增值税为 15 600.00 元，价税合计是 135 600.00 元。包装箱 12 只，价款是 216.00 元，增值税为 28.08 元，价税合计 244.08 元。

第二条　交货日期：2019 年 12 月 13 日

第三条　验收标准

购买方收到商品 7 个工作日内提出质量异议，不包括运输过程中造成的质量问题。自收到商品之日起 60 天内可以提出退货，运费由甲方承担。

以下条款　略

甲方：（盖章）　　　　　乙方：（盖章）

法定(授权)代表人：王庆成　　　　　　　　法定(授权)代表人：李长兵
2019.12.10　　　　　　　　　　　　　　　2019.12.10

12 月 14 日

【业务 107】（共 1 张）

107-1

中国建设银行　电汇凭证　02647933

币别：人民币　　　2019 年 12 月 14 日　　流水号：98791222

汇款方式	☑普通　□加急		
汇款人 全称	常州东林股份有限公司	收款人 全称	扬州机械有限公司
账号	2300098776	账号	73276222121
汇出地点	江苏省　常州市/县	汇入地点	江苏省　扬州市/县
汇出行名称	建行新北区支行	汇入行名称	中行扬州分行
金额	（大写）伍万元整	￥50000.00	

中国建设银行股份有限公司常州新北区支行
2019.12.14
办讫章(1)

附加信息及用途：预付款

财务专用章：常州东林股份有限公司
戴金洪
客户签章

会计主管　　　授权　　　复核　　　录入　周成

第二联　客户回单

【业务108】（共3张）

108-1

中国建设银行　业务收费凭证

币别：人民币　　　　　　2019年12月14日　　　　　　流水号：376533

付款人：	常州东林股份有限公司		账号：2300098776	
项目名称	工本费	手续费	转账汇款手续费	金　额
电汇		10.60	0.53	11.13
金额(大写)	壹拾壹元壹角叁分			
付款方式	银行转账			

中国建设银行股份有限公司常州新北区支行
2019.12.14
办讫章
(1)

会计主管　　　　授权　　　　复核　　　　录入 周成

第二联　客户回单

108-2

3200098220

江苏增值税专用发票

NO. 15156242

3200098220
15156242

抵扣联

开票日期：2019年12月13日

购买方	名　　称：常州东林股份有限公司 纳税人识别号：913204007633279092 地址、电话：河海东路45号 85499890 开户行及账号：建行新北区支行 2300098776	密码区	128766<98/198533204+<64< +64<->876*98</8765/> +216>2>7/3-+765112<> +782-/*532<1+9163///-	加密版本：01 3200098220 15156242
货物或应税劳务、服务名称	规格型号	单位 数量	单价	金　额	税率	税　额
*金融服务*直接收费金融服务		笔　1	10.50	10.50	6%	0.63
合　计				￥10.50		￥0.63
价税合计(大写)	壹拾壹元壹角叁分			(小写) ￥11.13		
销售方	名　　称：中国建设银行股份有限公司常州市分行 纳税人识别号：913211028554830878 地址、电话：河海东路88号 32876666 开户行及账号：中国建设银行股份有限公司常州市营业部 321102785838021	备注	中国建设银行股份有限公司常州市办… 913211028554830878 发票专用章 (1)	

收款人：　　　复核：　　　开票人：杨俊　　　销售方：(章)

第二联　抵扣联　购买方扣税凭证

108-3

江苏增值税专用发票

NO. 15156242

3200098220
15156242

开票日期：2019 年 12 月 13 日

| 购买方 | 名　　　　称：常州东林股份有限公司
纳税人识别号：913204007633279092
地址、电话：河海东路45号 85499890
开户行及账号：建行新北区支行 2300098776 | 密码区 | 128766＜98/198533204＋＜64＜
＋64＜－＞876＊98＜/8765/＞
＋216＞2＞7/3－＋765112＜＞
＋782－/＊532＜1＋9163///－ | 加密版本：01
3200098220
15156242 |

货物或应税劳务、服务名称	规格型号	单位	数量	单　价	金　额	税率	税　额
＊金融服务＊直接收费金融服务		笔	1	10.50	10.50	6%	0.63
合　　计					￥10.50		￥0.63

| 价税合计（大写） | 壹拾壹元壹角叁分 | （小写）￥11.13 |

| 销售方 | 名　　　　称：中国建设银行股份有限公司常州市分行
纳税人识别号：913211028554830878
地址、电话：河海东路88号 32876666
开户行及账号：中国建设银行股份有限公司常州市营业部 321102785838021 | 备注 | 中国建设银行股份有限公司常州市分行
913211028554830878
发票专用章
(1) |

收款人：　　　　　复核：　　　　　开票人：杨俊　　　　　销售方：(章)

【业务109】（共3张）

109-1

中国建设银行
转账支票存根
10502146
04287004

附加信息＿＿＿＿＿＿＿＿＿＿＿＿＿

出票日期 2019 年 12 月 14 日

收款人：	江苏城市大学
金　额：	￥12 000.00
用　途：	研究费
备　注：	（2300098776）

单位主管　　　　　会计

109-2

合作开发技术协议

　　__常州东林股份有限公司__（本协议中乙方）与江苏城市大学（本协议中甲方）合作开发新技术,就有关项目形成如下意见:

　　第一条　甲方负责该技术可行性研究,完成调研报告,可行性论证报告,内容应包括新技术的发展前景,技术难度,总投入等情况。甲方交付报告后乙方支付人民币 12 000.00 元。

　　第二条　如乙方根据甲方提供的报告决议开发此项目,则甲方应全力配合,项目开发成功后,乙方向甲方支付 70 000.00 元。

　　第三条　未尽宜双方协商解决。

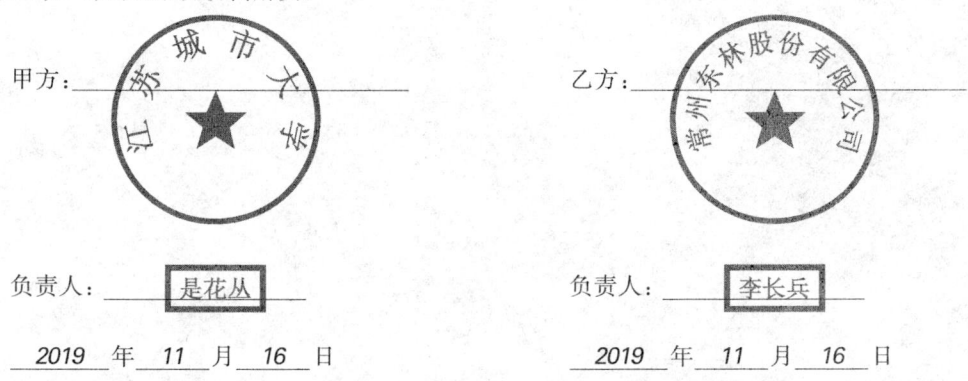

　　甲方：_____　　　　　　乙方：_____

　　负责人：　吴花丛　　　　　　　　　负责人：　李长兵

　　2019 年 11 月 16 日　　　　　　　　2019 年 11 月 16 日

109-3

　3200083451

江苏增值税普通发票

NO. 23769921

3200083451
23769921

发票联　　　　开票日期：2019 年 12 月 06 日

购买方	名称：常州东林股份有限公司 纳税人识别号：913204007633279092 地址、电话：河海东路45号 85499890 开户行及账号：建行新北区支行 2300098776	密码区	752766＜98/198533204＋＜63＜　加密版本:01 ＋64＜-＞876＊98＜/8765/＞ ＋216＞2＞7/3－＋47561＜＞＋　3200083451 782－/5432＜3＊-62＞＞＞7＋　23769921

货物或应税劳务、服务名称	规格型号	单位	数量	单价	金　额	税率	税　额
＊研发和技术服务 ＊研发服务		项	1	11 650.49	11 650.49	3%	349.51
合　计					￥11 650.49		￥349.51

价税合计(大写)	壹万贰仟元整	(小写)￥12 000.00

销售方	名称：江苏城市大学 纳税人识别号：91320423143533241B 地址、电话：勤业路88号 85001246 开户行及账号：建行钟楼支行 2322310016	备注	

收款人：　　　　复核：　　　　开票人：吴双红　　　　销售方：(章)

12月15日

【业务110】(共4张)

110-1

中国建设银行
转账支票存根
10502146
04287005

附加信息＿＿＿＿＿＿＿＿＿＿＿＿

出票日期 *2019* 年 *12* 月 *15* 日

收款人：	*常州红星家具城*
金　额：	¥ *113 000.00*
用　途：	*货款*
备　注：	（*2300098776*）

单位主管　　　　　　　会计

110-2

江苏增值税专用发票　NO.00216783

3200108232

抵扣联

开票日期：2019 年 12 月 15 日

购买方	名　称：	常州东林股份有限公司	密码区	931766＜11＞198533204＋＞63＜ ＋64＜－＞876＊98＜/8765/＞ ＋213＞1＞6/3－＋47561＜＞＋ 782－/5432＜4＊－62＞＞＞－8	加密版本：01 3200108232 00216783
	纳税人识别号：	913204007633279092			
	地址、电话：	河海东路45号 85499890			
	开户行及账号：	建行新北区支行 2300098776			

货物或应税劳务、服务名称	规格型号	单位	数量	单价	金　额	税率	税额
*家具*办公桌		张	10	8 000.00	80 000.00	13%	10 400.00
*家具*椅子		张	10	2 000.00	20 000.00	13%	2 600.00
合　计					¥ 100 000.00		¥ 13 000.00

价税合计（大写）	壹拾壹万叁仟元整	（小写）¥ 113 000.00

销售方	名　称：	常州红星家具城	备注	
	纳税人识别号：	913204004832652210		
	地址、电话：	长江中路98号 86632234		
	开户行及账号：	工行新北区支行 09126533331		

收款人：　　　复核：　　　开票人：周晓洁　　　发票销售方：(章)

110-3

江苏增值税专用发票

NO.00216783

开票日期：2019 年 12 月 15 日

购买方	名　　称：常州东林股份有限公司 纳税人识别号：913204007633279092 地址、电话：河海东路 45 号 85499890 开户行及账号：建行新北区支行 2300098776	密码区	931766＜11＞198533204+＞63＜ +64＜-＞876*98＜/8765/＞+ +213＞1＞6/3-+47561＜＞+ 782-/5432＜4*-62＞＞＞-8	加密版本：01 3200108232 00216783

货物或应税劳务、服务名称	规格型号	单位	数量	单价	金额	税率	税额
*家具*办公桌		张	10	8 000.00	80 000.00	13%	10 400.00
*家具*椅子		张	10	2 000.00	20 000.00	13%	2 600.00
合　计					￥100 000.00		￥13 000.00

价税合计（大写）	壹拾壹万叁仟元整	（小写）￥113 000.00

销售方	名　　称：常州红星家具城 纳税人识别号：913204004832652210 地址、电话：长江中路 98 号 86632234 开户行及账号：工行新北区支行 09126533331	备注	常州红星家具城 913204004832652210（章）

收款人：　　　　复核：　　　　开票人：周晓洁　　　销售方：（章）

110-4

新增固定资产登记表

2019 年 12 月 15 日

固定资产名称	种类	单位	数量	购入日期	投入使用日期	使用部门
办公桌椅	办公家具	套	10	2019 年 12 月 15 日	2019 年 12 月 15 日	厂部各部门

制表人：董坤　　　　复核人：周小清

【业务111】（共3张）

111-1

中国建设银行
转账支票存根
10502146
04287006

附加信息_____

出票日期 *2019* 年 *12* 月 *15* 日

收款人：	金坛天海股份有限公司
金　额：	￥800 000.00
用　途：	股权收购款
备　注：	（2300098776）

单位主管　　　　　　　会计

111-2

股权转让协议

转让方：金坛天海股份有限公司
受让方：常州东林股份有限公司

一、根据《中华人民共和国公司法》第七十二条的规定，并经公司股东会会议决议，股东 金坛天海股份有限公司 同意将其在 常州江河有限公司 30% 的股权以人民币 800 000.00 元转让给受让方 常州东林股份有限公司。

二、依照本协议转让的股权于 2019 年 12 月 15 日实施，即受让方开出转账支票将股权收购款支付给转让方。

三、转让方自本协议规定的股权转让之日起，不再享受任何股东权利，同时也不对江河公司承担任何责任。

四、受让方自本协议规定的股权转让之日起，应当依法以其受让的股权为限，享受股东权利，同时也承担股东责任。

五、如有一方违反本协议的，应协商解决；协商不成时，另一方有权向有管辖权的人民法院依法起诉。

六、本协议经双方当事人签名、盖章后生效。

转让方（签字、盖章）：

法定（授权）代表人

受让方（签字、盖章）：

法定（授权）代表人

本协议签订日期：2019 年 12 月 11 日

111-3

金坛天海股份有限公司股权转让
所涉及的常州江河有限责任公司
股东全部权益价值评估报告书

苏红资评报字(2019)第1028号

摘　要

金坛天海股份有限公司：

江苏红阳资产评估有限公司接受金坛天海股份有限公司的委托，就金坛天海股份有限公司拟进行转让其持有常州江河有限责任公司的股权之经济行为，对常州江河有限责任公司股东全部权益在评估基准日的市场价值进行了评估。

1. 评估目的：确定常州江河有限责任公司股东全部权益的市场价值，为委托方拟进行股权转让提供价值参考意见。

2. 评估对象与评估范围：评估对象为常州江河有限责任公司股东全部权益价值，评估范围为常州江河有限责任公司申报的全部资产及负债。

3. 评估基准日：2019年11月30日。

4. 评估方法与价值标准：本次评估遵照中国有关资产评估的法令、法规，遵循独立、客观、科学的工作原则和持续经营原则、替代性原则、公开市场原则等有关经济原则，依据委估资产的实际状况、现行市场价格标准，以资产的持续使用和公开市场为前提，采用资产基础法进行评估，评估的价值类型为市场价值。

5. 评估结论：本公司评估人员对纳入评估范围的全部资产和负债进行了必要的勘察核实，对企业经营、财务、规划等方面进行了必要的尽职调查，对委托方和被评估企业提供的法律性文件、财务记录等相关资料进行了必要的核实、查证、估算、分析和调整等必要的评估程序，委估股东全部权益的评估结论如下：

在评估基准日2019年11月30日企业持续经营前提下，常州江河有限责任公司公司申报的总资产961.79万元，总负债783.38万元，股东全部权益为178.41万元。

采用资产基础法评估后的总资产1 033.38万元，总负债783.38万元，股东全部权益为250.00万元，股东全部权益增值71.59万元，增值率40.13%。

6. 按现行规定，本评估报告的有效期为一年，即自2019年11月30日至2020年11月29日止。超过一年，需重新进行资产评估。

以上内容摘自资产评估报告书，欲了解本评估项目的全面情况，请认真阅读资产评估报告书全文，同时请报告使用者关注评估报告正文中的评估报告使用限制说明。

评估机构法定代表人 林平 320013

中国注册资产评估师 欧阳明 320024　周备红 320025

江苏红阳资产评估有限公司
中国　　江苏
二〇一九年十二月十日

12月16日

【业务112】（共1张）

112-1

江苏增值税普通发票	NO.09228160

3200098220　　　　　　　　　　　　　　　　　　　　　3200098220
　　　　　　　　　　　　发票联　　　　　　　　　　　　09228160
　　　　　　　　　　　　　　　　　　　　开票日期：2019年12月16日

购买方	名　　称：常州东林股份有限公司	密码区	987332<98/198533204+<63< 加密版本:01
	纳税人识别号：913204007633279092		+64<->876*98</2135/>
	地址、电话：河海东路45号 85499890		+671>2>7/3-+47561<>+
	开户行及账号：建行新北区支行 2300098776		782-/821*/4/546>>>+8

货物或应税劳务、服务名称	规格型号	单位	数量	单价	金额	税率	税额
*餐饮服务*餐费		次	1	566.04	566.04	6%	33.96
合　　计					￥566.04		￥33.96

价税合计（大写）：陆佰元整　　　　　　　　　　（小写）￥600.00

销售方	名　　称：常州食为先酒楼	备注
	纳税人识别号：913204082135907510	
	地址、电话：关河路18号 82229910	
	开户行及账号：交行常州分行 2389075431	

收款人：　　　复核：　　　开票人：吴小军　　　销售方：（章）

【业务113】（共1张）

113-1

江苏增值税专用发票	NO.05231158

3200098220　　　　　　　　　　　　　　　　　　　　　3200098220
　　　　　　此联不作报销、扣税凭证使用　　　　　　　05231158
　　　　　　　　　　　　　　　　　　　　开票日期：2019年12月16日

购买方	名　　称：江苏贝科股份有限公司	密码区	751766<98/198633204+<23< 加密版本:01
	纳税人识别号：91320400254226521D		+64<->876*98</8765/>
	地址、电话：人民路12号 86733873		+216>2>7/3-+17561<>+
	开户行及账号：建行南京分行 297553333309		782-/5972<4*-62>>>-8

货物或应税劳务、服务名称	规格型号	单位	数量	单价	金额	税率	税额
*商用设备*甲		件	100	1002.00	100200.00	13%	13026.00
合　　计					￥100200.00		￥13026.00

价税合计（大写）：壹拾壹万叁仟贰佰贰拾陆元整　　　（小写）￥113226.00

销售方	名　　称：常州东林股份有限公司	备注
	纳税人识别号：913204007633279092	
	地址、电话：河海东路45号 85499890	
	开户行及账号：建行新北区支行 2300098776	

收款人：　　　复核：　　　开票人：黄林玉　　　销售方：（章）

113-2（此为复印件）

产品销售合同

合同号：201912112

购货单位：江苏贝科股份有限公司 （以下简称甲方）
供货单位：常州东林股份有限公司 （以下简称乙方）

第一条　乙方向甲方提供甲共计 100 件，价款是 100 200.00 元，增值税为 13 026.00 元，价税合计是 113 226.00 元。

第二条　交货日期：2019 年 12 月 16 日

第三条　付款方式：11 月 30 前甲方预付乙方 110 000.00 元，余款于交货后三个月内付清。

第四条　验收标准

购买方收到商品 7 个工作日内提出质量异议，不包括运输过程中造成的质量问题。自收到商品之日起 60 天内可以提出退货，运费由甲方承担。

以下条款　略

甲方：（盖章）　　　　乙方：（盖章）

法定（授权）代表人：刘明礼　　　　　　法定（授权）代表人：李长兵

2019.11.10　　　　　　　　　　　　　　2019.11.10

12 月 17 日

【业务 114】（共 4 张）

114-1

经理办公会议纪要

企业拟以每股不高于 12.00 元的价格购入长红股份 12 000 股，划分为交易性金融资产。

参加人员：李长兵　周小清　王小婷　刘进　孙海明

2019 年 12 月 15 日

114-2

交 割 单

营业部名：华泰证券有限责任公司
股东姓名：常州东林股份有限公司
资金账户：977633333
当前币种：人民币

成交日期	证券代码	证券名称	操作	成交数量	成交均价	成交金额	手续费	印花税	其他杂费	发生金额	账户	市场名称
2019.12.16	600872	长红股份	买入	12 000	12.00	144 000.00	335.81			144 335.81	A003267	上海A股

114-3

3200098220

江苏增值税专用发票

NO. 15156243

3200098220
15156243

抵扣联

开票日期：2019 年 12 月 17 日

购买方	名　　称：常州东林股份有限公司 纳税人识别号：913204007633279092 地　址、电　话：河海东路45号 85499890 开户行及账号：建行新北区支行 2300098776	密码区	81266＜9/8/198533204＋＜－51 ＋64＜－＞876＊98＜/8765－1 ＋216＞2＞7/3－＋765112＜＞ ＋711－/＊532＜1＋9163///9	加密版本：01 3200098220 15156243

货物或应税劳务、服务名称	规格型号	单位	数量	单价	金　额	税率	税　额
*金融服务*直接收费金融服务		笔	1	316.80	316.80	6%	19.01
合　　计					￥316.80		￥19.01

价税合计（大写）	叁佰叁拾伍元捌角壹分	（小写）￥335.81

销售方	名　　称：华泰证券有限责任公司 纳税人识别号：913211028554831235 地　址、电　话：河海东路1号 88876667 开户行及账号：建行新北支行 5135411234	备注	华泰证券有限责任公司 913211028554831235 发票专用章

收款人：　　　复核：　　　开票人：周兴　　　销售方：（章）

114-4

江苏增值税专用发票

NO. 15156243

3200098220
15156243

发票联 开票日期：2019 年 12 月 17 日

购买方	名　　称：常州东林股份有限公司 纳税人识别号：913204007633279092 地址、电话：河海东路 45 号 85499890 开户行及账号：建行新北区支行 2300098776	密码区	81266＜9/8/198533204＋＜－51 ＋64＜－＞876＊98＜/8765－1 ＋216＞2＞7/3－＋765112＜＞ ＋711－/＊532＜1＋9163///9	加密版本：01 3200098220 15156243

货物或应税劳务、服务名称	规格型号	单位	数量	单价	金额	税率	税额
＊金融服务＊直接收费金融服务		笔	1	316.80	316.80	6%	19.01
合　计					￥316.80		￥19.01

价税合计（大写）	叁佰叁拾伍元捌角壹分	（小写）￥335.81

销售方	名　　称：华泰证券有限责任公司 纳税人识别号：913211028554831235 地址、电话：河海东路 1 号 88876667 开户行及账号：建行新北支行 5135411234	备注	（华泰证券有限责任公司 发票专用章 913211028554831235）

收款人：　　　　复核：　　　　开票人：周兴　　　　销售方：（章）

【业务 115】（共 1 张）

115-1

固定资产处置申请单

2019 年 12 月 15 日

固定资产名称	电脑	单位	台	型号	HP87611	数量	4
资产编号	0861	停用时间	2019.12	购建时间	2017 年 12 月 20 日	存放地点	管理部门
已提折旧月数	23 月	原值	36 000.00	累计折旧			21 850.00
有效使用年限	3 年	月折旧额	950.00	净值			14 150.00

处置原因：对外捐赠给东方小学

财务部门意见： 同意 周小清 2019 年 12 月 17 日	公司领导意见： 同意 李长兵 2019 年 12 月 17 日

编制人：张洪量　　　　使用部门负责人：丁俊

附录2 常州东林股份有限公司2019年12月份经济业务

【业务116】（共1张）

116-1

江苏增值税专用发票 NO.05231159

此联不作报销、抵税凭证使用　　开票日期：2019年12月16日

购买方	名　　称：东方小学 纳税人识别号：913204007633271200 地址、电话：兰陵路45号 87565111 开户行及账号：建行兰陵支行 98755544111	密码区	751766＜98/198633204＋＜23＜ 加密版本：01 ＋64＜－＞876＊98＜/8765/＞ ＋216＞2＞7/3－＋17561＜＞＋ 782－/5972＜4＊－62＞＞＞－8

货物或应税劳务、服务名称	规格型号	单位	数量	单价	金额	税率	税额
*电子计算机*电脑HP		台	4	1 250.00	5 000.00	13%	650.00
合　计					¥5 000.00		¥650.00

价税合计（大写）	伍仟陆佰伍拾元整	（小写）¥5 650.00

销售方	名　　称：常州东林股份有限公司 纳税人识别号：913204007633279092 地址、电话：河海东路45号 85499890 开户行及账号：建行新北区支行 2300098776	备注	

收款人：　　　复核：　　　开票人：黄林玉　　　销售方：（章）

【业务117】（共4张）

117-1

江苏增值税专用发票 NO.34716823

抵扣联　　　开票日期：2019年12月17日

购买方	名　　称：常州东林股份有限公司 纳税人识别号：913204007633279092 地址、电话：河海东路45号 85499890 开户行及账号：建行新北区支行 2300098776	密码区	929171＜21/198533204＋＜12＜ 加密版本：01 ＋64＜－＞876＊51＜/8765/＞ ＋316＞2＞7/3－＋33561＜＞＋ 782－/5432＜4＊－21＞＞＞－8

货物或应税劳务、服务名称	规格型号	单位	数量	单价	金额	税率	税额
*设计服务*印刷费		本	4 000	3.25	13 000.00	13%	1 690.00
合　计					¥13 000.00		¥1 690.00

价税合计（大写）	壹万肆仟陆佰玖拾元整	（小写）¥14 690.00

销售方	名　　称：常州江氏印刷厂 纳税人识别号：91320400198652221J 地址、电话：湖塘定安路324号 63200783 开户行及账号：建行湖塘支行 76652227622	备注	（常州江氏印刷厂 91320400198652221J 发票专用章）

收款人：　　　复核：　　　开票人：周井林　　　销售方：（章）

117-2

 3200198211

江苏增值税专用发票　　NO.34716823
第三联 发票联 购买方记账凭证

开票日期：2019 年 12 月 17 日

3200198211
34716823

| 购买方 | 名称：常州东林股份有限公司 纳税人识别号：913204007633279092 地址、电话：河海东路45号 85499890 开户行及账号：建行新北区支行 2300098776 | 密码区 | 929171＜21／198533204＋＜12＜ ＋64＜－＞876＊51＜／8765／＞ ＋216＞2＞7／3－＋47561＜＞＋ 782－／5432＜4＊－62＞＞＞－8 | 加密版本：01 3200198211 34716823 |

货物或应税劳务、服务名称	规格型号	单位	数量	单价	金额	税率	税额
*设计服务*印刷费		本	4 000	3.25	13 000.00	13%	1 690.00
合　计					￥13 000.00		￥1 690.00

价税合计（大写）　壹万肆仟陆佰玖拾元整　　（小写）￥14 690.00

| 销售方 | 名称：常州江氏印刷厂 纳税人识别号：91320400198652221J 地址、电话：湖塘定安路324号 63200783 开户行及账号：建行湖塘支行 76652227622 | 备注 | （常州江氏印刷厂 91320400198652221J 发票专用章） |

收款人：　　　复核：　　　开票人：周井林　　　销售方：（章）

117-3

中国建设银行
转账支票存根
10502146
04287007

附加信息＿＿＿＿＿＿＿＿＿＿

出票日期 2019 年 12 月 17 日

| 收款人：常州江氏印刷厂 |
| 金　额：￥14 690.00 |
| 用　途：印信纸款项 |
| 备　注：（2300098776） |

单位主管　　　　会计

117-4

收 料 单

供应单位：常州江氏印刷厂　　2019 年 12 月 17 日　　编号：20021

材料编号	名称	单位	规格	数量		实际成本			
				应收	实收	单价	发票价格	运杂费	合计
0401001	信纸	本		4 000	4 000				
备注：									

收料人：杨有兵　　　　　　　　　　交料人：林小兵

第二联　记账联

【业务118】（共 4 张）

118-1

经理办公会议纪要

企业拟按不低于每股 20.00 元的价格出售洪州股份有限公司的全部股票。

参加人员：李长兵　周小清　王小婷　刘进　孙海明

2019 年 12 月 13 日

118-2

交 割 单

营业部名：华泰证券有限责任公司
股东姓名：常州东林股份有限公司
资金账户：977633333
当前币种：人民币

成交日期	证券代码	证券名称	操作	成交数量	成交均价	成交金额	手续费	印花税	其他杂费	发生金额	账户	市场名称
2019.12.16	600215	洪州股份	卖出	4 000	20.00	80 000.00	186.56	80.00		79 733.44	A003267	上海 A 股

118-3

3200098220

江苏增值税专用发票　NO. 15156244　3200098220
抵扣联　　　　　　　开票日期：2019 年 12 月 17 日　15156244

购买方	名称：常州东林股份有限公司 纳税人识别号：913204007633279092 地址、电话：河海东路45号 85499890 开户行及账号：建行新北区支行 2300098776	密码区	81266＜9/8/198533204＋＜－51 ＋64＜－＞876＊98＜/8765－1＋ 216＞2＞7/3－＋765112＜＞＋ 711－/＊532＜1＋9163－＊21－	加密版本：01 3200098220 15156244

货物或应税劳务、服务名称	规格型号	单位	数量	单价	金额	税率	税额
＊金融服务＊直接收费金融服务		笔	1	176.00	176.00	6%	10.56
合　计					￥176.00		￥10.56

价税合计（大写）　壹佰捌拾陆元伍角陆分　　　　（小写）￥186.56

销售方	名称：华泰证券有限责任公司 纳税人识别号：913211028554831235 地址、电话：河海东路1号 88876667 开户行及账号：建行新北支行 5135411234	备注	（华泰证券有限责任公司 913211028554831235 发票专用章）

收款人：　　　复核：　　　开票人：周兴　　　销售方：（章）

118-4

3200098220

江苏增值税专用发票　NO. 15156244　3200098220
发票联　　　　　　　开票日期：2019 年 12 月 17 日　15156244

【业务 119】（共 4 张）

119-1

江苏增值税专用发票 NO.23776761

代码：3200032441

开票日期：2019 年 12 月 16 日

购买方
- 名称：常州东林股份有限公司
- 纳税人识别号：913204007633279092
- 地址、电话：河海东路 45 号 85499890
- 开户行及账号：建行新北区支行 2300098776

密码区：
111766＜98/198533204＋＜63＜
＋64＜-＞876＊99＜/2165/＞
＋216＞2＞7/3-＋47561＜＞＋
782-/5432＜4＊-62＞＞＞-8

加密版本：01

货物或应税劳务、服务名称	规格型号	单位	数量	单价	金额	税率	税额
其他设备 Y		台	1	50 000.00	50 000.00	13%	6 500.00
合计					￥50 000.00		￥6 500.00

价税合计（大写）：伍万陆仟伍佰元整　（小写）￥56 500.00

销售方
- 名称：金坛上林设备有限公司
- 纳税人识别号：913204001265333510
- 地址、电话：金晶路 123 号 83423933
- 开户行及账号：工行金坛支行 97227222211

开票人：万小平

第二联 抵扣联 购买方扣税凭证

119-2

江苏增值税专用发票 NO.23776761

代码：3200032441

开票日期：2019 年 12 月 16 日

购买方
- 名称：常州东林股份有限公司
- 纳税人识别号：913204007633279092
- 地址、电话：河海东路 45 号 85499890
- 开户行及账号：建行新北区支行 2300098776

密码区：
111766＜98/198533204＋＜63＜
＋64＜-＞876＊99＜/2165/＞
＋216＞2＞7/3-＋47561＜＞＋
782-/5432＜4＊-62＞＞＞-8

加密版本：01

货物或应税劳务、服务名称	规格型号	单位	数量	单价	金额	税率	税额
其他设备 Y		台	1	50 000.00	50 000.00	13%	6 500.00
合计					￥50 000.00		￥6 500.00

价税合计（大写）：伍万陆仟伍佰元整　（小写）￥56 500.00

销售方
- 名称：金坛上林设备有限公司
- 纳税人识别号：913204001265333510
- 地址、电话：金晶路 123 号 83423933
- 开户行及账号：工行金坛支行 97227222211

开票人：万小平

第三联 发票联 购买方记账凭证

119-3

中国建设银行
转账支票存根
10502146
04287008

附加信息＿＿＿＿＿＿＿＿＿＿＿＿＿＿
＿＿＿＿＿＿＿＿＿＿＿＿＿＿＿＿＿＿
＿＿＿＿＿＿＿＿＿＿＿＿＿＿＿＿＿＿

出票日期 2019 年 12 月 17 日

收款人：	金坛上林设备有限公司
金　额：	￥56 500.00
用　途：	货款
备　注：	（2300098776）

单位主管　　　　　　会计

119-4

新增固定资产登记表
2019 年 12 月 17 日

固定资产名称	种类	单位	数量	购入日期	投入使用日期	使用部门
设备Y	机器设备	台	1	2019年12月17日	2019年12月17日	二车间

制表人：董　坤　　　　　　复核人：周小清

【业务120】（共1张）

120-1

中国建设银行客户专用回单

币别：人民币　　　　2019 年 12 月 16 日　　　流水号：320620027J0500967145

付款人	全　称	上海昌达股份有限公司	收款人	全　称	常州东林股份有限公司
	账　号	29887766666		账　号	2300098776
	开户银行			开户银行	建行新北区支行
金　额	（大写）人民币 叁拾肆万零叁佰玖拾伍元柒角捌分			（小写）￥340 395.78	
凭证种类	电汇凭证		凭证号码		
结算方式	电子汇划汇入		用　途	转账存入	

汇划日期：20191216　　汇划款项编号：00202762　　打印柜员：320628736AJ1
报文顺序号：56863109　　汇出行行号：105415615872　　打印机构：新北区支建设银行
汇出行行名：工行龙海支行　　　　　　　　　　　　　　打印卡号：9553301260105394
业务类型：0060　原凭证金额0.00
原凭证种类：0703　原凭证号码
附言：

（贷方回单）

电子回单专用章

打印时间：2019-12-16　　交易柜员：B01B01000001　　交易机构：320620027

【业务121】（共3张）

121-1

中国建设银行
转账支票存根
10502146
04287009

附加信息 _____

出票日期 2019 年 12 月 17 日

收款人：	国家税务总局常州市税务局
金　额：	￥2 127.97
用　途：	税款及滞纳金
备　注：	（2300098776）

单位主管　　　　　会计

121-2

中华人民共和国
税收通用缴款书（税务收现专用）

NO. 239766441122201

登记注册类型：　　填发日期：2019 年 12 月 31 日　　税务机关：国家税务总局常州市税务局

纳税人识别号			纳税人名称					
税　种	品目名称	课税数量	计税金额或收入	税率或单位税额	税款所属时期		已缴或扣除额	实缴金额
印花税					2019 年 11 月 1 日至 11 月 30 日			925.84
房产税					2019 年 11 月 1 日至 11 月 30 日			1 200.00
滞纳金					2019 年 11 月 1 日至 11 月 30 日			2.13
金额合计：(大写)人民币贰仟壹佰贰拾柒元玖角柒分								￥2 127.97
税务机关盖章 征税专用章		代征单位盖章		填票人	备注			

妥善保管

附录2　常州东林股份有限公司2019年12月份经济业务

121-3

进 账 单（回单） 1

2019 年 12 月 17 日

出票人	全称	常州东林股份有限公司	收款人	全称	国家税务总局常州市税务局
	账号	2300098776		账号	3204977675565222
	开户银行	建行新北区支行		开户银行	建行新北区支行

金额 人民币（大写）　贰仟壹佰贰拾柒元玖角柒分　　￥2 127.97

| 票据种类 | 支票 | 票据张数 | 一张 |
| 票据号码 | 转账 1050214604287009 |

中国建设银行股份有限公司常州新北区支行
2019.12.17
办讫章(1)

开户银行签章

此联是开户银行交给持（出）票人的回单

复核　　　记账

12 月 20 日

【业务 122】（共 1 张）

122-1

天江有限公司 2019 年度临时股东会决议

时间：2019 年 12 月 20 日

应到会股东人数：3 人　　实际到会股东人数：3 人

　　经全体股东审议，一致通过如下决议：本公司截至 2018 年 12 月 31 日的未分配利润 2 000 000.00 元，现向全体股东分配现金利润 800 000.00 元，按出资比例分配。

股东签名：王广和　赵明明　李长兵

二〇一九年十二月二十日

【业务123】（共2张）

123-1

中国建设银行
转账支票存根
10502146
04287010

附加信息 _____

出票日期 2019 年 12 月 20 日

收款人：	邮政有限公司
金　额：	￥120 000.00
用　途：	报纸杂志费
备　注：	(2300098776)

单位主管　　　　　会计

123-2

3200098220　　**江苏增值税普通发票**　　NO. 10448177　　3200098220
　　　　　　　　　　　　发票联　　　　　　　　　　　　　　　　10448177

开票日期：2019 年 12 月 16 日

购买方	名　　称：常州东林股份有限公司 纳税人识别号：913204007633279092 地　址、电　话：河海东路45号 85499890 开户行及账号：建行新北区支行 2300098776	密码区	710332＜98/198533204＋＜4－－ ＋64＜－＞876＊98＜/2135// 9171＞2＞7/3－＋47561＜＞＋ 7890/821＊/4/546＞＞＞＋8	加密版本：01 3200098220 10448177

货物或应税劳务、服务名称	规格型号	单位	数量	单价	金　额	税率	税　额
＊印刷品＊报刊					120 000.00	0%	***
合　计					￥120 000.00		***

价税合计（大写）	壹拾贰万元整	（小写）￥120 000.00

销售方	名　　称：常州邮政局 纳税人识别号：91320476126087212Q 地　址、电　话：吴河西路99号 82229977 开户行及账号：建行常州分行 82389075477	备注	常州邮政局 91320476126087212Q 发票专用章

收款人：　　　复核：　　　开票人：吴小军　　　销售方：（章）

【业务124】（共4张）

124-1

中国建设银行
转账支票存根
10502146
04287011

附加信息 _____

_____

_____

出票日期 *2019* 年 *12* 月 *20* 日

收款人：	常州东林股份有限公司
金　额：	￥504 093.33
用　途：	还贷划款
备　注：	（2300098776）

单位主管　　　　　　会计

124-2

中国建设银行　进账单（回单） 1
2019 年 12 月 20 日

出票人	全　称	常州东林股份有限公司	收款人	全　称	常州东林股份有限公司	此联是收款人开户银行交给收款人的收账通知
	账　号	2300098776		账　号	2400040015	
	开户银行	建行新北区支行		开户银行	中行新北区支行	
金额	人民币（大写）	伍拾万肆仟零玖拾叁元叁角叁分	亿 千 百 十 万 千 百 十 元 角 分 ￥ 5 0 4 0 9 3 3 3			
票据种类	支票	票据张数	一张	中国建设银行股份有限公司常州新北区支行 2019.12.20 办讫章 (1) 开户银行签章		
票据号码	转账 1050214604287011					
复核		记账				

124-3

进 账 单（收款通知）3

2019 年 12 月 20 日

出票人	全 称	常州东林股份有限公司	收款人	全 称	常州东林股份有限公司
	账 号	2300098776		账 号	2400040015
	开户银行	建行新北区支行		开户银行	中行新北区支行

金额	人民币（大写）	伍拾万肆仟零玖拾叁元叁角叁分	亿 千 百 十 万 千 百 十 元 角 分
			￥ 5 0 4 0 9 3 3 3

票据种类	支票	票据张数	一张	中国建设银行股份有限公司常州新北区支行 2019.12.20 办讫章 (1) 开户银行签章
票据号码	转账 1050214604287011			

| 复核 | | 记账 | | |

此联是收款人开户银行交给收款人的收账通知

124-4

常州市同城票据交换（贷）方补充凭证 5150900

发报行名称：　　　　　　2019 年 12 月 20 日　　　　提交号

发报行 行号			汇(提)出 行行号			收报行 行号		122	汇(提)入 行行号	
付款人	账号	2300098776				收款人	账号	2400040015		
	名称	常州东林股份有限公司					名称	常州东林股份有限公司		

金额：伍拾万零肆仟零玖拾叁元叁角叁分	￥504 093.33

事由：划款

备注	签发日期　20191220 支付密码　128270021 地方密押 原凭证号码	中国银行股份有限公司 新北区支行 业务专用章

汇(提)入序号　1298　　打印日期 20191220　　打印流水号 547542　　电脑打印　　手工无效

此联作借方记账凭证或收款通知

【业务125】(共4张)

125-1

经理办公会议纪要

企业拟购入江苏省政府2018年12月31日发行的面值为100.00元的债券700张,准备持有至到期。该债券每年12月31日付息一次,本金于到期日2022年12月31日归还。

参加人员：李长兵　周小清　王小婷　刘进　孙海明

2019年12月14日

125-2

交　割　单

营业部名：华泰证券有限责任公司
股东姓名：常州东林股份有限公司
资金账户：977633333
当前币种：人民币

成交日期	交易类别	证券名称	成交价格	成交数量	成交金额	结算价	实收佣金	印花税	应付金额
20191220	买入	12江苏债	100.00	700	100 000.00	142.857 1	233.2		100 233.20

125-3

江苏增值税专用发票 抵扣联

3200098220　NO. 15156245
开票日期：2019年12月17日

购买方	名　称：常州东林股份有限公司
	纳税人识别号：913204007633279092
	地址、电话：河海东路45号 85499890
	开户行及账号：建行新北区支行 2300098776

密码区：
81266＜9/8/198533204＋＜*
215540-＞876*98＜/87655040
--2＞7/3-＋765112＜＞＋
711-/*532＜1＋9163*-/9

加密版本：01
3200098220
15156245

货物或应税劳务、服务名称	规格型号	单位	数量	单价	金额	税率	税额
*金融服务*直接收费金融服务		笔	1	220.00	220.00	6%	13.20
合　计					¥220.00		¥13.20

价税合计(大写)：贰佰叁拾叁元贰角整　(小写)¥233.20

销售方	名　称：华泰证券有限责任公司
	纳税人识别号：913211028554831235
	地址、电话：河海东路1号 88876667
	开户行及账号：建行新北支行 5135411234

备注：（华泰证券有限责任公司 913211028554831235 发票专用章）

收款人：　复核：　开票人：周兴　销售方：(章)

125-4

 3200098220

江苏增值税专用发票 NO. 15156245

发票联   开票日期：2019 年 12 月 17 日

购买方	名称：常州东林股份有限公司 纳税人识别号：913204007633279092 地址、电话：河海东路 45 号 85499890 开户行及账号：建行新北区支行 2300098776	密码区	81266＜9/8/198533204＋＜＊ 215540－＞876＊98＜/87655040 －－2＞7/3－＋765112＜＞＋ 711－/＊532＜1＋9163＊－/9	加密版本：01 3200098220 15156245

货物或应税劳务、服务名称	规格型号	单位	数量	单价	金额	税率	税额
*金融服务*直接收费金融服务		笔	1	220.00	220.00	6%	13.20
合计					¥220.00		¥13.20

价税合计（大写）	贰佰叁拾叁元贰角整	（小写）¥233.20

销售方	名称：华泰证券有限责任公司 纳税人识别号：913211028554831235 地址、电话：河海东路 1 号 88876667 开户行及账号：建行新北支行 5135411234	备注	华泰证券有限责任公司 913211028554831235 发票专用章

收款人：　　　　复核：　　　　开票人：周兴　　　　销售方：（章）

12 月 21 日

【业务 126】（共 1 张）

126-1

红泽机械有限公司 2019 年度临时股东会决议

时间：2019 年 12 月 21 日

应到会股东人数：3 人　　　实际到会股东人数：3 人

经全体股东审议，一致通过如下决议：本公司截至 2018 年 12 月 31 日的未分配利润 1 000 000.00 元，现向全体股东分配现金利润 400 000.00 元，按出资比例分配。

股东签名： 　　　　　　　　　

2019 年 12 月 21 日

【业务127】（共2张）

127-1

中国银行股份有限公司常州分行贷款还息凭证

打印日期 2019 年 12 月 21 日

客户号：087622223　　　　　　　　　　　　　　　机构代码 301

借款单位：常州东林股份有限公司

产生利息账号	还息金额	Osp 现有余额	备　注
234500000-90	833.33		合同号 2076065
金额合计	（大写）人民币捌佰叁拾叁元叁角叁分		
	（小写）CNY＊＊＊833.33		

付款账号：2400040015
合同编号：2076065
交易业务号：412LAA650861131

开票 周曼婷　　　记账　　　复核　　　（盖章）

127-2

【业务 128】（共 2 张）

128-1

中国建设银行客户专用回单

币别：美元　　　　　　2019 年 12 月 21 日　　　　　　　　　流水号：

户名：常州东林股份有限公司			账号：2400048801		
计息项目	起息日	结息日	本金/积数	利率(%)	利息金额
存款利息	2019.9.21	2019.12.21	（略）	（略）	16.67
合计金额	（大写）美元壹拾陆元陆角柒分			$16.67	

上列存款利息，已照收你单位
2400048801 账户

打印柜员：320628736AJ1
打印机构：新北区支行
打印卡号：9553301260105394

（中国建设银行 电子回单专用章）

打印时间：2019-12-21　　交易柜员：B01B01000001　　交易机构：320620027

128-2

中国银行计付存款利息清单（收款通知）

机构名称：中国银行新北区支行　　2019 年 12 月 21 日

账　号	3400040002				
单位名称	常州东林股份有限公司				
起息日	结息日	天数	本金/积数	利　率(%)	利息金额
2019.9.21	2019.12.21	91 天	（略）	（略）	5.56
摘　要					

（中国银行股份有限公司新北区支行业务专用章）

【业务129】（共2张）

129-1

中国银行股份有限公司常州分行贷款还息凭证

打印日期 2019 年 12 月 21 日

客户号：087622223			机构代码 301	
借款单位：常州东林股份有限公司				
产生利息账号	还息金额	Osp现有余额	备 注	
234500000-90	510.00		合同号 30708711	
金额合计	（大写）人民币伍佰壹拾元整			
	（小写）CNY＊＊＊510.00			
付款账号：2400040015				
合同编号：30708711				
交易业务号：112LAA650064111				

开票 周曼婷　　　记账　　　复核　　　（盖章）

129-2

3200098220

江苏增值税普通发票

NO.00528180

3200098220
00528180

发票联

开票日期：2019 年 12 月 21 日

购买方	名　称：常州东林股份有限公司 纳税人识别号：913204007633279092 地　址、电话：河海东路45号 85499890 开户行及账号：建行新北区支行 2300098776	密码区		加密版本：01 3200098220 00528180
货物或应税劳务、服务名称	规格型号	单位	数量	单价　　　金额　　　税率　　　税额
＊金融服务＊贷款服务		月	1	481.13　　481.13　　6%　　28.87
合　计				￥481.13　　　　　￥28.87
价税合计（大写）	伍佰壹拾元整			（小写）￥510.00
销售方	名　称：中国银行股份有限公司新北区支行 纳税人识别号：913204761260782000 地　址、电话：河海路1号 82564541 开户行及账号：中行新北支行 12389075477	备注		

收款人：　　　复核：　　　开票人：周曼婷　　　销售方：（章）

第二联　发票联　购买方记账凭证

【业务130】(共3张)

130-1

中国银行股份有限公司常州分行贷款还款凭证

打印日期 2019 年 12 月 21 日

客户号：087622223			机构代码 301	
借款单位：常州东林股份有限公司				
贷款账号	归还金额	Osp现有余额	备	注
234500000-90	500 000.00	0	合同号 5343110	
金额合计	(大写)人民币伍拾万元整			
	(小写)CNY＊＊＊＊500 000.00			
付款账号：2400040015 合同编号：53431101 交易业务号：921LAA654411101				

（中国银行股份有限公司 新北区支行 业务专用章）

开票 周晓晓　　　记账　　　复核　　　（盖章）

130-2

中国银行股份有限公司常州分行贷款还息凭证

打印日期 2019 年 12 月 21 日

客户号：087622223			机构代码 301	
借款单位：常州东林股份有限公司				
产生利息账号	还息金额	Osp现有余额	备	注
234500000-90	2 750.00		合同号 5343110	
金额合计	(大写)人民币贰仟柒佰伍拾元整			
	(小写)CNY＊＊＊＊2 750.00			
付款账号：2400040015 合同编号：53431101 交易业务号：921LAA654411101				

（中国银行股份有限公司 新北区支行 业务专用章）

开票 周曼婷　　　记账　　　复核　　　（盖章）

130-3

 3200098220

江苏增值税普通发票

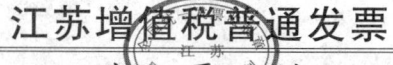

NO.00528181   3200098220
00528181

开票日期：2019年12月21日

购买方	名　　称：常州东林股份有限公司 纳税人识别号：913204007633279092 地址、电话：河海东路45号 85499890 开户行及账号：建行新北区支行 2300098776	密码区	120332＜98/198533204＋＜4121 －4＜－＞876＊98＜//2135// 8171＞2＞7/3－＋47561＜＞＋ 7890/821＊/4/546－1/8	加密版本：01 3200098220 00528181

货物或应税劳务、服务名称	规格型号	单位	数量	单价	金　额	税率	税　额
＊金融服务＊贷款服务		月	1	2 594.34	2 594.34	6%	155.66
合　　计					￥2 594.34		￥155.66

价税合计（大写）	贰仟柒佰伍拾元整	（小写）￥2 750.00

销售方	名　　称：中国银行股份有限公司新北区支行 纳税人识别号：913204761260782000 地址、电话：河海路1号 82564541 开户行及账号：中行新北支行 12389075477	备注	（中国银行股份有限公司新北区支行 913204761260782000 发票专用章）

收款人：　　　复核：　　　开票人：周曼婷　　　销售方：（章）

【业务131】（共2张）

131-1

中国建设银行客户专用回单

币别：人民币　　　2019年12月21日　　　流水号：

户名：常州东林股份有限公司			账号：2300098776		
计息项目	起息日	结息日	本金/积数	利率(%)	利息金额
存款利息	2019.9.21	2019.12.21	（略）	（略）	2 658.61
合计金额	（大写）人民币贰仟陆佰伍拾捌元陆角壹分				￥2 658.61

上列存款利息，已照收你单位 2300098776 账户	打印柜员：320628736AJ1 打印机构：新北区支行 打印卡号：9553301260105394	（中国建设银行 电子回单 专用章）

打印时间：2019-12-21　　　交易柜员：B01B01000001　　　交易机构：320620027

131-2

中国建设银行客户专用回单

币别：人民币　　　　　　2019 年 12 月 21 日　　　　　　流水号：

户名：	常州东林股份有限公司		账号：977633333		
计息项目	起息日	结息日	本金/积数	利率(%)	利息金额
存款利息	2019.9.21	2019.12.21	（略）	（略）	110.48
合计金额	（大写）人民币壹佰壹拾元肆角捌分			￥110.48	
上列存款利息，已照收你单位 977633333 账户		打印柜员：320628736AJ1 打印机构：新北区支行 打印卡号：9553301260105394			

打印时间：2019-12-21　　　交易柜员：B01B01000001　　　交易机构：320620027

【业务132】（共2张）

132-1

3200098220

江苏增值税专用发票　　NO. 05231160

此联不作报销、扣税凭证使用　　　开票日期：2019 年 12 月 21 日

3200098220
05231160

购买方	名　　称：镇江机械有限公司 纳税人识别号：913211018755544112 地址、电话：明进路345号 34217633 开户行及账号：农行镇江支行 32988788091	密码区	675431＜98/198533204＋＜63＜ 加密版本：01 ＋55＜－＞876＊98＜/8765/＞ ＋216＞2＞7/3－＋47561＜＞＋ 782－/5＞＞432＜4＊－62＞＋5	3200098220 05231160

货物或应税劳务、服务名称	规格型号	单位	数量	单价	金　额	税率	税　额
*商用设备*乙		件	800	980.00	784 000.00	13%	101 920.00
合　　计					￥784 000.00		￥101 920.00
价税合计(大写)	捌拾捌万伍仟玖佰贰拾元整				(小写)￥885 920.00		

销售方	名　　称：常州东林股份有限公司 纳税人识别号：913204007633279092 地址、电话：河海东路45号 85499890 开户行及账号：建行新北区支行 2300098776	备注	

收款人：　　　复核：　　　开票人：黄林玉　　　销售方：(章)

132-2（此为复印件）

产品销售合同

合同号：20191213

购货单位：镇江机械有限公司　　　　（以下简称甲方）
供货单位：常州东林股份有限公司　　（以下简称乙方）

第一条　乙方向甲方提供乙共计 800 件，价款是 784 000.00 元，增值税为 101 920.00 元，价税合计是 885 920.00 元。

第二条　交货日期：2019 年 12 月 21 日

第三条　验收标准

购买方收到商品 7 个工作日内提出质量异议，不包括运输过程中造成的质量问题。自收到商品之日起 60 天内可以提出退货，运费由甲方承担。

以下条款　略

甲方：（盖章）　　　　　乙方：（盖章）

法定(授权)代表人：李　风　　　　　　　法定(授权)代表人：李长兵

　　　2019.2.12　　　　　　　　　　　　　　　2019.12.12

12 月 22 日

【业务 133】（共 4 张）

133-1

中国建设银行
转账支票存根
10502146
02387612

附加信息＿＿＿＿＿＿＿＿＿＿＿＿
　　　　　＿＿＿＿＿＿＿＿＿＿＿＿
　　　　　＿＿＿＿＿＿＿＿＿＿＿＿

出票日期 2019 年 12 月 22 日

收款人：	常州金力研究所
金　额：	￥120 000.00
用　途：	研发支出
备　注：	（2300098776）

单位主管　　　　　　　会计

133-2

合作开发技术协议

__常州东林股份有限公司__（本协议中乙方）与常州金力研究所（本协议中甲方）合作开发新技术，就有关项目形成如下意见：

第一条　甲方负责在现有的研究基础上开发新的技术，并能应用在企业新产品生产中。合同总金额为 700 000.00 元，项目开发周期是 1 年。

第二条　根据合作开发进度支付款项，其中 2019 年 12 月 22 日支付 120 000.00 元。2020 年 6 月 20 日支付 300 000.00 元，余款验收合格时一次支付。

第三条　未尽事宜双方协商解决。

甲方：_____　　　乙方：_____

负责人：_郑立红_　　　　　　　　　　负责人：_季长兵_

　2019 年 11 月 20 日　　　　　　　　　2019 年 11 月 20 日

133-3

江苏增值税专用发票　NO.05112129

2320412080
05112129
开票日期：2019 年 12 月 22 日

购买方	名称：常州东林股份有限公司	密码区	241766＜98/198533204＋＜63＜　加密版本：01 ＋64＜-＞876＊98＜/8765/＞ ＋216＞2＞7/3-＋47561＜＞＋ 782-/5432＜4＊-62＞＞＞-8
	纳税人识别号：9132040076332 79092		
	地址、电话：河海东路 45 号 85499890		
	开户行及账号：建行新北区支行 2300098776		

货物或应税劳务、服务名称	规格型号	单位	数量	单价	金额	税率	税额
﹡研发和研发服务 ﹡新技术开发费		项	1	113 207.55	113 207.55	6%	6 792.45
合　计					￥113 207.55		￥6 792.45

价税合计（大写）　壹拾贰万元整　　　　　　　　（小写）￥120 000.00

销售方	名称：常州金力研究所	备注	（常州金力研究所发票专用章） 91320240786756565K
	纳税人识别号：91320240786756565K		
	地址、电话：新港路 76 号 85641297		
	开户行及账号：中信银行常州分行 1654289076		

收款人：　　　复核：　　　开票人：周洁　　　销售方：（章）

附录2　常州东林股份有限公司2019年12月份经济业务 ·429·

133-4

江苏增值税专用发票

NO. 05112129

发票联

开票日期：2019 年 12 月 22 日

购买方	名　　称：常州东林股份有限公司 纳税人识别号：913204007633279092 地址、电话：河海东路45号 85499890 开户行及账号：建行新北区支行 2300098776	密码区	241766＜98/198533204＋＜63＜　加密版本：01 ＋64＜-＞876＊98＜/8765/＞　2320412080 ＋216＞2＞7/3-＋47561＜＞＋　05112129 782-/5432＜4＊-62＞＞＞-8

货物或应税劳务、服务名称	规格型号	单位	数量	单价	金　额	税率	税　额
*研发和研发服务 *新技术开发费		项	1	113 207.55	113 207.55	6%	6 792.45
合　计					¥ 113 207.55		¥ 6 792.45

价税合计（大写）	壹拾贰万元整	（小写）¥ 120 000.00

销售方	名　　称：常州金力研究所 纳税人识别号：91320240786756565K 地址、电话：新港路76号 85641297 开户行及账号：中信银行常州分行 1654289076	备注	（常州金力研究所发票专用章） 91320240786756565K

收款人：　　　复核：　　　开票人：周洁　　　销售方：（章）

【业务134】（共4张）

134-1

江苏增值税专用发票

NO. 82046761

抵扣联

开票日期：2019 年 12 月 21 日

购买方	名　　称：常州东林股份有限公司 纳税人识别号：913204007633279092 地址、电话：河海东路45号 85499890 开户行及账号：建行新北区支行 2300098776	密码区	751766＜82/198533204＋＜12＜　加密版本：01 ＋64＜-＞67＊98＜/87651/＞　3200098220 ＋216＜2＞0/3-＋32261＜＞＋　82046761 782-/5432＜4＊-34＞＞＞-8

货物或应税劳务、服务名称	规格型号	单位	数量	单价	金　额	税率	税　额
*其他设备*W		台	10	100 000.00	1 000 000.00	13%	130 000.00
合　计					¥ 1 000 000.00		¥ 130 000.00

价税合计（大写）	壹佰壹拾叁万元整	（小写）¥ 1 130 000.00

销售方	名　　称：宏景股份有限公司 纳税人识别号：91320411876522652E 地址、电话：金宁路87号 34265422 开户行及账号：农行金坛支行 98656222622	备注	（宏景股份有限公司发票专用章） 91320411876522652E

收款人：　　　复核：　　　开票人：张可　　　销售方：（章）

134-2

江苏增值税专用发票

NO. 82046761

3200098220
82046761

开票日期：2019 年 12 月 21 日

购买方	名　称：常州东林股份有限公司 纳税人识别号：913204007633279092 地址、电话：河海东路 45 号 85499890 开户行及账号：建行新北区支行 2300098776	密码区	751766＜82/198533204＋＜12＜　加密版本：01 ＋64＜－＞67＊98＜/87651/＞　　3200098220 ＋216＜2＞0/3－＋47561＜＞＋　　82046761 782－/5432＜4＊－62＞＞＞－8

货物或应税劳务、服务名称	规格型号	单位	数量	单价	金额	税率	税额
*其他设备*W		台	10	100 000.00	1 000 000.00	13%	130 000.00
合　计					￥1 000 000.00		￥130 000.00

价税合计（大写）	壹佰壹拾叁万元整	（小写）￥1 130 000.00

销售方	名　称：宏景股份有限公司 纳税人识别号：91320411876522652E 地址、电话：金宇路 87 号 34265422 开户行及账号：农行金坛支行 98656222622	备注	（宏景股份有限公司 91320411876522652E 发票专用章）

收款人：　　　　复核：　　　　开票人：张可　　　　销售方：（章）

134-3

新增固定资产登记表

2019 年 12 月 21 日

固定资产名称	种类	单位	数量	购入日期	投入使用日期	使用部门
设备W	设备	台	10	2019 年 12 月 21 日	2019 年 12 月 21 日	二车间

制表人：董坤　　　　复核人：周小清

134-4

验 资 报 告

苏中发[2019]209 号

常州东林股份有限公司：

  我们接受委托，审验了贵公司截至 2019 年 12 月 21 日止新增注册资本的实收情况。按照国家相关法律法规以及协议、章程的要求出资，提供真实、合法、完整的验资资料，保护资产的安全、完整是全体股东及贵公司的责任。我们的责任是对贵公司新增注册资本的实收情况发表审验意见。我们的审验是依据《中国注册会计师审计准则第 1602 号——验资》进行的。在审验过程中，我们结合贵公司的实际情况，实施了检查等必要的审验程序。

  贵公司原注册资本为人民币 10 000 000.00 元，实收资本为人民币 10 000 000.00 元。根据贵公司股东会决议和修改后的章程规定，贵公司申请增加注册资本人民币 600 000.00 元，由宏景股份有限公司于 2019 年 12 月 21 日之前缴足，变更后的注册资本为人民币 10 600 000.00 元。经我们审验，截至 2019 年 12 月 21 日止，贵公司已收到宏景股份有限公司新增注册资本（实收资本）合计人民币陆拾万元。宏景股份有限公司以其拥有机器设备 W 作价人民币 1 130 000.00 元出资，其中人民币 600 000.00 元为新增注册资本，人民币 530 000.00 元计入资本公积。

  同时我们注意到，贵公司本次增资前的注册资本人民币 10 000 000.00 元，实收资本人民币 10 000 000.00 元，已经本会计师事务所审验，并于 2007 年 7 月 29 日出具苏中发[2007]126 号验资报告。截至 2019 年 12 月 21 日止，变更后的累计注册资本人民币 10 600 000.00 元，实收资本人民币 10 600 000.00 元。

  本验资报告供贵公司申请办理注册资本及实收资本变更登记及据以向出资者签发出资证明时使用，不应被视为是对贵公司验资报告日后资本保全、偿债能力和持续经营能力等的保证。因使用不当造成的后果，与执行本验资业务的注册会计师及本会计师事务所无关。

附件：1. 新增注册资本实收情况明细表
    2. 注册资本及实收资本（股本）变更前后对照表
    3. 验资事项说明

江苏中发会计师事务所有限公司    副主任会计师（授权）：黄亦平

中国 常州   中国注册会计师：李蕾

                         2019 年 12 月 22 日

【业务135】（共4张）

135-1

经理办公会议纪要

企业拟以不高于20.00元的价格购入明光股份有限公司股票10 000股，指定为以公允价值计量且其变动计入其他综合收益的金融资产。

参加人员：李长兵　周小清　王小婷　刘进　孙海明

2019年12月17日

135-2

交　割　单

营业部名：华泰证券有限责任公司
股东姓名：常州东林股份有限公司
资金账户：977633333
当前币种：人民币

成交日期	证券代码	证券名称	操作	成交数量	成交均价	成交金额	手续费	印花税	其他杂费	发生金额	账户	市场名称
2019.12.21	600650	明光股份	买入	10 000	20.00	200 000.00	466.40			200 466.40	A003267	上海A股

135-3

3200098220

江苏增值税专用发票

NO. 15156260

抵扣联

开票日期：2019年12月21日

购买方	名　　称：常州东林股份有限公司 纳税人识别号：913204007633279092 地址、电话：河海东路45号 85499890 开户行及账号：建行新北区支行 2300098776	密码区	20266＜9/8/198533204＋＜1－ 05540－＞876＊98＜/87658240－ －2＞7/3－＋765112＜＞－711 －/＊532＜1＋9163＊－/9	加密版本：01 3200098220 15156260

货物或应税劳务、服务名称	规格型号	单位	数量	单价	金　额	税率	税　额
*金融服务*直接收费金融服务		笔	1	440.00	440.00	6%	26.40
合　计					￥440.00		￥26.40

价税合计（大写）	肆佰陆拾陆元肆角整	（小写）￥466.40

销售方	名　　称：华泰证券有限责任公司 纳税人识别号：913211028554831235 地址、电话：河海东路1号 88876667 开户行及账号：建行新北支行 5135411234	备注	（华泰证券有限责任公司 913211028554831235 发票专用章）

收款人：　　　复核：　　　开票人：周兴　　　销售方：（章）

135-4

| 江苏增值税专用发票 | NO. 15156260 |

3200098220
15156260

开票日期：2019 年 12 月 21 日

购买方	名　　称： 常州东林股份有限公司 纳税人识别号： 913204007633279092 地址、电话： 河海东路 45 号　85499890 开户行及账号： 建行新北区支行　2300098776	密码区	20266＜9/8/198533204＋＜1－ 05540－＞876＊98＜/87658240－ －2＞7/3－＋765112＜＞－711 －/＊532＜1＋9163＊－/9	加密版本：01 3200098220 15156260
货物或应税劳务、服务名称	规格型号	单位	数量	单价	金额	税率	税额
＊金融服务＊直接收费金融服务		笔	1	440.00	440.00	6%	26.40
合　计					¥ 440.00		¥ 26.40
价税合计（大写）	肆佰陆拾陆元肆角整				（小写）¥ 466.40		
销售方	名　　称： 华泰证券有限责任公司 纳税人识别号： 913211028554831235 地址、电话： 河海东路 1 号　88876667 开户行及账号： 建行新北支行　5135411234	备注	华泰证券有限责任公司 913211028554831235 发票专用章		

收款人：　　　　复核：　　　　开票人：周兴　　　　销售方：（章）

12 月 23 日

【业务 136】（共 2 张）

136-1

| 江苏增值税专用发票 | NO. 05231161 |

3200098220
05231161

此联不作报销、抵扣凭证使用　　　开票日期：2019 年 12 月 23 日

购买方	名　　称： 常州东林股份有限公司 纳税人识别号： 913204007633279092 地址、电话： 河海东路 45 号　85499890 开户行及账号： 建行新北区支行　2300098776	密码区	751626＜98/198533204＋＜63＜ ＋64＜－＞876＊98＜/0871/＞ ＋216＞2＞7/3－＋47561＜＞＋ 782－/5432＜4＊－62＞＞＞34	加密版本：01 3200098220 05231161
货物或应税劳务、服务名称	规格型号	单位	数量	单价	金额	税率	税额
＊商用设备＊甲		件	214	1 000.00	214 000.00	13%	27 820.00
合　计					¥ 214 000.00		¥ 27 820.00
价税合计（大写）	贰拾肆万壹仟捌佰贰拾元整				（小写）¥ 241 820.00		
销售方	名　　称： 常州东林股份有限公司 纳税人识别号： 913204007633279092 地址、电话： 河海东路 45 号　85499890 开户行及账号： 建行新北区支行　2300098776	备注			

收款人：　　　　复核：　　　　开票人：黄林玉　　　　销售方：（章）

136-2

产品福利发放清单

2019 年 12 月 23 日

产品编号	名 称	规 格	计量单位	数 量	备 注
23001	甲		件	1	一车间管理人员
23001	甲		件	60	一车间工人
23001	甲		件	1	二车间管理人员
23001	甲		件	108	二车间工人
23001	甲		件	4	机修车间
23001	甲		件	4	动力车间
23001	甲		件	20	厂部管理人员
23001	甲		件	10	专设销售机构人员
23001	甲		件	6	食堂人员
合 计				214	

发货人：王 俊　　　　　　　　　　　审批人：李长兵

12 月 24 日

【业务 137】（共 3 张）

137-1

中国建设银行　业务收费凭证

币别：人民币　　　　　2019 年 12 月 24 日　　　　　流水号：752111

付款人：常州东林股份有限公司			账号：2300098776	
项目名称	工本费	手续费	转账汇款手续费	金　额
现金支票	132.50	132.50		265.00
转账支票	132.50	132.50		265.00
金额（大写）伍佰叁拾元整			中国建设银行股份有限公司常州新北区支行 2019.12.24 办讫章 (1)	
付款方式	银行转账			

第二联　客户回单

会计主管　　　　　授权　　　　　复核　　　　　录入 黄玲珑

江苏增值税专用发票 抵扣联

NO. 15156262
3200098220
开票日期：2019 年 12 月 24 日

| 购买方 | 名称：常州东林股份有限公司
纳税人识别号：913204007633279092
地址、电话：河海东路45号 85499890
开户行及账号：建行新北区支行 2300098776 | 密码区 | 70266＜9/8/198533204＋＜1＋
05540－＞876＊98＜/87658240－
－2＞7/3－＋765112＜＞－711
－/＊532＜1＋9163＊＊197 | 加密版本：01
3200098220
15156262 |

货物或应税劳务、服务名称	规格型号	单位	数量	单价	金额	税率	税额
*金融服务*直接收费金融服务		笔	1	500.00	500.00	6%	30.00
合计					¥500.00		¥30.00

| 价税合计（大写） | 伍佰叁拾元整 | （小写）¥530.00 |

| 销售方 | 名称：中国建设银行股份有限公司常州市分行
纳税人识别号：913211028554830878
地址、电话：河海东路88号 32876666
开户行及账号：中国建设银行股份有限公司常州市营业部 321102785838021 | 备注 |  |

收款人：　　　复核：　　　开票人：杨俊　　　销售方：（章）

江苏增值税专用发票 发票联

NO. 15156262
3200098220
开票日期：2019 年 12 月 24 日

| 购买方 | 名称：常州东林股份有限公司
纳税人识别号：913204007633279092
地址、电话：河海东路45号 85499890
开户行及账号：建行新北区支行 2300098776 | 密码区 | 70266＜9/8/198533204＋＜1＋
05540－＞876＊98＜/87658240－
－2＞7/3－＋765112＜＞－711
－/＊532＜1＋9163＊＊197 | 加密版本：01
3200098220
15156262 |

货物或应税劳务、服务名称	规格型号	单位	数量	单价	金额	税率	税额
*金融服务*直接收费金融服务		笔	1	500.00	500.00	6%	30.00
合计					¥500.00		¥30.00

| 价税合计（大写） | 伍佰叁拾元整 | （小写）¥530.00 |

| 销售方 | 名称：中国建设银行股份有限公司常州市分行
纳税人识别号：913211028554830878
地址、电话：河海东路88号 32876666
开户行及账号：中国建设银行股份有限公司常州市营业部 321102785838021 | 备注 | |

收款人：　　　复核：　　　开票人：杨俊　　　销售方：（章）

【业务138】（共2张）

138-1

中国建设银行　进账单（收款通知）　3

2019 年 12 月 24 日

出票人	全称	常州红海股份有限公司	收款人	全称	常州东林股份有限公司
	账号	37545222761		账号	2300098776
	开户银行	工行常州分行		开户银行	建行新北区支行

金额	人民币（大写）	肆仟元整	亿	千	百	十	万	千	百	十	元	角	分
							¥	4	0	0	0	0	0

票据种类	支票	票据张数	一张
票据号码	转账 1876420988324578		

中国建设银行股份有限公司常州新北区支行
2019.12.24
票据受理专用章
（收妥抵用）(1)
开户银行签章

复核　　　记账

此联是收款人开户银行交给收款人的收账通知

138-2

收款收据　No 0002047

日期：2019 年 12 月 24 日

交款单位	常州红海股份有限公司	收款方式	转账
人民币（大写）肆仟元整			¥ 4 000.00
收款事由	因延期支付采购货款而被收取违约金		
			2019 年 12 月 24 日

单位盖章　　财会主管　　记账　　出纳 姚海洁　　审核　　经办

第二联　记账联

【业务139】(共1张)

139-1

固定资产处置申请单

2019 年 12 月 20 日

固定资产名称	设备T	单位	台	型号	（略）	数量	1
资产编号	0310	停用时间	2019.12	购建时间	2009年12月	存放地点	二车间
已提折旧月数	119个月	原值	100 000.00	累计折旧		94 208.33	
有效使用年限	10 年	月折旧额	791.67	净值		5 791.67	
处置原因：使用期满报废							
财务部门负责人： 同意报废 周小清 2019 年 12 月 20 日				同意报废 批准人：李长兵 2019 年 12 月 24 日			

编制人：张 敏　　　　　使用部门负责人：周晓天

【业务140】(共2张)

140-1

中国建设银行
转账支票存根
10502146
02387613

附加信息＿＿＿＿＿＿＿＿＿＿
　　　　＿＿＿＿＿＿＿＿＿＿

出票日期 2019 年 12 月 24 日

| 收款人：常州搬运公司 |
| 金　额：￥1 800.00 |
| 用　途：处理固定资产T搬运费 |
| 备　注：(2300098776) |

单位主管　　　　　会计

140-2

狭小凭证衬托单

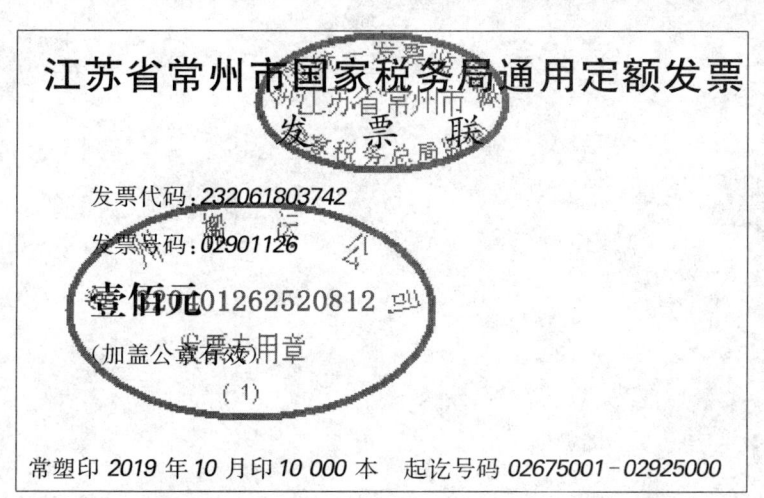

张数：18

金额：1 800.00

内容：固定资产 T 搬运费

报销人：张 敏

审批人：李长兵 2019.12.24

【业务141】（共2张）

141-1

| 3200098220 | 江苏增值税专用发票 | NO.05231162 | 3200098220 05231162 |

此联不作报销，和税凭证使用　　开票日期：2019 年 12 月 24 日

购买方	名　称：常州物资回收有限公司 纳税人识别号：913204007645441112R 地址、电话：龙城大道 86533332 开户行及账号：江苏银行常州分行 91876672222	密码区	341767＜12/198533204＋＜63＜ ＋64＜-＞876*98＜/8765/＞ ＋216＞2＞7/3-＋47561＜＞＋ 652-/5432＜4*-62＞＞＞＞1	加密版本：01 3200098220 05231162

货物或应税劳务、服务名称	规格型号	单位	数量	单价	金　额	税率	税　额
其他设备 T		台	1	4 000.00	4 000.00	13%	520.00
合　　计					¥4 000.00		¥520.00
价税合计（大写）	肆仟伍佰贰拾元整				（小写）¥4 520.00		

销售方	名　称：常州东林股份有限公司 纳税人识别号：913204007633279092 地址、电话：河海东路 45 号 85499890 开户行及账号：建行新北区支行 2300098776	备注	

收款人：　　　复核：　　　开票人：黄林玉　　　销售方：（章）

第一联 记账联 销售方记账凭证

141-2

中国建设银行 进账单（收款通知） 3

2019 年 12 月 24 日

出票人	全称	常州物资回收有限公司	收款人	全称	常州东林股份有限公司
	账号	91876672222		账号	2300098776
	开户银行	江苏银行常州分行		开户银行	建行新北区支行

金额	人民币（大写）	肆仟伍佰贰拾元整	亿	千	百	十	万	千	百	十	元	角	分
							¥	4	5	2	0	0	0

票据种类	支票	票据张数	一张
票据号码	转账 6519845261398676		

中国建设银行股份有限公司常州新北区支行
2019.12.24
票据受理专用章
（收妥抵用）(1)
开户银行签章

| 复核 | | 记账 | |

【业务142】（共1张）

142-1

固定资产处置结果表

2019 年 12 月 24 日

固定资产名称	设备T	原价	100 000.00	已提折旧	95 000.00
净值	5 000.00	出售价格（含税）	4 520.00	清理费用	1 800.00
出售净损益	-2 800.00				

财务处意见：
报废净损失按企业会计准则处理
周小清
2019 年 12 月 24 日

公司领导意见：
同意
李长兵
2019 年 12 月 24 日

12月27日

【业务143】（共2张）

143-1

借款单

2019 年 12 月 27 日　　　　No. 32013012

借款人：周林	所属部门：一车间
借款用途：差旅费	
借款数额：人民币（大写）叁仟元整	¥ 3 000.00
部门负责人审批：黄洪涛　2019年12月27日	借款人（签章）：周林　2019年12月27日
财务部门审核：丁力　2019年12月27日	
单位负责人批示：同意借款	签字：李长兵　2019年12月27日
核销记录：	

第一联 付款联

143-2

中国建设银行
现金支票存根
10505523
03387626

附加信息＿＿＿＿＿＿＿＿＿＿

出票日期 2019 年 12 月 27 日

收款人：	常州东林股份有限公司
金　额：	￥3 000.00
用　途：	差旅费
备　注：	(2300098776)

单位主管　　　　　　会计

【业务 144】(共 8 张)

144-1

经理办公会议纪要

因为业务的拓展需要,拟购买新北区黄河路 1235 号办公用房一套。
参加人员：李长兵　　周小清　王小婷　刘　进　孙海明

2019 年 12 月 10 日

144-2

中国建设银行
转账支票存根
10502146
02387614

附加信息＿＿＿＿＿＿＿＿＿＿

出票日期 2019 年 12 月 27 日

收款人：	常州洲红房产开发有限公司
金　额：	￥545 000.00
用　途：	房款
备　注：	(2300098776)

单位主管　　　　　　会计

附录2　常州东林股份有限公司2019年12月份经济业务

中华人民共和国税收通用缴款书（税务收现专用）

144-3　　　　　　　　　　　　　　　　　　　　　　　　　　　　　　　NO.239766441121902

登记注册类型：内资企业　　　填发日期：2019年12月31日　　　征收机关：国家税务总局常州市税务局

税种	品目名称	课税数量	计税金额或收入	税率或单位税额	税款所属时期	已缴或扣除额	实缴金额
契税	房屋买受		500 000.00	0.03	2019-12-27 到 2019-12-27	0	15 000.00
印花税	产权转移		500 000.00	0.0005	2019-12-27 到 2019-12-27		250.00

金额合计：（大写）人民币壹万伍仟贰佰伍拾元整　　　　　　　　　　　　　　￥15 250.00

税务机关盖章	代征单位盖章	填票人	备注

妥善保管

144-4

江苏增值税专用发票

　　　3000095003　　　　　　　　　　　　　　NO.32041123　　3000095003
　　　　　　　　　　　　　　　　　　　　　　　　　　　　　　　　　　　32041123

开票日期：2019年12月27日

购买方	名称：常州东林股份有限公司	密码区	//466＜9/8/198533204＋＜－ 加密版本：01
	纳税人识别号：913204007633279092		515540－＞876＊98＜/87658240　3000095003
	地址、电话：河海东路45号 85499890		——2＞7/3－＋765112＜＞－
	开户行及账号：建行新北区支行 2300098776		711－/＊532＜1＋9163＊＊197　32041123

货物或应税劳务、服务名称	规格型号	单位	数量	单价	金额	税率	税额
*不动产*房屋			1	500 000.00	500 000.00	9%	45 000.00
合计					￥500 000.00		￥45 000.00

价税合计（大写）　伍拾肆万伍仟元整　　　　　　　　　　　（小写）￥545 000.00

销售方	名称：常州洲红房产开发有限公司	备注	新北区黄河路1235号
	纳税人识别号：91320410002346611K		913204100023466IK
	地址、电话：黄海路1235号 62876666		发票专用章
	开户行及账号：建行新北区支行 844145641487		

收款人：　　　复核：　　　开票人：丁小磊　　　销售方：（章）

第二联 抵扣联 购买方扣税凭证

144-5

江苏增值税专用发票

NO. 32041123

3000095003

发票联

开票日期：2019 年 12 月 27 日

购买方	名称：常州东林股份有限公司 纳税人识别号：913204007633279092 地址、电话：河海东路 45 号 85499890 开户行及账号：建行新北区支行 2300098776	密码区	//466＜9/8/198533204＋＜- 515540-＞876＊98＜/87658240 --2＞7/3-＋765112＜＞- 711-/＊532＜1＋9163＊＊197	加密版本：01 3000095003 32041123

货物或应税劳务、服务名称	规格型号	单位	数量	单价	金额	税率	税额
*不动产*房屋房屋			1	500 000.00	500 000.00	9%	45 000.00
合计					¥ 500 000.00		¥ 45 000.00

价税合计（大写）　伍拾肆万伍仟元整　　（小写）¥ 545 000.00

销售方	名称：常州洲红房产开发有限公司 纳税人识别号：91320410002346611K 地址、电话：黄海路 1235 号 62876666 开户行及账号：建行新北区支行 844145641487	备注	新北区黄河路1235号 常州洲红房产开发有限公司 91320410002346611K 发票专用章

收款人：　　　　复核：　　　　开票人：丁小磊　　　　销售方：（章）

144-6

中国建设银行
转账支票存根
10502146
02387615

附加信息＿＿＿＿＿＿

出票日期 2019 年 12 月 27 日

收款人：国家税务总局常州市税务局
金　额：¥ 15 250.00
用　途：契税及印花税
备　注：（2300098776）
单位主管　　　　会计

144-7

进 账 单（回单）1

2019 年 12 月 27 日

出票人	全称	常州东林股份有限公司	收款人	全称	国家税务总局常州市税务局
	账号	2300098776		账号	3204977675565222
	开户银行	建行新北区支行		开户银行	建行新北区支行

金额	人民币（大写）	壹万伍仟贰佰伍拾元整	亿	千	百	十	万	千	百	十	元	角	分
						¥	1	5	2	5	0	0	0

票据种类	支票	票据张数	一张
票据号码	转账 1050214602387615		

复核　　　　　记账

中国建设银行股份有限公司常州新北区支行
2019.12.17
办讫章
(1)

开户银行签章

此联是开户银行交给持（出）票人的回单

144-8

新增固定资产登记表

2019 年 12 月 27 日

固定资产名称	种类	单位	数量	购入日期	投入使用日期	使用部门
办公楼	房屋	套	1	2019 年 12 月 27 日	2019 年 12 月 27 日	办公室

制表人：董 坤　　　　　复核人：周小清

【业务 145】（共 1 张）

145-1

中国建设银行
现金支票存根
10505523
03387627

附加信息＿＿＿＿＿＿＿＿＿＿＿＿＿
　　　　＿＿＿＿＿＿＿＿＿＿＿＿＿
　　　　＿＿＿＿＿＿＿＿＿＿＿＿＿

出票日期 *2019* 年 *12* 月 *27* 日

收款人：	*常州东林股份有限公司*
金　额：	￥ *5 000.00*
用　途：	*备用*
备　注：	（*2300098776*）

单位主管　　　　　　　　会计

【业务 146】（共 1 张）

146-1

职工困难补助申请支付表（代现金收据）
2019 年 12 月 27 日

申请人姓名	*张兴全*	所在部门	*采购部*	现金付讫
申请金额	*壹仟贰佰元整*			
申请理由	*爱人下岗、生病等*			

制单人：*董　坤*　　　复核人：*周小清*　　　审批人：*李长兵*

【业务147】（共4张）

147-1

无形资产处置申请单
2019年12月24日

无形资产名称	原　价	累计摊销额	净　值	转移原因
专有技术K	120 000.00	36 000.00	84 000.00	对外投资

无形资产管理部门意见：	财务部门意见：	单位领导意见：
同意对外投资 周海兵 2019年12月24日	同意 周小清 2019年12月26日	同意 李长兵 2019年12月26日

147-2

3200098220　　江苏增值税专用发票　　NO.05231163
　　　　　　　　　　　　　　　　　　　　3200098220
此联不做报销、抵税凭证使用　　　　　　　05231163
　　　　　　　　　　　　　　　开票日期：2019年12月27日

购买方	名　称：江晨有限公司 纳税人识别号：91320400231349900W 地址、电话：通江路27号 85534126 开户行及账号：江南银行新北支行 2454321787	密码区	241766<98/198533204+<63<　加密版本：01 +64<->876*98</8765/> +216>2>7/3-+47561<>+　3200098220 782-/5432<4*-62>>>-8　05231163

货物或应税劳务、服务名称	规格型号	单位	数量	单价	金　额	税率	税额
*无形资产*专有技术K		项	1	94 339.62	94 339.62	6%	5 660.38
合　计					￥94 339.62		￥5 660.38

价税合计（大写）	壹拾万元整	（小写）￥100 000.00

销售方	名　称：常州东林股份有限公司 纳税人识别号：913204007633279092 地址、电话：河海东路45号 85499890 开户行及账号：建行新北区支行 2300098776	备注	

收款人：　　　复核：　　　开票人：黄林玉　　　销售方：（章）

147-3

中国建设银行
转账支票存根
10502146
02387616

附加信息＿＿＿＿＿＿＿＿＿＿＿＿

出票日期 2019 年 12 月 26 日

收款人：江晨有限公司
金　额：￥300 000.00
用　途：投资款
备　注：（2300098776）

单位主管　　　　　　　会计

147-4

江晨有限公司董事会决议

　　经全体董事审议，一致同意本公司新增常州东林股份有限公司为股东，并由其单方增资，将本公司注册资本由 2 000 000.00 元增加至 2 400 000.00 元，其中常州东林股份有限公司增资 400 000.00 元，占增资后注册资本的 16.67%，该增资额享受每年 10% 的固定回报。

　　董事会成员签字：童小群　杨威林　周　海　贾林立　朱小明

2019 年 12 月 25 日

【业务148】(共5张)

148-1

GS01 常州 海关 进口关税 专用缴款书

(1012)48

收入系统 海关系统　　　填发日期 2019 年 12 月 27 日　　　号码 No2332013332083906-A02

收款单位	收入机构	中央金库			缴款单位	名　称	常州东林股份有限公司	
	科　目	进口关税	预算级次	中央		账　号	2300098776	
	收款国库	建行常州市分行营业部				开户银行	建行新北区支行	
	税号	货物名称	数量	单位	完税价格(¥)	税率(%)	税款金额(¥)	
	84669922	机器设备X	1台	台	66 573.00	15.0000	9 985.95	

金额人民币(大写) 玖仟玖佰捌拾伍元玖角伍分				合　计	¥9 985.95
备注	申请单位编号	3109764101	报关单编号	22332013133 2182301	填制单位 收款国库(银行)
	合同(批文)号	WP0-002433	运输工具号		
	缴款期限	2020 年 1 月 12 日前	提/装货单号	02067670324	
	一般贸易		照章征税	2019 年 12 月 27 日	制单人
	国标代码	913204007633279092US			复核人
				9 985.95	

从填发缴款书之日起限15日内缴纳(期末遇节假日顺延),逾期按日征收税款额万分之五的滞纳金。

148-2

GS01 常州 海关 进口增值税 专用缴款书

(1012)64

收入系统 海关系统　　　填发日期 2019 年 12 月 27 日　　　号码 No2332013332083906-B11

收款单位	收入机构	中央金库			缴款单位	名　称	常州东林股份有限公司	
	科　目	进口增值税	预算级次	中央		账　号	2300098776	
	收款国库	建行常州市分行营业部				开户银行	建行新北区支行	
	税号	货物名称	数量	单位	完税价格(¥)	税率(%)	税款金额(¥)	
	84669922	机器设备X	1台	台	76 558.95	13.0000	9 952.02	

金额人民币(大写) 玖仟玖佰伍拾贰元陆角陆分				合　计(¥)	¥9 952.66
备注	申请单位编号	3109764101	报关单编号	22332013133 2182301	填制单位 收款国库(银行)
	合同(批文)号	WP0-002433	运输工具号		
	缴款期限	2020 年 1 月 12 日前	提/装货单号	02067670324	
	一般贸易		照章征税	2019 年 12 月 27 日	制单人 22111
	国标代码	913204007633279092US			复核人
				13 015.02	

从填发缴款书之日起限15日内缴纳(期末遇节假日顺延),逾期按日征收税款额万分之五的滞纳金。

148-3

中华人民共和国海关 进口 货物报关单

预录入编号 332181200　　　　　　　　　　　　　海关编号 223320131332182301

进口口岸 常州海关 2233	备案号	进口日期 2019-12-12	申报日期 2019-12-20
经营单位 3204945135 常州东林股份有限公司	运输方式 航空运输	运输工具名称	提运单号 75612076554　20130510
收货单位 320494513 常州东林股份有限公司	贸易方式 一般贸易 0110	征免性质 一般征税(101)	征税比例 0%
许可证号	启运国(地区) 美国	装货巷 美国(302)	境内目的地 常州其他(32049)
批准文号	成交方式 FOB	运费　　　　保费	杂费
合同协议号 WP0-002191	件数 1 件	包装种类 木箱	毛重(千克) 1 000	净重(千克) 828
集装箱号 98	随附单证		
标记唛码及备注	供应商：SEA 公司		

项号	商品编号	商品名称、规格型号	数量及单位	原产国(地区)	单价	总价	币制	征免
1.	84669922	设备 X B11222	828.000 千克	美国(302)		10 000.00	美元	照章征税

税费征收情况

录入员　　录入单位	兹声明以上申报无误并承担法律责任	海关审单批注及放行日期(签章)
报关员　22001996　报关员 周小平　3109980094	申报单位(签章)　常州金龙物流有限公司　报关专用章(常州)　填制日期：	审单　审价　征税　统计　验讫章(18)　查验　放行　签发关员：郑海洁
单位地址		
邮编　　电话		

签发日期：2019-12-27

148-4

新增固定资产登记表

2019 年 12 月 27 日

固定资产名称	种类	单位	数量	购入日期	投入使用日期	使用部门
设备 X	设备	台	1	2019 年 12 月 27 日	2019 年 12 月 27 日	二车间

制表人：董 坤　　　　　　　　　　　　复核人：周小清

148-5

中国建设银行
转账支票存根
10502146
02387617

附加信息＿＿＿＿＿＿＿＿＿＿＿＿

出票日期 2019 年 12 月 27 日

收款人：	常州海关
金　额：	¥ 19 938.61
用　途：	进口关税及增值税
备　注：	（2300098776）

单位主管　　　　　　会计

12 月 28 日

【业务 149】（共 5 张）

149-1

江苏增值税专用发票　抵扣联

NO. 06091041

3200198221　　　　06091041

开票日期：2019 年 12 月 28 日

购买方	名　称：常州东林股份有限公司 纳税人识别号：913204007633279092 地　址、电话：河海东路 45 号 85499890 开户行及账号：建行新北区支行 2300098776	密码区	123766＜98/198533204＋＜63＜ +64＜-＞876＊98＜/8765/＞ +216＞2/7/3－+47561＜＞+ 782-/5432＜4＊-21＞＞＞22	加密版本：01 3200198221 06091041

货物或应税劳务、服务名称	规格型号	单位	数量	单价	金　额	税率	税　额
＊水冰雪＊自来水		吨	927	2.0283018868	1 880.24	3%	56.41
合　计					¥ 1 880.24		¥ 56.41

价税合计（大写）	壹仟玖佰叁拾陆元陆角伍分	（小写）¥ 1 936.65

销售方	名　称：常州自来水有限公司 纳税人识别号：91320400137160873A 地　址、电话：局前街 1 号 88744487 开户行及账号：中行常州分行 76541111121	备注	（常州自来水有限公司 发票专用章 91320400137160873A）

收款人：　　　复核：　　　开票人：张洁　　　销售方：（章）

149-2

江苏增值税专用发票	NO.06091041

3200198221 开票日期：2019年12月28日

购买方	名称：常州东林股份有限公司 纳税人识别号：913204007633279092 地址、电话：河海东路45号 85499890 开户行及账号：建行新北区支行 2300098776	密码区	123766＜98/198533204＋＜＜61 ＋64＜－＞876＊98＜/8765/＞ ＋216＞2＞7/3－＋47561＜＞＋ 782－/5432＜4＊－21＞＞＞22	加密版本：01 3200198221 06091041

货物或应税劳务、服务名称	规格型号	单位	数量	单价	金额	税率	税额
*水冰雪*自来水		吨	927	2.0283018868	1880.24	3%	56.41
合计					¥1880.24		¥56.41

价税合计（大写）：壹仟玖佰叁拾陆元陆角伍分　　（小写）¥1936.65

销售方	名称：常州自来水有限公司 纳税人识别号：91320400137160873A 地址、电话：局前街1号 88744487 开户行及账号：中行常州分行 76541111121	备注	（常州自来水有限公司发票专用章）

收款人：　　复核：　　开票人：张洁　　销售方：(章)

149-3

江苏增值税普通发票	NO.06091041

3200398221 开票日期：2019年12月28日

购买方	名称：常州东林股份有限公司 纳税人识别号：913204007633279092 地址、电话：河海东路45号 85499890 开户行及账号：建行新北区支行 2300098776	密码区	25556＜98/198533204＋＜63＜＋ 64＜－＞876＊98＜/8765/＞＋ －16＞2＞7/3－＋47561＜＞＋ 782－/5432＜4＊－62＞＞＞－8	加密版本：01 3200398221 06091041

货物或应税劳务、服务名称	规格型号	单位	数量	单价	金额	税率	税额
*水冰雪*污水处理费		吨	927	1.35	1251.45	0	***
合计					¥1251.45		¥0

价税合计（大写）：壹仟贰佰伍拾壹元肆角伍分　　（小写）¥1251.45

销售方	名称：常州自来水有限公司 纳税人识别号：91320400137160873A 地址、电话：局前街1号 88744487 开户行及账号：中行常州分行 76541111121	备注	（常州自来水有限公司发票专用章）

收款人：　　复核：　　开票人：张洁　　销售方：(章)

149-4

水 费 分 配 表

2019 年 12 月 28 日

部　　门	吨	自来水单价（发票单价）	自来水分配金额	污水处理费单价	污水处理费分配金额	合计分配金额
一车间	592.013					
二车间	296.007					
机修	8.88					
动力	5.92					
行政管理部门	15.30					
专设销售机构	8.88					
合　　计	927.00					

制单：董　坤　　　　　　　审核：周小清

149-5

中国建设银行
转账支票存根
10502146
02387618

附加信息_____

_____

出票日期 2019 年 12 月 27 日

收款人：	常州通用自来水公司
金　额：	￥3 188.10
用　途：	水费
备　注：	（2300098776）

单位主管　　　　　　　会计

【业务150】（共1张）

150-1

银行汇（本）票申请书　00386688

币别：人民币　　　2019年12月28日　　　流水号：201604100

业务类型	☑银行汇票　□银行本票	付款方式	☑转账　□现金
申请人	常州东林股份有限公司	收款人	上海元业股份有限公司
账号	2300098776	账号	56525422229
用途	货款	代理付款行	
金额	（大写）玖万零肆佰元整		亿千百十万千百十元角分 ¥　　　9　0　4　0　0　0　0

财务专用章：常州东林股份有限公司　戴金洪　客户签章

支付密码：中国建设银行股份有限公司常州新北区支行　2019.12.28　办讫章（1）

会计主管　　授权　　复核　　录入 黄亦平

第三联 客户回单

【业务151】（共1张）

151-1（此为复印件）

付款期限 壹个月

中国建设银行　2
银 行 汇 票

汇票号码 第089号

出票日期（大写）：贰零壹玖年壹拾贰月贰拾捌日　2019年12月28日

代理付款行：
行号：

收款人：	上海元业股份有限公司									
出票金额 人民币（大写）	玖万零肆佰元整	千	百	十	万	千	百	十	元	角	分
		¥			9	0	4	0	0	0	0
实际结算金额 人民币（大写）		千	百	十	万	千	百	十	元	角	分

账号或住址：2300098776

申请人：常州东林股份有限公司
出票行：建行新北区支行　行号：302
备注：105433222201
　　　汇票专用章
见票付款

出票行签章　蒋洁

多余金额
千百十万千百十元角分

科目（借）_____
对方科目（贷）_____
付讫日期　年　月　日
复核　　　记账

此联代理付款行付款后作联行挂账借方凭证附件

【业务152】（共1张）

152-1

狭小凭证衬托单

江苏省常州市国家税务局通用定额发票

发 票 联

发票代码：232061803742

发票号码：02908011

壹佰元

（加盖公章有效）

张数：8

金额：800.00

内容：工会拔河比赛用款

报销人：姚海波

审批人：李长兵 2019.12.28

常塑印 2019 年 10 月印 10 000 本　起讫号码 02675001-02925000

12 月 29 日

【业务153】（共3张）

153-1

0971222224　　江苏增值税专用发票　NO.60009877　0971222224
　　　　　　　　　　　抵　扣　联　　　　　　　　　　　　60009877
　　　　　　　　　　　　　　　　　　　　　　开票日期：2019 年 12 月 29 日

| 购买方 | 名　　　称：常州东林股份有限公司
纳税人识别号：913204007633279092
地址、电话：河海东路45号 85499890
开户行及账号：建行新北区支行 2300098776 | 密码区 | 241766＜98/198533204＋＜63＜
＋64＜-＞876＊98＜/8765/＞
＋216＞2＞7/3-＋47561＜＞＋
782-/5432＜4＊-62＞＞＞-8 | 加密版本：01
0971222224
60009877 |

货物或应税劳务、服务名称	规格型号	单位	数量	单价	金　额	税率	税额
＊广告代理服务＊ 广告费		项	1	28 301.89	28 301.89	6%	1 698.11
合　　计					￥28 301.89		￥1 698.11

价税合计（大写）　叁万元整　　　　　　　　　　　（小写）￥30 000.00

| 销售方 | 名　　　称：常州电视台
纳税人识别号：91320400097324356W
地址、电话：大庙弄1号 88654318
开户行及账号：建行城中支行 2300091432 | 备
注 | 
91320400097324356W
发票专用章
销售方:(章) |

收款人：　　　　复核：　　　　开票人：黄辉　　　　销售方：(章)

153-2

 0971222224   江苏增值税专用发票   NO.60009877   0971222224
                                                                60009877
                    发票联   开票日期：2019年12月29日

购买方	名称：常州东林股份有限公司 纳税人识别号：913204007633279092 地址、电话：河海东路45号 85499890 开户行及账号：建行新北区支行 2300098776	密码区	241766＜98/198533204＋＜63＜ 加密版本：01 ＋64＜-＞876＊98＜/8765/＞ 0971222224 ＋216＞2＞7/3-＋47561＜＞＋ 782-/5432＜4＊-62＞＞＞-8 60009877

货物或应税劳务、服务名称	规格型号	单位	数量	单价	金额	税率	税额
＊广告代理服务＊ 广告费		项	1	28 301.89	28 301.89	6%	1 698.11
合　　计					¥28 301.89		¥1 698.11

价税合计（大写）	叁万元整	（小写）¥30 000.00

销售方	名称：常州电视台 纳税人识别号：91320400097324356W 地址、电话：大庙弄1号 88654318 开户行及账号：建行城中支行 2300091432	备注	（常州电视台发票专用章） 91320400097324356W

收款人：　　　　　复核：　　　　　开票人：黄辉　　　　　销售方：（章）

153-3

中国建设银行
转账支票存根
10502146
02387619

附加信息＿＿＿＿＿＿＿＿＿＿＿＿

出票日期 2019 年 12 月 29 日

收款人：	常州电视台
金　额：	¥30 000.00
用　途：	广告费
备　注：	（2300098776）
单位主管	会计

12月30日

【业务154】（共1张）

154-1

狭小凭证衬托单

江苏省常州市国家税务局通用定额发票	张数：4
发 票 联	金额：400.00
发票代码：232061803742	内容：元旦工会茶话会
发票号码：02878123	
壹佰元	报销人：姚海波
913204401765141345	
（加盖公章有效）	审批人：李长兵 2019.12.30
常塑印 2019年10月印10 000 本起讫号码 02675001-02925000	

【业务155】（共2张）

155-1

狭小凭证衬托单

江苏省常州市国家税务局通用定额发票	张数：50
发 票 联	金额：5 000.00
发票代码：232061803742	内容：食堂购菜款
发票号码：02878123	
壹佰元	报销人：陈小科
（加盖公章有效）	审批人：李长兵 2019.12.30
常塑印 2019年10月印10 000 本起讫号码 02675001-02925000	

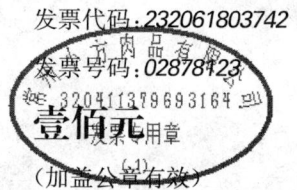

155-2

中国建设银行
转账支票存根
10502146
02387620

附加信息＿＿＿＿＿＿＿＿＿＿＿＿
＿＿＿＿＿＿＿＿＿＿＿＿＿＿＿＿
＿＿＿＿＿＿＿＿＿＿＿＿＿＿＿＿

出票日期 2019 年 12 月 30 日

收款人：	常州农贸市场
金　额：	￥5 000.00
用　途：	职工食堂购菜款
备　注：	（2300098776）

单位主管　　　　　　　　会计

12 月 31 日

【业务 156】（共 2 张）

156-1

发票代码：740202092956
发票号码：53105728
开票日期：2019 年 12 月 31 日
机器代码：210998463903
校 验 码：24123 71932 02981 83210

购买方	名　　称：常州东林股份有限公司 纳税人识别号：91320400763327909Q 地址、电话：河海东路45号 85499890 开户行及账号：建行新北区支行 2300098776	密码区	987332＜98/198533204＋＜09712 63＜＋64＜－＞876＊98＜/213507234 229－3/＞＋671＞2＞7/3－＋47561＜＞ ＋782－/821＊/4/546＞＞＞＋807352
货物或应税劳务、服务名称	规格型号	单位	数量	单价	金　额	税率	税　额
＊餐饮服务＊餐费		次	1	20 132.08	20 132.08	6%	1 207.92
合　　计					￥20 132.08		￥1 207.92
价税合计（大写）	贰万壹仟叁佰肆拾元整				（小写）￥21 340.00		
销售方	名　　称：江晨餐饮有限公司 纳税人识别号：91320415445420013 地址、电话：稻香路18号 82227777 开户行及账号：农行常州分 120876001331	备注	江晨餐饮有限公司 91320415445420013 发票专用章

收款人：　　　复核：　　　开票人：付军　　　销售方：(章)

156-2

中国建设银行
转账支票存根
10502146
02387621

附加信息＿＿＿＿＿＿＿＿＿＿

出票日期 2019 年 12 月 31 日

收款人：	江晨餐饮有限公司
金　额：	¥ 21 340.00
用　途：	餐费
备　注：	(2300098776)

单位主管　　　　　会计

【业务 157】（共 1 张）

157-1

银行借款利息计算单
2019 年 12 月 31 日

借款种类	借款金额	年贷款利率	月利息额	备　注
6 个月周转借款	200 000.00	5.1%	821.67	12 月 3 日借入（合同号：30708711）
3 个月周转借款	200 000.00	5%	861.11	10 月 25 借入（合同号：2076065）
合　计			1682.78	

编制：董坤　　　　　审核：周小清

【业务 158】（共 1 张）

158-1

预计产品质量保证损失计算表
2019 年 12 月 31 日

计提基数	比例	项目名称	计提金额
略	略	包退费用	6 300.00
略	略	包换费用	6 300.00
略	略	包修费用	8 400.00
合计			21 000.00

编制：董坤　　　　　审核：周小清

附录2　常州东林股份有限公司2019年12月份经济业务

【业务159】（共1张）

159-1

原材料暂估入账清单

NO. 1988

2019 年 12 月 31 日

材料名称	合同号	供货单位	数量	不含税合同单价	不含税合同金额	入库日期
C03	230091	长虹股份有限公司	1 250	80.00	100 000.00	2019.12.31
A01	230091	长虹股份有限公司	500	120.00	60 000.00	2019.12.31

编制：董坤　　　　　　　　　　　　　审核：周小清

第二联　暂估联

【业务160】（共3张）

160-1

3200098293

江苏增值税专用发票

NO. 10201162

3200098293
10201162

抵扣联

开票日期：*2019 年 12 月 31 日*

购买方	名　　称：常州东林股份有限公司 纳税人识别号：913204007633279092 地址、电话：河海东路45号 85499890 开户行及账号：建行新北区支行 2300098776	密码区	12-766＜98/19+//204+＜63　加密版本：01 ＜+64＜-＞876＊98＜/8765/＞ +216＞2＞7/3-+47561＜＞+　3200098293 782-1///1＜4＊-62＞＞＞-8　10201162

货物或应税劳务、服务名称	规格型号	单位	数量	单价	金　额	税率	税　额
*供电*电					21 530.00	13%	2 798.90
合　　计					￥21 530.00		￥2 798.90

价税合计（大写）	贰万肆仟叁佰贰拾捌元玖角整	（小写）￥24 328.90

销售方	名　　称：江苏省电力公司常州供电公司 纳税人识别号：913204001876454113 地址、电话：局前街324号 87665333 开户行及账号：工行局关街支行 70897655511	备注	

收款人：　　　　复核：　　　　开票人：刘小军　　　　销售方：（章）

第二联　抵扣联　购买方扣税凭证

江苏增值税专用发票

NO. 10201162

开票日期：2019 年 12 月 31 日

 3200098293

购买方	名　　　称：常州东林股份有限公司 纳税人识别号：913204007633279092 地　址、电　话：河海东路45号 85499890 开户行及账号：建行新北区支行 2300098776	密码区	12－766＜98/19＋//204＋＜63 ＜＋64＜－＞876＊98＜/8765/＞ ＋216＞2＞7/3－＋47561＜＞＋ 782－1///1＜4＊－62＞＞＞－8	加密版本：01 3200098293 10201162

货物或应税劳务、服务名称	规格型号	单位	数量	单价	金　额	税率	税　额
＊供电＊电					21 530.00	13%	2 798.90
合　　　计					¥ 21 530.00		¥ 2 798.90

价税合计（大写）	贰万肆仟叁佰贰拾捌元玖角整	（小写）¥ 24 328.90

销售方	名　　　称：江苏省电力公司常州供电公司 纳税人识别号：913204001876454113 地　址、电　话：局前街324号 87665333 开户行及账号：工行局关街支行 70897655511	备注	（江苏省电力公司常州供电公司 913204001876454113 发票专用章）

收款人：　　　复核：　　　开票人：刘小军　　　销售方：（章）

电费分配表

2019 年 12 月 31 日

部　　　门	度　　数	分　配　率	金　　额
一车间	8 937.354		
二车间	1 3406.031		
机修	55.858		
动力	89.374		
行政管理部门	893.735		
专设销售机构	670.303		
合　　　计	24 052.655		

编制：董坤　　　审核：周小清　　　（注：分配率用七位小数）

【业务 161】（共 1 张）

161-1

保险费摊销计算表
2019 年 12 月 31 日

部　　门	金　　额	摊销期限	本期金额
管理部门	14 550.00	12	1 212.50
一车间	7 200.00	12	600.00
二车间	4 800.00	12	400.00
动力车间	3 600.00	12	300.00
机修车间	3 600.00	12	300.00
合　　计	33 750.00		2 812.50

编制：董坤　　　　　　　　　　审核：周小清

【业务 162】（共 1 张）

162-1

报刊杂志费摊销计算表
2019 年 12 月 31 日

部　　门	金　　额	摊销期限	本期金额
管理部门	14 400.00	12	1 200.00
一车间	2 400.00	12	200.00
二车间	4 800.00	12	400.00
合　　计	21 600.00		1 800.00

编制：董坤　　　　　　　　　　审核：周小清

【业务 163】（共 1 张）

163-1

汇兑损益计算表
2019 年 12 月 31 日

外币账户	美元账面余额	人民币账面余额	按期末汇率计算的人民币余额	汇兑差额（损失或收益）

编制：董坤　　　　　　　　　　审核：周小清

【业务164】（共3张）

164-1

持有至到期投资（广发债券）利息计算单
2019 年 12 月 31 日

日 期	应计利息	利息收入	摊余成本
2019.12.1			340 250.00
2019.12.31	1 750.00	1 750.00	342 000.00

编制：董坤　　　　　　　　　　　审核：周小清

164-2

持有至到期投资（12 江苏债）利息计算单
2019 年 12 月 31 日

日 期	应计利息	利息调整摊销	利息收入	摊余成本
2019.12.20				100 220.00
2019.12.31	712.96	307.80	405.16	99 912.20

编制：董坤　　　　　　　　　　　审核：周小清

164-3

交 割 单

营业部名：华泰证券有限责任公司
股东姓名：常州东林股份有限公司
资金账户：977633333
当前币种：人民币

成交日期	操作	证券名称	成交价格	成交数量	成交金额	结算价	实收佣金	印花税	其他费用	结算金额	账户	交易市场
20191231	利息收入	12江苏债								712.96		上海证券

【业务165】（共2张）

165-1

金融资产公允价值变动损益及资产减值准备计算表
2019 年 12 月 31 日

证券代码	证券名称	持有数量	账面价值	收盘价	市值	公允价值变动	资产减值损失
600324	东方股份			22.00			
600872	长红股份			10.80			
600765	凌飞股份			33.00			
600650	明光股份			19.00			
600787	海明股份			21.00			
600321	青城股份			6.00			
607541	12江苏债			99 912.20			
600210	广发债券			342 000.00			

编制：董坤　　　　　　　　　　　审核：周小清

【业务166】(共1张)

166-1

固定资产及投资性房地产折旧计算表

2019 年 12 月 31 日

固定资产类别	使用部门	品名	单位	数量	原价	月折旧率	月折旧额
合 计							

编制：董坤　　　　　　　　　　　审核：周小清

【业务167】（共1张）

167-1

无形资产摊销计算表

2019 年 12 月 31 日

名 称	账面原价	摊销期限	月摊销额
合　计			

编制：董坤　　　　　　　　　　　审核：周小清

【业务168】（共3张）

168-1

房产税计算表

2019 年 12 月 31 日

	项目	从价计征					从租计征			本期减免税额	本期应纳税额
		房产原值	应税房产原值	计税房产余值	税率	本期计算税额	本期租金收入	税率	本期计算税额		
房产税	房屋及建筑物										
	合计										

编制：董坤　　　　　　　　　　　审核：周小清

168-2

土地使用税计算表

2019 年 12 月 31 日

	项目	地段等级	占地总面积(m²)	免税面积(m²)	应税面积	单位税额	本期计算税额	本期减免税额	本期应纳税额
土地使用税		1级							
	合计								

编制：董坤　　　　　　　　　　　审核：周小清

168-3

印花税计算表
2019 年 12 月 31 日

	税目	计税依据	税率	应纳税额
印花税	略	略	略	3 178.30
	合　计			3 178.30

编制：董　坤　　　　　　　　　　　　审核：周小清

【业务169】（共1张）

169-1

基金费用计算表
2019 年 12 月 31 日

地方基金种类	计税依据	税　率	金　额
残保金	略	略	74 900.00
工会经费	略	略	8 294.40

编制：董　坤　　　　　　　　　　　　审核：周小清

【业务170】（共2张）

170-1

经理办公会议纪要

企业拟以不低于100.00元的价格出售天河公司的全部债券。

参加人员：李长兵　　周小清　　王小婷　　刘　进　　孙海明

2019 年 12 月 31 日

170-2

交　割　单

营业部名：华泰证券有限责任公司
股东姓名：常州东林股份有限公司
资金账户：977633333
当前币种：人民币

成交日期	交易类别	证券名称	成交价格	成交数量	成交金额	结算价	实收佣金	印花税	应收金额
20191231	卖出	08天河	100.00	4 000	472 000.00	118.00	250.16	0	471 749.84

【业务171】（共2张）

171-1
销项负数

 3200098220

江苏增值税专用发票

NO.05231161　3200098220
　　　　　　　05231161

此联不作报销抵扣税凭证使用　　开票日期：2019年12月31日

购买方	名　　称：镇江机械有限公司 纳税人识别号：913211018755544112 地　址、电　话：明进路345号 34217633 开户行及账号：农行镇江支行 32988788091	密码区	475431＜98/198533204＋＜63＜　加密版本：01 ＋55＜－＞806＊98＜/8765/＞　3200098220 ＋216＞2＞7/3－＋47561＜＞＋　05231161 781－/5＞＞432＜4＊－62＞＋5

货物或应税劳务、服务名称	规格型号	单位	数量	单价	金额	税率	税额
*商用设备*乙		件	－80	980.00	－78 400.00	13%	－10 192.00
合　计					¥－78 400.00		¥－10 192.00

价税合计（大写）	负捌万捌仟伍佰玖拾贰元整	（小写）¥－88 592.00

销售方	名　　称：常州东林股份有限公司 纳税人识别号：913204007633279092 地　址、电　话：河海东路45号 85499890 开户行及账号：建行新北区支行 2300098776	备注	原销售合同号：20191213

收款人：　　　复核：　　　开票人：黄林玉　　　销售方：（章）

第一联　记账联　销售方记账凭证

171-2

产成品入库单

2019年12月31日　　　　　　编号：893098233

产品编号	名　称	规　格	计量单位	数量	备　注
	乙		件	80	本月销售 本月退货

交库人：李明立　　　　　　　　　收货人：丁吉弟

【业务172】（共1张）

172-1

特殊事项处理说明

2019 年 12 月 31 日

说明事项	以前月份销售并已预计退货的甲产品100件，退货期满未发生退货，涉及的预计负债余额为100 000.00元，应收退货成本为54 000.00元。

批准：周小清　　　　审核：丁力　　　　说明人：金力平

2017 年 1 月 4 日

【业务173】（共1张）

173-1

固定资产盈亏报告表

2019 年 12 月 31 日

类别	名称规格	单位	存放地点	账面数量	实物数量	盘盈		盘亏			原因
						数量	重置成本	数量	原值	已提折旧	月折旧额	
二车间	设备Z	台	一车间	0	1	1	20 000.00					二车间无法查明原因
管理用	电脑DELL	台		3	0			3	21 000.00	9 975.00	554.17	被盗
合计							20 000.00		21 000.00			

使用部门：丁海平　周小金　　　　会计：董坤　　　　主管：姚力

【业务174】（共1张）

174-1

固定资产盘亏核销报告表

2019 年 12 月 31 日

固定资产名称	单位	盘亏			盈亏原因
		数量	原值	已提折旧	
电脑DELL	台	3	21 000.00	9 975.00	被盗

财务部门意见： 转入营业外支出 周小清 2020年1月4日	保管部门意见： 同意 周小金 2020年1月4日	公司领导人意见： 同意 李长兵 2020年1月4日

【业务175】(共1张)

175-1

材料盘盈盘亏报告表

2019 年 12 月 31 日

编号	品名	单位	账面数量	实存数量	盘盈		盘亏		原因
					数量	金额	数量	金额	
0101001	A01	千克	835	855	20				计量不准
0101002	B02	千克	780	768			12		管理不善丢失

编制：董 坤　　　　　　　　　　　　　审核：周小清

【业务176】(共1张)

176-1

材料盘盈盘亏核销报告表

2019 年 12 月 31 日

编号	品名	单位	账面数量	实存数量	盘盈		盘亏		原因
					数量	金额	数量	金额	
0101001	A01	千克	835	855	20				计量不准
0101002	B02	千克	780	768			12		管理不善丢失
	合 计								

财务部门意见：	保管部门意见：	公司领导意见：
盘盈冲减管理费用 盘亏由保管员张立平承担1 000.00 元其余部分计入管理费用 周小清 2020年1月4日	同意 周成海 2020年1月4日	同意 李长兵 2020年1月4日

【业务177】(共1张)

177-1

坏账准备计算表

2019 年 12 月 31 日

项目	应收款项期末余额	计提比例%	坏账准备期初余额	本期确认坏账损失	已确认坏账本期收回	应补提金额	应冲减金额
合 计							

编制：董 坤　　　　　　　　　　　　　审核：周小清

【业务 178】(共 1 张)

178-1

应交增值税计算表

2019 年 12 月 31 日

项　　　　目	金　　　额
销项税额	
进项税额	
上期留抵税额	
进项税额转出	
应纳税额	
期末留抵税额	
简易征收办法计算的应纳税额	
应纳税额减征额	
应纳税额合计	

编制：董　坤　　　　　　　　　　　　　审核：周小清

【业务 179】(共 1 张)

179-1

城市维护建设税、教育费附加、地方教育附加计算表

2019 年 12 月 31 日

税种	纳税项目	计税依据	税　率	应交金额
城市建设维护税				
	小　计			
教育附加				
	小　计			
地方教育附加				
	小　计			

编制：董　坤　　　　　　　　　　　　　审核：周小清

【业务180】（共1张）

180-1

原材料发料汇总表
2019年12月31日

类别 用途	A01 数量	A01 金额	B02 数量	B02 金额	C03 数量	C03 金额	合计
G半成品	4 000		2 300		2 142.857 2		
M半成品	3 500		1 000		2 057.142 8		
一车间	200						
二车间	120						
U设备领用					300		
三包领料	300		120				
销售材料					100		
合 计	8 120		3 420		4 600		

编制：董 坤　　　　　审核：周小清

【业务181】（共1张）

181-1

周转材料发料汇总表
2019年12月31日

类别 用途	包装箱 数量	包装箱 金额	工作鞋 数量	工作鞋 金额	手套 数量	手套 金额	合计
销售产品单独计价	142						
销售产品不单独计价	50						
机修车间			4		13		
动力车间			4		4		
一车间			61		183		
二车间			109		200		
销售材料							
合 计							

编制：董 坤　　　　　审核：周小清

【业务182】(共4张)

182-1

各车间产品工时

2019 年 12 月 31 日

第一车间		第二车间	
品名	工时	品名	工时
G半成品	9 000	甲产品	16 000
M半成品	3 000	乙产品	14 000
合　计	12 000		30 000

182-2

产品福利分配表

2019 年 12 月 31 日

应借账户	分　配　计　入			合　计
	生产工时	分配率	分配金额	
G半成品				
M半成品				
小　计				
甲				
乙				
小　计				

编制：董　坤　　　　　　　　审核：周小清

182-3

工资总额及扣款计算表

2019 年 12 月 31 日

项目	类别	应付工资	养老保险	医疗保险	失业保险	住房公积金	个人所得税	扣款合计	实发工资
一车间	生产工人	120 000.00	9 600.00	2 700.00	600.00	12 000.00	200.00	25 100.00	94 900.00
	管理人员	3 200.00	256.00	69.00	16.00	320.00	59.80	720.80	2 479.20
二车间	生产工人	90 000.00	7 200.00	2 340.00	450.00	9 000.00	600.00	19 590.00	70 410.00
	管理人员	3 800.00	304.00	81.00	19.00	380.00	113.20	897.20	2 902.80
机修车间		9 800.00	784.00	216.00	49.00	980.00	36.10	2 065.10	7 734.90
动力车间		10 000.00	800.00	220.00	50.00	1 000.00	45.00	2 115.00	7 885.00
管理部门		36 000.00	2 880.00	820.00	180.00	3 600.00	45.90	7 525.90	28 474.10
专设销售机构		65 000.00	5 200.00	1 350.00	325.00	6 500.00	100.00	13 475.00	51 525.00
福利部门		7 800.00	624.00	186.00	39.00	780.00	0	1 629.00	6 171.00
合 计		345 600.00	27 648.00	7 982.00	1 728.00	34 560.00	1 200.00	73 118.00	272 482.00

编制：董 坤　　　　　　　　　　　审核：周小清

182-4

工资费用分配表

2019 年 12 月 31 日

应借账户		直接计入	分配计入			合 计
			生产工时	分配率	分配金额	
	G半成品					
	M半成品					
	小 计					
	甲					
	乙					
	小 计					
	机修车间					
	动力车间					
	一车间					
	二车间					
合 计						

编制：董 坤　　　　　　　　　　　审核：周小清

【业务183】(共1张)

183-1

五险一金计算表

2019 年 12 月 31 日

应借账户		工资总额	养老保险 16%	医疗保险 8.8%	失业保险 1.5%	工伤保险 1%	公积金 10%
	G半成品						
	M半成品						
	小　计						
	甲						
	乙						
	小　计						
	机修车间						
	动力车间						
	一车间						
	二车间						
合　计		345 600.00					

编制：董　坤　　　　　　　　　　审核：周小清

【业务184】(共1张)

184-1

工会经费计算表

2019 年 12 月 31 日

应借账户		工资总额	比例	金额
	G半成品			
	M半成品			
	小　计			
	甲			
	乙			
	小　计			
	机修车间			
	动力车间			
	一车间			
	二车间			
合　计		345 600		

编制：董坤　　　　　　　　　　审核：周小清

【业务185】（共1张）

185-1

职工教育经费计算表

2019 年 12 月 31 日

应借账户	工资总额	比例	金额
G半成品			
M半成品			
小　计			
甲			
乙			
小　计			
机修车间			
动力车间			
一车间			
二车间			
合　计	345 600.00		

编制：董坤　　　　　　　　　　　审核：周小清

【业务186】（共2张）

186-1

辅助生产车间劳务资料

2019 年 12 月 31 日

部　门	机修车间	动力车间	一车间	二车间	厂　部	福利部门	合　计
机修车间							全部转入管理费用
动力车间	100		2 000	1 200	600	100	4 000

186-2

辅助生产费用分配表

2019 年 12 月 31 日

部　　门	动力车间	机修车间
	分配金额	金额
机修车间		
一车间		
二车间		
管理部门		
福利部门		
合　计		

注：尾差计入机修车间

编制：董坤　　　　　　　　　　　审核：周小清

附录2　常州东林股份有限公司2019年12月份经济业务

【业务187】(共1张)

187-1

制造费用分配表

2019 年 12 月 31 日

应借账户		一 车 间			二 车 间			合　计
		生产工时	分配率	金　额	生产工时	分配率	金　额	
	G半成品							
	M半成品							
	甲							
	乙							
	合　计							

编制：董　坤　　　　　　　　　　　审核：周小清

【业务188】(共5张)

188-1

第一车间成本计算单

2019 年 12 月 31 日

产品名称 G半成品　　完工产品 2 000 件　　月末在产品 500 件　　完工率 50%

摘　　要	直接材料	直接人工	制造费用	合　　计
期初在产品成本				
本月发生费用				
生产费用合计				
约当产量				
单位成本				
完工产品成本				
月末在产品成本				

编制：董　坤　　　　　　　　　　　审核：周小清

188-2

第一车间成本计算单

2019 年 12 月 31 日

产品名称 M半成品　　完工产品 2 100 件　　月末在产品 300 件　　完工率 80%

摘　　要	直接材料	直接人工	制造费用	合　　计
期初在产品成本				
本月发生费用				
生产费用合计				
约当产量				
单位成本				
完工产品成本				
月末在产品成本				

编制：董　坤　　　　　　　　　　　审核：周小清

188-3

第二车间产品成本计算单

2019 年 12 月 31 日

产品名称 **甲**　　　　完工产品 *3 000* 件　　　　月末在产品 *500* 件　　　　完工率 *50%*

摘　要	自制半成品	直接人工	制造费用	合　　计
期初在产品成本				
本月发生费用				
生产费用合计				
约当产量				
单位成本				
完工产品成本				
月末在产品成本				

编制：董 坤　　　　　　　　　　　　　　　审核：周小清

188-4

第二车间产品成本计算单

2019 年 12 月 31 日

产品名称 **乙**　　　　完工产品 *2 600* 件　　　　月末在产品 *200* 件　　　　完工率 *80%*

摘　要	自制半成品	直接人工	制造费用	合　　计
期初在产品成本				
本月发生费用				
生产费用合计				
约当产量				
单位成本				
完工产品成本				
月末在产品成本				

编制：董 坤　　　　　　　　　　　　　　　审核：周小清

188-5

产成品入库单

2019 年 12 月 31 日　　　　　　　　　　　　　　　编号：*19032001*

产品编号	名　称	规　格	计量单位	数　量	单价	金　额	备　注

交库人：林 达　　　　　　　　　　　　　　　收货人：林立平

【业务189】（共2张）

189-1

单位产品成本计算表

2019 年 12 月 31 日

产品名称	期初产成品		本月完工产品		加权平均单价
	数量	金额	数量	金额	

编制：董 坤　　　　　　　　　　　　　　　审核：周小清

189-2

产品成本结转表

2019 年 12 月 31 日

项目	甲			乙		
	数量	单位成本	总成本	数量	单位成本	总成本
销售						
设备U领用	10					
产品福利领用						
合计						

编制：董 坤　　　　　　　　　　　　　　　审核：周小清

【业务190】（共2张）

190-1

固定资产竣工决算表

2019 年 12 月 31 日

名称	买价	安装成本	决算总金额

财务部门意见：　　　　　　　　　　　　公司领导意见：

　同意　　　　　　　　　　　　　　　　　同意

　　周小清　　　　　　　　　　　　　　　　李长兵

　　2019 年 12 月 31 日　　　　　　　　　2019 年 12 月 31 日

编制人：李 一　　　　　　　　　　　使用部门负责人：黄洪涛

190-2

新增固定资产登记表

2019 年 12 月 31 日

固定资产名称	种类	单位	数量	购入日期	投入使用日期	使用部门
设备U	机器	台	1	2019 年 12 月 3 日	2019 年 12 月 31 日	一车间

制表人：董 坤　　　　　　　　　　复核人：周小清

【业务 191】（共 1 张）

191-1

合同履约成本结转表

2019 年 12 月 31 日

总账科目	明细科目	金　额
合　计		

制表人：董 坤　　　　　　　　　　复核人：周小清

【业务 192】（共 1 张）

192-1

应交所得税计算表

2019 年 12 月 31 日　　　　　　　　　　单位：元

项　目	金　额
营业收入	
营业成本	
利润总额	
加：特定业务计算的应纳税所得额	
减：不征税收入	
减：免税收入、减计收入、所得减免等优惠金额	
固定资产加速折旧（扣除）调减额	
弥补以前年度亏损	
实际利润额\按照上一纳税年度应纳税所得额平均额确定的应纳税所得额	
税率（25%）	
应纳所得税额	
减：减免所得税额	
减：实际已预缴所得税额	
减：特定业务预缴（征）所得税额	
应补（退）所得税额\税务机关确定的本期应纳所得税额	

编制：董 坤　　　　　　　　　　审核：周小清

【业务193】(共1张)

193-1

递延所得税资产、负债计算表

2019年12月31日

项　　目	2019年9月30日余额	2019年12月31日余额	应确认金额	应转回金额

编制：董　坤　　　　　　　　　　　审核：周小清

【业务 194】（共 1 张）

194-1

损益类账户发生额结转表

2019 年 12 月 31 日

账 户 名 称	借方累计发生额	贷方累计发生额

编制：董 坤　　　　　　　　　　　审核：周小清

【业务 195】（共 1 张）

195-1

年度净利润计算及结转表

2019 年 12 月 31 日

项　　目	金　　额
利润总额	
所得税费用	
净利润	

制单人：董 坤　　　　　　　　　　　复核人：周小清

【业务 196】（共 1 张）

196-1

法定盈余公积计提及利润分配明细项目结转表

2019 年 12 月 31 日

项　　目	金　　额
提取法定盈余公积	

制单人：董 坤　　　　　　　　　　　复核人：周小清

2020年3月15日

【业务197】（共4张）

197-1（查验专用章是蓝色）

资产负债表

2019年12月31日

编制单位：常州天江有限公司　　　　　　　　　　　　　　　　　　　　单位：元

资产	期末余额	上年年末余额	负责及所有者权益（或股东权益）	期末余额	上年年末余额
流动资产：			流动负债：		
货币资金	3 876 554.12	2 641 532.12	短期借款		
交易性金融资产			交易性金融负债		
衍生金融资产			衍生金融负债		
应收票据	423 433.12		应付票据		
应收账款	236 554.12	325 454.12	应付账款	230 000.00	356 081.63
应收款项融资			预收款项		
预付款项			合同负债		
其他应收款			应付职工薪酬	642 254.76	453 531.12
存货	1 264 534.23	755 311.12	应交税费	227 665.12	236 522.22
合同资产			其他应付款		
持有待售资产			持有待售负债		
一年内到期的其他流动资产			一年内到期的非流动负债		
其他流动资产			其他流动负债		
流动资产合计	5 801 075.59	3 722 297.36	流动负债合计：	1 099 919.88	1 046 134.97
非流动资产：			非流动负债：		
债权投资			长期借款		
其他债权投资			应付债券		
长期应收款			其中：优先股		
长期股权投资			永续债		
其他权益工具投资			租赁负债		
其他非流动金融资产			长期应付款		
投资性房地产			预计负债		
固定资产	4 033 716.57	3 005 407.92	递延收益		
在建工程			递延所得税负债		
生产性生物资产			其他非流动负债		
油气资产			非流动负债合计		
无形资产	975 442.12	1 027 542.12	负债合计	1 099 919.88	1 046 134.97
开发支出			所有者权益（或股东权益）：		
商誉			实收资本（股本）	5 000 000.00	5 000 000.00
长期待摊费用			其他权益工具		
递延所得税资产	3 751.23	4 953.2	其中：优先股		
其他非流动资产			永续债		
非流动资产合计	5 012 909.92	4 037 903.24	资本公积		
			减：库存股		
			其他综合收益		
			盈余公积	726 411.76	726,411.76
			未分配利润	3 987 653.87	5 000 000.00
			所有者权益（或股东权益）合计	9 714 065.63	6 714 065.63
资产合计	10 813 985.51	7 760 200.60	负责及所有者权益（或股东权益）总计	10 813 985.51	7 760 200.60

公司法定代表人：黄林海　　　主管会计工作负责人：左洪　　　会计机构负责人：黄芳

附录2　常州东林股份有限公司2019年12月份经济业务

197-2

利　润　表

2019 年度

编制单位：常州天江有限公司　　　　　　　　　　　江苏中发会计师事务所有限公司　查验专用　　单位：元

项　目	本期金额	上期金额
一、营业收入	9 506 522.26	略
减：营业成本	3 992 739.35	
税金及附加	114 078.27	
销售费用	9 506.52	
管理费用	1 425 978.34	
研发费用		
财务费用		
其中：利息费用		
利息收入		
加：其他收益		
投资收益（损失以"－"号填列）		
其中：对联营企业和合营企业的投资收益		
以摊余成本计量的金融资产终止确认收益		
（损失以"－"号填列）		
净敞口套期收益（损失以"－"号填列）		
公允价值变动收益（损失以"－"号填列）		
信用减值损失（损失以"－"号填列）	－4 807.88	
资产减值损失（损失以"－"号填列）		
资产处置收益（损失以"－"号填列）		
二、营业利润（亏损以"－"号填列）	3 969 027.66	
加：营业外收入	93 632.00	
减：营业外支出	61 561.66	
三、利润总额（亏损总额以"－"号填列）	4 001 098.00	
减：所得税费用	1 001 098.00	
四、净利润（净亏损以"－"号填列）	3 000 000.00	
（一）持续经营净利润（亏损以"－"号填列）	3 000 000.00	
（二）终止经营净利润（亏损以"－"号填列）		
五、其他综合收益的税后净额		
（一）不能重分类进损益的其他综合收益		
1. 重新计量设定受益计划变动额		
2. 权益法下不能转损益的其他综合收益		
3. 其他权益工具投资公允价值变动		
4. 企业自身信用风险公允价值变动		
……		
（二）将重分类进损益的其他综合收益		
1. 权益法下可转损益的其他综合收益		
2. 其他债权投资公允价值变动		
3. 金融资产重分类计入其他综合收益的金额		
4. 其他债权投资信用减值准备		
5. 现金流量套期储备		
6. 外币财务报表折算差额		
……		
六、综合收益总额	3 000 000.00	
七、每股收益：		
（一）基本每股收益		
（二）稀释每股收益		

公司法定代表人：黄林海　　　主管会计工作负责人：左　洪　　　会计机构负责人：黄　芳

197-3

以前年度损益调整结转表
2020 年 3 月 15 日

项　　目	金　　额
以前年度利润总额	
以前年度所得税费用	
以前年度净利润	

制单人：董　坤　　　　　　　　复核人：周小清

197-4

法定盈余公积计提及利润分配明细项目结转表
2020 年 3 月 15 日

项　　目	金　　额
提取盈余公积	

制单人：董　坤　　　　　　　　复核人：周小清

2020 年 4 月 25 日

【业务 198】（共 3 张）

198-1

2019 年度企业所得税汇算清缴计算表
2020 年 4 月 25 日

项　　目	金　　额	备　注
会计利润总额		
加：纳税调整增加额		
其中：		
减：纳税调整减少额		
其中：		
应纳税所得额		
适用税率		
应纳所得税额		
减：累计实际已预缴的所得税额		
汇缴应补缴所得税额		

编制：董　坤　　　　　　　　审核：周小清

198-2

以前年度损益调整结转表

2020 年 4 月 25 日

项　　目	金　　额
以前年度利润总额	
以前年度所得税费用	
以前年度净利润	

制单人：董　坤　　　　　　　　复核人：周小清

198-3

法定盈余公积计提及利润分配明细项目结转表

2020 年 4 月 25 日

项　　目	金　　额
提取盈余公积	

制单人：董　坤　　　　　　　　复核人：周小清